第五辑

走進越文化

绍兴文理学院越文化研究院 编

浙江古籍出版社

编委会

汪俊昌　寿永明　李圣华　诸凤娟
钱晓萍　钱汝平　崔　冶　蔡新法
黄宁宁　徐国明

主　　编　寿永明

执行主编　诸凤娟

执行编辑　钱汝平

绍兴文理学院越文化研究院
（浙江省重点研究基地越文化传承与创新研究中心）

序

2023年10月19日,"2023年越地历史文化研究暨绍兴文理学院越文化研究院兼职研究员年会"在绍兴饭店召开。这次年会在新老兼职研究员的大力支持和积极参与下,共收到46篇文章。为更好地展示年会的学术成果,我们从中选出与越文化相关性比较强的29篇,结集成《走进越文化》第五辑,编订出版。

这一辑文章可以大致分为越学综论、越地风物、越地名人和越地文献4个专题。

"越学综论"专题主题广泛,内容丰富,涉及越地上古虞舜文化、绍兴聚落地名、绍兴水城特性、越地宗教信仰、浙东唐诗之路、宋六陵祭祀、近代浙江九姓渔户等多方面内容。这充分说明了越文化涵盖面之宽广以及学术资源之丰厚。

"越地风物"专题篇目虽然较少,但涉及的题材却并不小。葛国庆对宋六陵香火寺泰宁寺的来龙去脉作了一番探究,胡文炜对陆游诗中"山西村""柳姑庙"的所在地进行了考证,裘士雄则对鲁迅作品中提到的具有绍兴地域特征的"目连戏"作了介绍。这些都关乎宋韵文化和鲁迅研究,意义不小。

"越地名人"专题历来是《走进越文化》的重头戏,第五辑也延续了这一传统。从越国的范蠡、宋代的吴孜、明代的王阳明、清末的李慈铭,到近现代的蔡元培、鲁迅、马一浮、杜亚泉,再到当代的杜鹏程、徐懋庸,涵盖面极广。绍兴素以"名士之乡"闻名宇内,作为绍兴本地的文史研究者,研究越地名人是我们义不容辞的职责所在。

"越地文献"专题涉及有关越地文献的考证。朱刚认为陶弘景《答谢中书书》一文描写的是上虞一带的风景,魏旭则通过存世家谱对嵊州魏氏世系作了探索,周燕儿对出土的王阳明篆盖的墓志作了介绍,孙伟良对陆游祖父陆佃所撰《适南亭记》的版本作了考察,章懿清则对清代上虞存世诗集19部作了叙录。这充分体现了地方文史研究者驾驭文献的能力。

唐人元稹曾在诗中吟道:"会稽天下本无俦,任取苏杭作辈流。"对越地历史文化的研究,已经走过了两千多年历程,积累了丰厚的学术资源。中国特色社会主义进入新时代,开展越地历史文化的新的系统研究,是历史的选择。希望兼职研究员们与我们携手合作,一起为这项事业服务。

诸凤娟

2024年4月18日

目 录

序 …………………………………………………………… 诸凤娟（001）

一、越学综论

绍兴传统聚落地名的自然要素特征与人地关系研究…… 封晓东（003）

绍兴水城特性探究 ………………………………………… 徐智麟（012）

剡中佛教中国化发祥地大事记 …………………………… 唐樟荣（020）

诸暨民俗信仰中的德治文化 ……………………………… 郦　勇（030）

论九姓渔户的江神信仰 …………………………………… 谢一彪（039）

二、越地风物

齐梁造像　越国敦煌
　　——诞生在佛教中国化发祥地的石窟艺术瑰宝 ……… 徐跃龙（055）

浙东唐诗之路饮食文化溯源及发展研究
　　——以新昌为例 ………………………………………… 马　骏（072）

宋六陵泰宁寺播迁兴衰考 ………………………………… 葛国庆（085）

宋六陵祭典的形成、中断和延续 ………………………… 赵国光（094）

"山西村""柳姑庙"考辨 …………………………………… 胡文炜（103）

一种"非普通的社戏"
　　——漫话绍兴的目连戏 ………………………………… 裘士雄（109）

鲁镇人物谱 ………………………………………………… 王云根（115）

三、越地名人

范蠡的"共同富裕"思想及其当代鉴示 …………………… 刘孟达（127）

吴孜舍宅为学始末考……………………………屠剑虹　许珊珊(133)
王阳明"亲民"思想及其实践研究……………………………李永鑫(140)
李慈铭、谭献交游论学考略 ……………………………张桂丽(151)
蔡元培的乡土情怀
　　——纪念蔡元培先生155周年诞辰……………………………何信恩(167)
鲁迅幽默艺术成因初探……………………………王致涌(180)
杜亚泉、马一浮学术思想辨识……………………………马志坚(194)
"未能到绍兴一行,是一憾事"
　　——当代作家杜鹏程的一段往事……………………………娄国忠(200)
李达和徐懋庸:新中国成立之初马克思主义中国传人的
　　两种阐释路径……………………………李先国(206)

四、越地文献

上虞尧、舜、禹文化史料和遗迹考……………………………罗兰芬(221)
陶弘景《答谢中书书》析疑……………………………朱　刚(230)
嵊州魏氏始祖魏徵世系源流考……………………………魏　旭(238)
王守仁家族与诸暨渊源考……………………………赵岳阳(247)
王阳明墓变迁考证……………………………李承人　汪永祥(260)
王阳明篆盖《安人唐氏墓志铭》评介……………………………周燕儿(269)
梅山《适南亭记》版本琐谈……………………………孙伟良(276)
所见清代上虞诗集十九种……………………………章懿清(281)

一、越学综论

绍兴传统聚落地名的自然要素特征与人地关系研究

封晓东

地名是特定地理实体的指称,不仅表明命名对象的空间位置,还可以反映当地的自然地理或人文地理特征。陈桥驿先生在《绍兴历史地理》一书中曾这样写道:

> 绍兴地区历史时期形成的聚落,按其地域类型有山地聚落、山麓冲积扇聚落、孤丘聚落、沿湖聚落、沿海聚落、平原聚落六大类。每一种地域类型的聚落,不仅有其特殊的自然环境,而且也有其特殊的聚落职能。

在绍兴传统聚落地名中,"山性"和"水性"都十分彰显,"水性"尤为突出。简言之,就是绍兴传统聚落地名的后缀字以"氵""山"两个偏旁为主。另外,绍兴地区现存的家族群居型聚落名数量庞大,更有大量能反映产业功能变迁的方位渐次型地名,丰富了绍兴传统聚落地名的人文特征内核,拓展并反映了隐藏在地名背后的人地关系发展进程。

需要特别说明的是:一是本文所述的绍兴地区是指"小"绍兴,即今越城、柯桥两区,约等于旧时的山阴、会稽两县(民国之后并为绍兴县);二是本文所述传统聚落地名统计资料主要来源于1980年发行的《浙江省绍兴县地名志》(以下简称《绍兴县地名志》),该书收录2600余个自然村,外加自然地理实体、名胜古迹和人工建筑物等共计5400多条标准地名。

南"坞"北"溇"：绍兴传统地名的地理分区

坞 本义指的是地势周围高、中间凹的地方，即山坞。据《绍兴县地名志》图版不完全统计，绍兴地区"坞"字后缀聚落地名有梅坞、北坞、谢坞、樵坞、淡竹坞等50余处，涉及杨汛桥、夏履、湖塘、柯岩、福全、兰亭、漓渚、鉴湖、平水、稽东、王坛、富盛12个镇（街），刚好囊括了现柯桥、越城两区内全部的丘陵山地区域。而没有丘陵分布的镇（街）则找不到一处带有"坞"字后缀的地名。这一现象非常鲜明地表明了地理分布地的指向性特征。光是现夏履镇地域，以"坞"字为后缀的地名就多达11个，此地与诸暨北部、萧山南部接壤，山峦相连，地貌类同。暨北的次坞、石门坞、祝家坞、阮家坞等，萧山的赵坞、盛家坞、郗坞、凤坞等地名，都很好地展现了地名背后相同的地理源流。

在绍兴南部丘陵地区，以"岙"字作为后缀的地名，并不比"坞"字少。以今南部三镇（平水、稽东、王坛）为例，仅《绍兴县地名志》图版中所录，就有铸铺岙、唐家岙、甪里岙、金渔岙、孙岙等共计36处。岙，本义指山中深坳处，在浙江、福建等沿海一带称山间平地为"岙"。从字面意思上讲，"岙"与"坞"都意指山坳，地貌形态上可以说并无二致。

溇 《说文解字注》释云："饮酒习之不醉曰溇。"通俗理解是：此人酒量如盛酒器，千杯不醉。而在绍兴传统地名中，它却被赋予了"河水到此不通"的特有涵义，也有"深不见底"的引申义，即土话中所说的"溇底"，这与"饮酒不醉"在意蕴外涵上还是相通的。据《绍兴县地名志》图版不完全统计，绍兴地区以"溇"字作为后缀的聚落地名有潘家溇、王家溇、百盛溇、菖蒲溇、倪家溇等80余处。涉及钱清、湖塘、柯岩、柯桥、华舍、安昌、齐贤、马鞍、斗门、马山、孙端、鉴湖、城南、灵芝、东浦、东湖、皋埠、陶堰、富盛、福全、漓渚等20余个现镇（街），主要集中在中北部平原区，其中光马山街道（原马山、合作、豆姜三地合并），就有13处。若以书后所附《地名录》详细统计，马山街道内，"溇"字后缀的地名多达37处。如宋家溇村，尚有东湖溇（底）、西溇（底）、当溇（底）、火伏溇4个带"溇"的次级地名，这些也都不在上述80余处统计名录中。

值得注意的是,此外尚留有更多没能记录在册的村落中再次一级细分的小地名,诸如东溇、西溇、南溇、北溇、长溇、短溇、矮溇、前溇、半溇、上溇等。由于许多是田坂中的"溇",不是住宅区域,故这些小地名不在图版上,也不在名录中。如笔者出生的马山渔港村,村里带"溇"的次一级地名除《地名录》中收录的东溇(底)、西溇(底)外,尚有长溇、短溇、车旦溇、陈家溇4处。可见,要完整统计绍兴传统地名中带"溇"的地名个数是一个几乎不可能完成的任务,而这恰恰表明了"溇"字后缀地名在绍兴地区的普遍性和典型性。

南"坞"北"溇",或也可称南"岙"北"溇",与绍兴地区"南丘陵、北平原"的地形分布十分贴合,足以充当绍兴地名地理性特征的代言人。

南葑、中渎、北塘:自南而北的三级水文水利类地名

在绍兴传统聚落地名中,葑、渎、塘这三个后缀词与不同历史时期绍兴水文地理演变及水利设施工程的兴衰密切相关,更直接反映出了北部平原区湖泊、河道、海塘三级水文地貌分布的地理特征。

葑 绍兴地区现存聚落地名有:严家葑、孟家葑、陈家葑、张家葑、邹家葑、骆家葑、劳家葑、王家葑等,前两处在富盛、上蒋一带,陈家葑、张家葑在福全、兰亭一带,其余集中在城南鉴湖街道一带。另,《地名录》中还记载有型塘公社丰里村下的葑里自然村,无一例外都是古鉴湖水域覆盖区。"葑"的本意是一种菜,古书上指芜菁,另有"葑泥""葑田"等词,意指长满菰根(茭白根)的水田。陈桥驿先生用图示的方式解读了"葑"字后缀地名的地理成因,似为三面临水的半岛。笔者的理解是:"葑"应与古鉴湖的潴成和淤积不无关系。从上述9处聚落的地理位置看,均位于历史上古鉴湖湖中心区域,应该都是形成于古代鉴湖遭到围垦后湖水位下降、湖区淤积的过程中,是鉴湖湮废的地名史实依据。

渎 绍兴地区现存聚落地名有:温渎、亭渎、双渎、石渎、仁渎、檀渎、夹渎、官渎、洋渎、薛渎、袍渎,最后两个是区域泛指,现已不再确指某村落,但仍继续在指示使用。在《越绝书》《(嘉泰)会稽志》两书中,另记有已经消逝的"炭渎""铜姑渎""直渎""射渎"等古地名。"渎"的本义是指水

沟、小渠,亦泛指河川。笔者发现:若将绍兴地区的这 11 处现存"渎"名聚落在地图上连成一线,它们大致位于同一纬度,上下偏移度不大,具体位置在古鉴湖北堤以北的早期河泽区。从字义上看,"渎"名聚落的成因与古代水路交通职能不无关系。以"官渎"为例,《越绝书》载:"官渎者,句践工官也。"意指越国的一处手工业管理机构,附近应该布局有手工工场。试想,春秋时代,越国北部河泽区的陆路交通极为不易,南北向的自然河渎势必成为这些零星陆地与国都联通的最佳途径。河渎名继而演变为聚落地名也就是自然而然的事了。

埭 据《绍兴县地名志》图版不完全统计,绍兴地区现存聚落地名有夏家埭、薛家埭、谢家埭、陶家埭、王家埭、陆家埭、姚家埭等 30 余处。有 5 处在富盛、陶堰、皋埠 3 个镇街区域内位置靠北的丘陵平原过渡带或古鉴湖北堤沿线,另有 5 处位于西小江、夏履江沿岸,其他大多集中在后海(曹娥江)古海塘下的马山、孙端一带。"埭"的本意是土坝,可见绍兴地区现存"埭"名聚落的历史成因与水利工程及其遗存不无关系。事实上,富盛、陶堰北部的丘陵平原过渡带是古鉴湖南塘或北堤所在,这里的"埭"名聚落估计就是古鉴湖南塘北堤遗迹或后世的附属水利设施残存。而马山、孙端一带的"埭"名聚落,大多集中分布于古海塘南侧。其形成原因,一是与海塘修筑及功能完善相关,筑坝是为了归流,堵断先前大小河流的任意四溢,形成平原水网的合并归流;二是与这一地区悠久的海盐制造业相关,滨海氏族居民筑坝圩土盐垦,将所筑之圩冠以氏族之名。以姚家埭为例,最早见之于史载的是"(乾隆五年七月)析三江为东江场",后文又紧跟着记载:"查三江场署居西,在山阴县陡亹地方……分场在东,原有协员旧署,在会稽姚家埭地方。"可见,东江场这一官办盐场正式入编是在清乾隆五年(1740),但之前这儿应该早就是一处制盐基地,姚氏聚居于此(康熙前期名臣姚启圣就是该村人),故名之。

地貌叠合型地名:以海山村为例

绍兴地区(这里指古代山阴、会稽两县地域)南丘陵北平原,丘陵呈环臂合围状,中北部是一片湖泽、河泽广布的平原,自古有"六山一水三分田"之称。

在绍兴这一片广袤的山水地貌之间,山中有水,水边有陆,水陆共生,水水相依,山山相连,聚落星罗棋布,呈点状散落其中。复合叠错的山水地形中,许多聚落地名也随之相映成趣,表义上呈现出"山水""水山""水水""山山"等多样组合,形成颇具地方特色的地貌叠合型地名取名特色。

海山是地处今柯桥区柯岩街道的一座自然小山体,今山体四周被民居、厂房环绕,山脚的村落名叫海山村。南宋《(嘉泰)会稽志》载:"海山,多桑竹。下有居民三四十户,以渔钓为生。"明《(万历)绍兴府志》云:"海山,在府城西南十五里,多桑树。"可见,"海山"作为山体名称,至迟在南宋嘉泰元年(1201)已经出现,这是较为可信的。

陆游《剑南诗稿》中有一组题为《冬晴与子坦子聿游湖上》的组诗,其中第四首这样写道:

海山山下百余家,垣屋参差一带斜。
我欲往寻疑路断,试沿流水觅桃花。

陆游诗中的"海山",从文意看,很可能即指今天的海山村,毕竟南宋时,这里仍是被鉴湖水体环绕,水道直通东侧不远处的三山陆游居所,陆游携二子游湖到此,很是便捷。那么,"海山"是"海中小山"之意吗?显然不是。这里离海(后海,即杭州湾)尚有较长一段距离,理解成"湖中小山",似乎更为可信。众所周知,南宋时,鉴湖淤积衰败极为严重,湖区面积大大萎缩,但这一趋势显然是自南而北演进的,泥沙最先淤积在山麓冲积扇区域,这样一来,靠南的湖区必然比靠北的湖区成陆更早更快。今天,海山村所在的位置应当在古鉴湖靠近湖区北堤一侧,其西北不远是仁让堰(即今堰东堰西),东侧不远是湖桑堰(即今湖舫村),这个地理坐标很是明确。因此,完全可以相信,陆游时代,今海山村一带仍是水渚茫茫的宽阔湖面,湖中矗立一小山,烟波缥缈,形似"海中山",故名之为"海山",并不为奇。

"海山"作为南宋时的山体名和村落名,若真实存在过,那么,它就是目前所知的绍兴地区最早有记载的地貌叠合地名。这类地名正是典型的水陆相依共生型地貌叠合地名,是绍兴地区"六山一水三分田"特定地貌分布规律下的地名反映。

"姓＋家＋地貌"组合地名:绍兴地名背后的家族群居型社会特征

传统中国是一个族群社会,同姓聚居是一种稳定且易管理的乡村基层形态。秦晖先生说过:"如果(同一氏族)人们不住一处,仅凭所谓共同祖先的'伦理'基础是很难保持稳定交往、公共认同并形成功能性组织的。"

族群而居,合力共建家园,是历史时期绍兴乡村氏族社会持久稳定发展的基石和共性。各村落族群悠久、丰富的家族谱系资料(主要是各代修撰并保存下来的家谱)为解读氏族流播、迁徙、定居、分支、辈分等提供了翔实可信的历史佐证。

绍兴地区现存的家族群居型聚落名数量庞大,难以细数(如同前文所述的"溇"字后缀地名一样,村落中尚有数量不等的次一级同组合小地名)。以前文所列举的"坞""溇""葑""埭"后缀地名为例,其中,"葑""埭"两后缀地名,百分百呈现这种"姓＋家＋地貌"组合;"坞""溇"两后缀地名中,这一组合的比例也高达50％以上(含个别省略了"家"字的地名)。

今齐贤街道齐贤村五眼闸自然村(原五眼闸村,旧名扁拖),原次一级小自然村名还有:魏家、劳家、沙地王。魏、劳、王三姓恰好就是旧时五眼闸村(扁拖)中的三大姓氏。扁拖闸始建于明朝中期,是当时绍兴北部西小江(钱清江,历史时期一度与浦阳江重合)入海口附近的重要水利设施,地名本身自带浓厚的水文地理地貌特征。魏家、劳家两个自然村地名属于"姓＋家"组合类型。王家居北,更靠近滨海沙地,"沙地王"可理解成"居于沙地旁的王家"或"王家沙地",这是一种口语化倒置用法,广义上也属于"姓＋家＋地貌"组合。

巧的是,环五眼闸周边,现存村居(自然村)地名还有诸家埭、梁家埭、谭家溇、沃家溇、李家埠、徐家灶(盐灶,此地近滨海沙地,旧时布局有制盐业)等,都是清一色的"姓＋家＋地貌"组合。

方位渐次地名：聚落发展的历史轨迹

绍兴地区历史时期形成的聚落，部分在地理位置上发生了变迁。这种变迁是和生产密切相关的，主要表现为产业功能的变迁所致。在南部山麓冲积扇区域，聚落变迁主要是由运输功能（河运）的变迁引起；在北部沿海区域，聚落变迁主要是由海岸线外伸引起的运输、捕捞、制盐及开发新地等变迁所致；中部湖泽地区也有类似的聚落变迁，主要是因新成陆地扩大了生产、生活的范围，满足了新聚落选址的可能。

绍兴地区聚落的历史变迁，从内核表现来看，衍化出了两种形式：A到B(C)和A到A1(A2)，前者指从一聚落到另一不同名聚落，变迁客体往往是某种产业功能中心的先后继承关系；后者指从一聚落到基本同名的第二甚至第三聚落，变迁客体是以特定产业功能为主附带居住功能的先后继承。从时间序次上看，前者有先后，后者既有先后也有同期。

陈桥驿先生的《历史时期绍兴地区聚落的形成与发展》一文，较为系统地提出了绍兴聚落地名的变迁及方位渐次分布现象。他针对南部山麓冲积扇和北部后海沿岸两个线性地带，分别作了举例说明。

南部山麓冲积扇区域的聚落功能变迁问题，陈先生举了"西埠""娄宫埠头""平水埠头"的例子。"西埠"即今天鉴湖街道的栖凫村，顾名思义，早年是一个河运埠头。陈先生经实地考察后认为，至迟在清代，该地河运的通航起点应在溯西埠江上行10里的施家桥，且直至民国初年，重载石料船尚可抵施家桥桥下。另，兰亭江航运的起点，南宋时可到今新桥头附近，明代末年后，只能通到娄宫埠头，已比南宋往北部下游方向迁移了10里。平水到平水埠头（在上灶铸铺㕣）也是如此。很明显，这三例属于A到B(C)型，仅仅只是河运中心地的变迁，而没有居住功能的先后继承关系。

然而，在讲南部山麓冲积扇一线聚落变迁时，陈先生将上谢墅到下谢墅也一并例举，与前三例形成了一种混淆。事实上，上、下谢墅属于A到A1(A2)型，即既有河运中心地的变迁，也有居住功能的变迁，且都有先后继承关系，产业功能变迁在前，居住功能变迁随之跟上，聚落地名重名且有方位渐次分布特征。更重要的是,这类聚落变迁,其主体人群往往是同族人居多。文中还举到了破塘到破塘下埠的例子,笔者认为例举得不是很贴合,因为破塘临的是破塘江,下埠临的是南池江,两地分属两个不同的航道水系,言之有传承渐次关系,并不科学。

北部杭州湾沿海聚落的空间变迁问题,陈先生举了前(后)桑盆村、前(中、后)盛陵村的例子,这些都是典型的因海岸线外伸引起的同名聚落的依方位渐次分布的案例。他写道:"山、会两县海涂外涨,使原来许多紧靠海岸的聚落逐渐远离海岸,这样,沿海聚落就一时出现了纷纷北移的现象。""桑盆村因北移而出现前、后两桑盆村。""以盛陵村为例,此村在明化成以前,原是徐氏聚族而居的一个沿海渔村,成化间(1465—1487)北迁四里另立一村(即中盛陵),天启间(1621—1627)又北迁三里另立一村(即后盛陵)。"

一定要合并归类的话,上述5个例子最终都归属于产业功能变迁型,其中又分出两种子类,A到B(C)型是产业功能在已有聚落上的空间转移,A到A1(A2)型是产业功能从旧聚落转移到新聚落,进而引发居住功能的新增(旧居住地仍保留但出现停滞萎缩,发展趋缓)。其特点:相关聚落形成有先后;方位词前置;原住民往往多是同姓族人。其成因:产业中心地迁移或居住用地扩张;同族子嗣扩增致使部分外迁新开发地;外姓迁入就近择地形成新聚落。高频词:里(中)外、上(中)下、前(中)后、东西、南北。

有些看似只是一种平行方位词,其实也是有历史先后的。如溇前的区位条件要好于溇中、溇后,因为溇前即溇口,是与主水道交汇处,交通更便捷。同理,上市头形成应早于下市头,既然称"上",说明是靠近顾客主流进入的市场口位置方向,人流更多,摊位更热门。即便是东溇、西溇这种纯粹的平行方位关系词,深究下去,也完全可能存在先后关系。笔者的老家马山渔港的东溇与西溇,俞姓聚居东溇,封姓聚居西溇,从常识看,俞、封两姓不可能是相邀而至,同期来此居住,必定是一前一后。依我目前的认知,是俞姓早,待封姓到来此处时,俞姓已占东溇,那就只能去建设西溇了。

从地域分布来看,现平水镇(含原上灶、平水、王化、平水江、横溪五乡,10处)、兰亭街道(含原解放、兰亭两乡,9处)、鉴湖街道(含原坡塘、南池两乡,5处)方位渐次地名分布较为集中。这3个地域,从地理分布看都属于稽北山麓冲积扇地形,且刚好连成线,构成一个弧形环圈,聚落沿溪流山涧分布呈狭长的带状,进而在历史时期形成自上游到下游的新旧聚落的渐次分布现象。

绍兴水城特性探究

徐智麟

人类集聚而有市邑，然而是筑城。《史记》曰："一年而所居成聚，二年成邑，三年成都。"从近万年前的嵊州小黄山遗址稻作生产及定居生活，到六七千年前，河姆渡遗址干栏式建筑以及四五千年前的良渚遗址城市萌芽，无不彰显了越地先民结邑筑城的历史和智慧。

早在 2600 多年前，管子就说过："凡立国都，非于大山之下，必于广川之上。高毋近旱，而水足用；下毋近水，而沟防省。因天材，就地利，故城廓不必中规矩，道路不必中准绳。"世界四大古文明均诞生于大河流域，便说明了水与城的关系，因为城市离不开水，然而每一个城市依然具有它自身的特征，或地域特色，或民族特色，或建筑特色，或产品特色。所谓水城者，是水与城市和谐地融为一体，并且经过千百年的岁月风霜，已成为这个城市的鲜明特色。这是水城的首要标志。当然，还有其他的认证条件。

一、绍兴河道水域占比特征明显

水是城市之基。称水城者，城市的河道长度、桥梁密度，尤其是水域面积应该是个硬指标。这既是一个数字，更是一种感观。如绍虞平原平均海拔在 5 至 10 米。地表江河纵横，湖泊密布。据 1987 年《绍兴市城市总体规划专项说明》，当时在古城区内尚有主要河道 17 条，总河道长度约 32 千米（含环城河），桥梁 75 座，河网的密度近 4 千米/平方千米，河湖水面积占城区总面积的 7.8%。绍兴河网地区（含越城区、绍兴县、上虞东关地区，不计入萧绍海塘），以黄海 10 米高程以下平原计算，总面积 816.1 平方千米，其中水面面积 107.4 平方千米，占 13.2%，平均水深

2.44米(含湖泊,大于0.18平方千米的湖泊15个,平均水深2.7米,最大湖泊是2.93平方千米的狭獠湖),有四面环水的陆洲和渚3116个,平均每平方千米3.82个,真可谓"河网密布,纵横交错"。在绍兴镜湖新区规划范围内,有河湖总面积53.6平方千米,占用地面积的20.2%。这在城市中是极少见的。

据清光绪年间测量绘制的《绍兴府城衢路图》载,当时城区面积为8.27平方千米,其中河道33条,总长约60千米,石桥229座,大小湖池27个,河湖面积为0.35平方千米。河道长必然带来桥梁的增多,"三山万户巷盘曲,百桥千街水纵横",这就是水城的写照。一座城市城内有如此多的水域,有如此悠久的历史,有如此丰厚的人文积淀,世上恐难寻比肩者。

二、绍兴气候环境足以涵养水域

绍兴成为水城之机缘说到底还是"天人合一"。人要顺应天时,道法自然。人可以建城挖湖开河,但若缺少降雨量,且空气干燥,水分蒸发量大,亦是枉然。绍兴城具有优越的气候环境。绍兴属亚热带季风气候区,四季分明,湿润多雨,虞绍平原一年中有二分之一是阴雨天,平均降水量达1400毫米以上,年平均气温在16.2℃至16.5℃。丰沛的雨量经山区大面积集聚后,从高向低依势流向平原,使得绍虞平原大小30余处湖泊、2000千米的河流成为河网型水库,起到蓄水、滞洪、排涝、交通等功效。

绍兴同时兼具独特的山原海地形,全境处于浙西山地丘陵、浙东丘陵山地和浙北平原三大地貌单元的交接带,境内地貌类型多样,西部、中部、东部属山地丘陵,北部为绍虞平原,地势总趋势由西南山区向东北平原及海洋倾斜。全市地貌可概括为"四山三盆两江一平原",即会稽山、四明山、天台山、龙门山,诸暨盆地、新嵊盆地、三界—章镇盆地,浦阳江、曹娥江,绍虞平原。全市最高点为位于诸暨境内海拔1194.60米的会稽山脉主峰东白山,最低点为海拔仅3.10米的诸暨"湖田"地区,中部多为海拔500米以下的丘陵和台地,绍虞平原平均海拔在5至10米。地表江河纵横,湖泊密布。鉴湖水系源于会稽山北麓,有36条溪流汇入鉴湖。据宋代曾巩的《鉴湖图序》推算,古鉴湖从今绍兴稽山门至广陵门为西湖堤,堤长 26.25 千米;又从稽山门至上虞樟塘乡新桥头村附近为东湖堤,堤长 30.25 千米;东西总长 56.5 千米。古鉴湖总面积 189.95 平方千米,除去湖中岛屿(西湖 58 个,东湖 51 个)17.23 平方千米,湖面面积为 172.7 平方千米。山会平原形成纵横交错的河湖水网,并从三江口注入杭州湾。

雨量丰沛,空气湿润,地下水位高,足以涵养广阔的水域。山原海落差平缓,才有足够的水域产生之条件。反过来讲,只有广阔的水域才能蓄纳丰沛的雨量,从而保证城民同安。更应该看到:水域比绿地更有其特殊性,更难涵养,因而也更珍贵。

三、绍兴古城三维与水紧密相融

水与城的"天人合一",体现在三维空间上,则必然以河为中心。古代木结构房屋及性价比也必然导致建筑的高度不会超过三层,水上交通的便利肯定带来河边的街市,街道、河道自然贴切融为一体。如古代绍兴秀美的水城形态便是"水在城中,城在水中",城内河道纵横,池沼处处,城又被宽阔的环城河所包围,环城河外又有鉴湖及运河水系并大小湖泊星罗棋布,绍兴城宛如一片荷叶飘浮在水中。河道与湖泊纵横棋布:河或横街过,或依街行,或沿山走,那么贴切自然地交融在一起;绍兴水城的肌理特征是一街一河、一河两街及有河有街的街河布局。清《(道光)会稽县志》说:"府河在河东一里,跨山会界;其纵者,自江桥至殖利门,北至昌安水门;其横者,自都泗门至西廓门;中间支河甚多,皆通舟楫。郡城河道,错若绘画,自通渠至委巷,皆有水环之。"往细处着眼则是:小桥流水人家,乌篷粉墙黛瓦。究其原因,明代地理学家王士性有过考证,其所著《广志绎》云:

> 绍兴城市,一街则有一河,乡村一里半里亦然,水道如棋局布列,此非天造地设也? 余曰:"不然,此本泽国,其初只漫水,稍有涨成沙洲处则聚居之,故曰菰芦中人。久之,居者或运泥土平基,或作圩岸,沟渎种艺,或浚浦港行舟往来,日久非一时,人众非一力,故河道渐

成,甃砌筑起,桥梁街市渐饰。"

其实,王士性仅描述了过程而已,其根本之成因乃是越地人民顺应环境,因地制宜的创举。清《(宣统)诸暨县志》中谈及诸暨城水利,有云:"此城之赖有五湖也,其非徒壮瞻观之谓,将以备蓄泄,资水旱,济利用而阜财源,其为益于生民日用之需诚大矣。"时下,汽车普及导致马路越拓越宽,土地紧缺导致楼房越造越高,唯河道几百年依旧,但也退化为水沟。三维空间比例失调既是绍兴老水城之痛,也是规划建设者美学素养之失,故而三维空间比例的调整应当成为保护水城的重要内容。

四、绍兴城市文化与水紧密相通

水的特性之一是融纳,有容乃大,老子说水"善利万物而不争"。水城文化也是同理,必然体现出水的深刻特性。如绍兴在文化上的吸纳包容,造就成为人文都城。从大禹治水疏堵结合开始,及至蔡元培的北大校训"兼容并包,思想自由",再到鲁迅的"拿来主义",无不彰显出"融纳"的精神。从春秋、战国到晋、宋二朝南迁,绍兴吸引了中原大族及主流文化萃聚越地,从而开创了令其他城市难望其项背的内在美。绍兴被誉为"一座没有围墙的博物馆",从建城以来,或为国都,或为郡治,或为州府首邑,实乃区域政治经济文化之中心。一方水土养育一方儿女。绍兴更是"钟灵毓秀,善生俊异",代有人杰,灿若星汉。自唐至清,绍兴市境之内,文武进士达2238人之多,光是清顺治至宣统元年,绍兴中举人的即有2361人。民国以后,科技人才辈出,现有绍兴籍两院院士79人。绍兴又是全国著名的戏剧之乡、书法之乡,产生过一大批独步一时的书画大家、戏剧名家。"鉴湖越台名士乡",这是一代伟人毛泽东对绍兴历史文化精辟的经典概括和高度评价。

正是因为如水般的包容,汇聚涓涓细流,孕育造就了绍兴特有的城市精神,而杰出人物不但充分展现着这种精神,更以自己的风范懿行持续光大着这种精神。大禹为民造福的献身精神;越王句践卧薪尝胆的胆剑精神;马臻筑湖为民的忘我精神;陆游至死不忘的爱国精神;蔡元培兼容并包的博大精神;鲁迅的孺子牛精神;周恩来鞠躬尽瘁的奉献精神等。他们身上涌现出来的崇高精神,世代与绍兴人相生相伴在一起,成为这个城市的文化自尊与文化自信,更是达成了这个城市与市民的文化自觉。

五、绍兴城市物产与水紧密相关

城市的特性必定体现在自身的物产中,如草原城市便以盛产奶制品、皮草等闻名。水城亦不例外。晋代虞预曰:"会稽上应牵牛之宿,下当少阳之位……山有金木鸟兽之殷,水鱼盐珠蚌之饶。"绍兴从大禹开始,良守百姓识水而用水之利,敬水而防水之患,人水和谐而成鱼米之乡,物华天宝乃而美味迭出。物质文明成果比比皆是,精神文明的结晶处处体现,更多的是两者合一,独领风骚。从青铜到丝绸,从茶叶到老酒,至于名播天下的越窑瓷器等,不胜枚举。

古称越有三宝、三缸。三宝即越王剑、青铜镜、越窑青瓷。青瓷,唐时称"秘色瓷",即在不同光照下会有各异的色相。唐人陆龟蒙有"九秋风露越窑开,夺得千峰翠色来"的诗句,写出了绍兴作为中国瓷器发祥地的登峰造极之作的风采。唐、宋时期,青瓷出口到 20 多个国家和地区,英文 China 代表中国或许正缘于此。陕西法门寺地宫中,唐朝皇帝供奉佛指舍利的贡品越窑青瓷,至今秘色依然,想及龙泉、景德镇青瓷生产今况,不禁使人联想现在的"产业梯度转移",古今类同,资源制约之规律使然也。茶叶等在当时也是名闻天下,唐茶圣陆羽曰:"浙东,以越州上。"欧阳修《归田录》云:"草茶盛于二浙,二浙之品,日铸第一。"即今平水日铸岭所产之茶,明清仍为绍兴八大贡品之一。三缸即酒缸、酱缸、染缸。从"箪醪劳师"到巴拿马世博会的金奖,绍兴老酒以琥珀色的醇香名扬四海。绍兴的霉系列食品亦以鲜美著称于世,"霉干菜毗肉"更是多少绍兴人舌尖上的乡愁。臭豆腐或油炸,或水蒸,总是让人食后留恋,诸如此类的"臭美",其实正是越地百姓顺应湿润的自然环境,为能较久地保存食蔬而进行的一种创造。旧时没有冰箱,也没有大棚,时鲜食物存放过久,难免发酵变质,但这恰恰提供了另一种存贮的可能,催化出另一种别样的美味。绍兴酒的香与韵源于湿润的自然环境,这也正是它独特性的保护"密码",工艺可学,师傅可请,鉴水可运,唯湿润的自然环境无法仿制(微生物发酵的依赖),因此偷技法偷工艺者均无成。而"酸酒"的偶生也反证了全野外自然环境下发酵的关键性。绍兴河海相接,鱼类海淡兼具,吃法多样,那带鳞的青鱼干,那能浮在汤中的白色鱼丸,那咸淡鱼一起蒸的"文武鱼",还有酒糟腌制品,无不使人食之难忘。绍兴地方曲艺莲花落唱词即有"糟鸡糟鸭糟白鲞,酱鸡酱鸭酱腊肠"。

鱼米之乡有丰沛的食材,因四季而有变换;有勤劳聪慧的人民,不断升华创新的菜品;有深厚的文化积淀,累积而成饮食文化,一本《舌尖上的越文化》洋洋洒洒,记载了越地百种特色家常菜及其中蕴含的故事。

舌尖上的享受总是一代一代继往开来,美誉在外。丝绸在唐时也是名闻天下,白居易《缭绫》:"织者何人衣者谁,越溪寒女汉宫姬。去年中使宣口敕,天上取样人间织。织为云外秋雁行,染作江南春水色。"诗句现实记录与形容夸奖相结合,描写了越地丝织品的华美。今天亚洲最大的轻纺市场就在绍兴,依稀能看出历史的影子。透过这些物品,更能看出支撑它们的基础,那就是水,那就是大大的水域、长长的河道!

六、绍兴古城生活与水紧密相联

城市说到底是人聚住、生活、劳作的地方。在水城吃住行作,必定与水有着密切的关联,俗话说"我过的桥比你过的路还多""跑过三江六码头",讲的就是与水相关的人生阅历。古代有水城门及水陆两用城门的城市并不多见。进入城门后的城市生活,无论是衣食住行、修造作业,还是民俗节令、祭祀丧娶,肯定与水紧密相联。如绍兴,早在2000多年前,越地先民就"以舟为车,以楫为马","断发文身"以宜水中劳作。人们敬大禹、马臻、张神、汤公等治水英雄为神,有龙抬头修禊的节令,有赛龙舟的水上活动。至今,安昌古镇仍有水上婚礼的表演。人们上下街河的码头即河埠头,绍兴人习惯也叫"踏道",即用条石砌成通向河面的台阶,基本的形态样式是马鞍和元宝及派生形,实际上这也是阴和阳的仿生,马鞍的形状是凸出,元宝的形状是凹进。古越先民发明的干栏式建筑中,榫卯结构即已应用了阴和阳的仿生。因为水面有涨落,堤岸有高低,为上下船只的方便,只有这种梯形台阶是最合理的。埠头不仅是家家户户取水洗涤的场所,更是信息传播的中心。如果从民俗学的角度观察河道里洗涤的旧俗不改,节俭固然是原因之一,交流和体察恐怕已渐变为主因。绍兴不仅诞生了举世独创的乌篷船,还保存着唯一的古纤道。水,造就了这里怡然自得的小桥流水人家的生活:弦诵之声比屋相闻,酒店茶肆说唱社戏,埠头互诉家长里短。从中洋溢着浓厚的水城氛围以及由此散发出来的文化芳香。

七、绍兴水城与威尼斯比较

曾被拿破仑誉为"举世罕见的奇城"的威尼斯,相传始于公元453年。由118个小岛屿组成,面积7.8平方千米。全城177条河道,纵横交错密布其间,靠各式桥梁把它们连接起来,故有"水之城""桥之城"等美称。这里的河道是城市的"马路",它是世界上唯一没有汽车的城市。

威尼斯有着"因水而生,因水而美,因水而兴"的美誉,曾是兴旺发达的威尼斯共和国国都,因此古迹甚多,为著名的历史文化名城,加上得天独厚的地理条件,遂成旅游胜地。这里所有景色都离不开水。每年有2000多万来自世界各地的游客涌入。在威尼斯城内河上运行的船叫"贡多拉",两头尖尖翘起造型别致,装饰较为华丽,是这里的代步工具,现以旅游客运为主。

绍兴古城始于公元前490年,最初为越国都城,面积9.09平方千米。也称为"因水而生,因水而美,因水而兴",从越地先民"以舟为车,以楫为马",到清代大力疏浚管治,历代贤牧良守和市民百姓的励精图治,使绍兴成为"三山万户巷盘曲,百桥千街水纵横"的独特水城。据陈从周先生考证,以桥梁密度比,绍兴是苏州的2倍,威尼斯的45倍。"郡城河道,皆通舟楫。自通渠至委巷,皆有水环之,错若绘画"。绍兴的乌篷船手划脚蹋,客货两用,举世无双。这幅乌篷粉墙黛瓦、小桥流水人家的"水墨画",显示出东方水城的秀美神韵。

绍兴乡贤、著名的历史地理学家陈桥驿先生曾表示,很遗憾把18世纪法国人格罗赛称誉绍兴为"东方威尼斯"的说法介绍给学界及家乡,因为他比较之后,觉得威尼斯哪能与绍兴相比!这个我想话要分两头讲。首先在外国人眼里,这是先看到城市外观肌理,油然而生出的类比,有这样的类比就不用过多的翻译与解释。正如周恩来总理译介《梁祝》为《罗密欧与朱丽叶》一样,外国人一听就知是经典的爱情悲剧,可谓言简意赅。其次,称誉绍兴为"东方威尼斯",比格罗赛更早的是利玛窦的同行罗明坚、麦安东。《利玛窦中国札记》中这样描述:"这个城镇尽管不是省城、始终算是该省的重要中心之一。它以商业贸易也以坐落在一湾清水湖中一座岛上的独特位置而闻名。在这方面它使人想起威尼斯。它也以学者辈出,并且是大批知识阶层的荟萃之所而负有盛名。"如果说外宣要让外国人简明易解的话,"东方威尼斯"应是不错的称誉。

广州能成为花城,首先是因纬度上的温度奠定了基础,其次是市民都爱花种花。绍兴水城何尝不是如此!人类只有一个地球,我们只有敬畏天地,才会珍惜我们的河湖,水城才能代代相承,否则最好的天赋,也是枉然。要全民一心,努力保护利用好我们的江南水城,使之傲立于世界城市之林!

剡中佛教中国化发祥地大事记

唐樟荣

小　序

　　本文以朝代纪年为序，从文史资料角度，排比记录剡中（本文仅指今新昌县范围，以下不另作说明）佛教中国化发祥地大事记。以此命题，分为上下两个阶段：上为两晋南朝至隋唐时期。东晋南朝时，中原高僧因晋室南渡，随王室和世家大族纷至沓来，避乱剡中（今新昌），在今澄潭街道横联村兴善寺及东岇、沃洲、石城、南岩、孟家塘等处，以创佛教般若学"六家七宗"为活动内涵，研讨传播教义，蔚然成风。梁慧皎《高僧传》等典籍记载甚详。隋唐时，寺院勃兴，名僧入剡亦多。下为五代至民国时期。自五代置新昌县起，新昌始终是佛教文化大本营之一，高僧云集，佛寺林立，分布广泛。

　　本文为历史大事记，主要记载高僧入剡活动轨迹，不作教义串解。某高僧创某宗派，般若学研究专家另有高文传世，可以参见汤用彤先生《汉魏两晋南北朝佛教史》、荷兰许理和先生《佛教征服中国》及日本镰田茂雄先生《简明中国佛教史》等著作。正是这些高僧在剡中的活动，使此地成为佛教中国化发祥地，也为今人留下了在佛教史、文化史上熠熠生辉的新昌大佛寺石雕弥勒大佛和千佛禅院。

　　以下记录，得益于历代高僧传及旧志等文献典籍，更得益于白云书院新昌石窟寺群研究课题组诸导师实地走访、测量全县各处实物遗址。但限于资料、学识，难免挂一漏万，取舍之间，或有不当，敬请专家学者批评指正。

两晋至隋唐

1. 西晋太康十年(289)，西域僧幽闲东来，至穿岩十九峰下、今澄潭街道横联村建兴建寺，卜筑隐居，民国《重修浙江通志稿》称之为"浙江佛教先声"。兴建寺也是绍兴市内迄今所存最早的寺院，只不过寺名屡变，今称兴善寺。唐大历诗人卢纶有诗。

2. 东晋咸康年间(335—342)，竺道潜建寺于剡东岇山水帘洞侧，其高足竺法猷、竺法蕴、康法识、竺法济等均卓锡于此。此地与沃洲山同为江南大乘般若教义中心。东岇山为本无异宗教义大本营和发祥地。此事见于南朝慧皎《高僧传》及刘义庆《世说新语》中。据载，东晋隆和元年(362)，建东岇寺。唐会昌间(841—846)，废。五代后唐同光元年(923)，重建。后迁徙至高碑(今羽林街道大明市)，宋大中祥符元年(1008)，改大明寺。

竺道潜，字法深，又称竺法潜、竺潜，山东琅琊王氏、东晋大将军王敦之弟，十八岁出家，师事中州刘元真，师出名门。至二十四岁，讲《法华》《大品》。追随他学法问道者，常达五六百人。晋永嘉初，因避中原战乱过长江。晋元帝司马睿及晋明帝司马绍、丞相王茂弘、太尉庾元规，都钦慕其风德，对他既崇敬又友好。建武、太宁年间，竺道潜经常穿着木屐，至宫殿内，时人以其品德崇高，称他为方外之士。元帝、明帝、王、庾相继去世后，竺道潜隐居剡山，以避当世，而追踪问道者仍然络绎不绝，山门为之拥堵。竺道潜优游讲席三十余年，或讲《方等》，或释《老》《庄》。信徒甚众，盛况空前。晋哀帝好重佛法，频繁遣使，殷勤征请，竺因诏旨之重，只好暂回宫殿，即于宫殿内开讲《大品》，哀帝及朝中之士都对他赞赏有加。当时，简文为相，以竺道潜为道俗领袖，优厚礼遇，无所不至。

3. 东晋咸康年间，支遁托人向竺道潜买岇山(《世说新语》误作"印山")。竺道潜答曰："未闻巢父、许由买山而隐。"(刘孝标引《高逸沙门传》注云："遁得深公之言，惭恧而已。"按，深公即指竺道潜。)

沃洲因支遁买山，名噪一时。"买山而隐"成为成语典故，被历代诗人写入诗中。

4. 建元年间(343—344),支遁创精舍于㟮山侧沃洲小岭,僧众百余,常随禀学。见《高僧传》卷四。

5. 东晋永和初(约345),昙光云游至剡东石城山,卜筑隐居,创隐岳寺。今有隐岳寺石窟群四处。同时,于法兰创元化寺。此即今新昌大佛寺及千佛禅院(俗称千佛岩)前身。

6. 东晋永和年间(345—356),僧晖卜筑县西南二十里南岩石窟间。南朝宋元嘉中,建南岩寺,号南岩院。唐会昌年间,废。咸通八年(867),重建。宋大中祥符元年(1008),改祖印院。明洪武十五年(1382),改禅寺。寺有石刊《唐宣慰使行状》,乃中散大夫荆州刺史李邕撰并书,今碑已佚。清咸丰、同治间,寺毁于战乱。同治九年(1870),由僧戒清募捐重建。今有南岩寺、月光洞等石窟寺群尚存于七星街道南岩山。

7. 东晋永和末(约355),于法兰、于道邃师徒去西方求大法,至交州病,终于象林。

8. 东晋兴宁二年(364),支遁入剡县石城山,立栖光寺,与隐岳、元化鼎足而三。后二年,支遁圆寂于剡石城山石城寺,年五十三,葬石城。《世说新语·伤逝十三》载戴逵凭吊支遁墓之语:"德音未远,而拱木已积,冀神理绵绵,不与气运俱尽耳。"刘孝标注引王珣《法师墓下诗序》曰:"余以宁康二年(374),命驾之剡石城山,即法师之丘也,高坟郁为荒楚,丘陇化为宿莽,遗迹未灭,而其人已远。感想平昔,触物凄怀,其为时贤所惜如此。"

9. 东晋宁康二年,竺道潜卒于东㟮山,年八十九。晋孝武帝下诏,赙钱十万,星驰驿送,以为葬礼。事载《高僧传》卷四。

10. 东晋太元末(396),昙光卒,葬石城,处山五十三载,终年一百一十岁。南朝宋孝建二年(455),剡令郭鸿为之筑塔营葬。今有法塔,称大佛寺开山祖师。

11. 支昙兰,青州人,晋太元中(376—396)游剡,后栖始丰(今天台)赤城山。晋元熙中(419—420),卒于山,年八十三。见《高僧传》卷十一。

12. 与昙光同时,有竺昙猷,或云法猷,敦煌人,游江左,止剡之石城山,乞食坐禅,后移始丰(今天台)赤城山石室。有山神化作猛虎、壮蛇出没,以相威胁,其人诵经如故,后虎蛇推室相让,凌云而去寒石山,竺昙猷止赤城孤岩,王羲之闻而前往。见《高僧传》卷十一。

13. 南朝宋元嘉二年(425),建九峰寺,在县西南二十里。唐咸通八年(867),赐"列翠院"额。洪武八年(1375),改禅寺。

14. 南朝宋元嘉二年,于县东北三十里建云居寺。唐会昌年间,废。五代后晋天福九年(944),吴越重建,号石门寺。宋大中祥符元年(1008),改云居寺。

15. 南朝宋元嘉六年(429),昙济道人十九岁,初住孟山。据竺岳兵先生考证,其地即今新昌羽林街道孟家塘方广寺,今有遗址。昙济将僧肇的《三宗论》细析为般若学六家七宗,影响深远。

16. 南朝齐永明三年(485),元化寺建石窟,共四窟,造千佛龛像。

17. 南朝齐永明四年(486),剡县僧护发心造十丈弥勒大石佛。开其端,未成遂。齐末,僧淑继其业,仍未果。

18. 南朝梁天监十二年(513),僧祐奉梁武帝之命至剡县石城寺主持石弥勒大佛造像工程。《高僧传》称其"为性巧思,能目准心计,及匠人依标,尺寸无爽"。在他的指挥下,石弥勒像终于雕凿完工,鸿姿巨相,震惊当世,为东南佛像瑰宝。《文心雕龙》作者刘勰撰《梁建安王造剡山石城寺石像碑》以记之。今佛像与碑记尚存,为两位大师所作之硕果仅存者,誉为双璧。梁建安王即萧伟,梁武帝之同父异母兄弟,因患疾未愈,由陆咸呈报石城寺未完工之石弥勒像,得当朝皇帝允许,建成此佛像。

19. 南朝梁普通元年(520),于县东北三十里三十八都建天宫寺,本号灵居院。唐会昌年间,废。宋治平三年(1066),改天宫院。元天顺元年(1328),重建。明洪武十五年(1382),改禅寺。

20. 梁武帝末年(549),僧慧皎撰《高僧传》,其中入传的剡石城山等高僧16人,包括竺法潜、竺法友、法蕴、康法识、竺法济、支遁、于法兰、于法开、于道邃、竺法崇、帛僧光(即昙光)、竺昙猷、支昙兰、僧护、帛道猷、僧祐。

21. 陈太建七年(575)秋,智𫖮初上天台,过石城,"吊道林(即支遁)之拱木,庆昙光之石龛"。

22.隋开皇十七年(597),智顗应晋王杨广召,赴江都(今扬州)法会,途中因病圆寂于石城寺大佛像前,遗嘱请晋王维修大石佛。国清寺即以其遗愿创建。其肉身返葬天台塔头寺,衣冠葬石城山,今大佛寺建有纪念法塔。

23.唐初,道宣律师自称"僧祐后身",世遂称"三生圣迹"(一说"三生圣迹"指僧护、僧叔、僧祐,据刘勰碑记)。高僧神楷、慧旻、智威先后来石城寺。

道宣(596—667),俗姓钱,字法遍,自称吴兴(今浙江长兴)人,生于京兆长安。佛教南山律宗开山之祖,世称"律祖"。著有《广弘明集》《续高僧传》等,在佛教史上享有较高地位。新昌西区东茗乡下岩贝传有唐武德间(618—626)"道宣坐禅汤岩洞",后建有朝阳禅院。

24.唐开元间(713—741),玄俨律师重镌大佛,孟浩然礼拜石城寺,写下"石壁开金像,香山倚铁围""竹柏禅庭古,楼台世界稀"的诗句,时为开元十九年(731)腊月初八。

玄俨律师(675—741),越州法华寺高僧。据《宋高僧传》卷十四载,玄俨于石弥勒像"内倾衣钵,外率檀那,布黄金色,熔白银相,以铜、锡、铅、锴、球、琳、琅玕、七宝浑成,八珍俱足。宝积献盖,界现三千,迦叶贡衣,金逾十万,如须弥之现大海,俨之功德,不可思议"。当时,许多僧众信徒、头面人物都慷慨解囊相助,为建大佛以来最大一次修缮工程。

25.唐天宝三年(744),建鹫峰寺于县东六十里(今镜岭镇大古年村,有石窟遗址),本号灵岩院。唐会昌年间,废。五代后唐清泰二年(935),重建。宋嘉祐七年(1062),改鹫峰院。明弘治十年(1497),改禅寺。

26.唐贞元二十年(804),日本高僧最澄来石城寺求法。

最澄(767—833)是日本天台宗创始人。唐贞元十九年(803),带徒弟兼翻译义真乘遣唐使船,于宁波上岸。次年,从越州新昌去天台,途经石城寺。受天台教义,游学八个月,著《越州将来目录》,其中收有《剡山石城寺弥勒石像碑》一卷(即刘勰碑)。最澄往复于天台山和明州(今宁波)间,所经之地即为剡县东部。后于越州途中求得《天台智者大师别传》。

27.唐大和六年(832),白寂然在浙东廉访使元稹和继任者陆亘帮助下,兴建沃洲山禅院,并遣其徒常赟赴洛阳,请从叔白居易撰《沃洲山禅院记》。碑记全面梳理沃洲佛教历史,盛称两晋十八高僧十八名士雅集沃洲胜事,有"东南山水越为首,剡为面,沃洲天姥为眉目"之誉。沃洲山禅院后改称真封院、真觉寺,以白道猷开山、白寂然兴寺、白居易撰记,立三白堂以为纪念。

28. 唐会昌五年(845),唐武宗兴会昌法难,千佛院被毁,石城寺未遭难。

29. 唐会昌六年(846),僧师祐于县东南六十里建九岩寺。五代后唐清泰二年(935),吴越给"九岩院"额。东庑有水出石潭间,名蒙泉。明洪武十五年(1382),改禅寺。

30. 唐大中九年(855),日僧圆载、圆珍至石城寺求法巡礼。

圆载(?—877),为最澄弟子。唐开成三年(838),率弟子乘遣唐使船入唐,自扬州至天台,礼拜国清寺。会昌三年(843),令弟子仁好、顺昌送《唐决》回国,次年带来赐金二百两。会昌废佛,传圆载在剡地还俗并娶妻生子。唐宣宗立,恢复佛教,曾召入宫中讲经,赐以紫袍。

圆珍(814—891),大中七年(853)入唐,奉敕"传灯大师"称号。其在唐经历四十年。乾符四年(877),搭商船回国,遭遇风暴,没于海滩。所著《行历抄》云:"大中八年二月初旬,留学生圆载离(天台)赴剡县,此地属越州管辖,与唐兴(今天台)相去八十里。"

31. 唐广明初(约880),黄巢起义军入越,焚寺,石弥勒像安好。

32. 唐龙纪元年(889),僧文肃建华藏寺于县东六十里,本号龙岩院。宋治平三年(1066),改华藏寺。明隆庆五年(1571),僧正鹏、正人重建。

五代至民国

33. 五代后梁开平二年(908),吴越王钱镠始析剡东南十三乡,置新昌县,县治设于石牛镇。次年,吴越王钱镠赐钱八千万,筑石城山弥勒宝阁三层。后又建寺宇三百余间,赐名瑞象寺。宋大中祥符元年(1008),改名宝相寺。

34. 五代后晋天福六年(941),建普润寺于县西三十五里,号华岩院,后改清潭院。宋治平三年,改普润院。

35. 五代后晋天福八年(943),于县东三十里建普门寺,本号观音院。宋治平三年,改普门寺。

36. 五代后晋开运二年(945),知县赵仁爽于县西九十步建宝岩寺。五代后汉乾祐二年(949),吴越给"释天院"额。宋大中祥符元年,改宝严寺,邑人大理寺评事石渥舍田助之,改宝殿院。元为祝圣都道场。明洪武十五年,改禅寺。万历六年(1578),知县田琯重修,邑人吕鸣太捐资助工,至清嘉庆、道光两次皆石氏捐修之。

37. 五代后晋开运三年(946),知县赵仁爽重建千佛院。

38. 五代后晋间,建白鹤庙(又称灵岩殿)于今东茗乡莒溪村,今有灵岩殿石窟寺遗址。

39. 五代后周广顺元年(951),大寂禅师德韶于县东南六十里建天姥寺,号天姥院。宋至道三年(997),改赐广福院,在天姥山中。明洪武十五年,改禅寺。因地处古代越州至台州官道(亦为剡中新昌至天台驿道),寺旁有接台馆,上官及使客往来,俱宿于此。

40. 五代后周广顺元年(951),建昌法寺于县东四十里(今沃洲镇严家山村),本号灵庆院。宋治平三年,改昌法院。明洪武十五年,改昌教寺,后废。

41. 五代后周德显元年(954),僧招度于县北八十步建福圣寺。五年,吴越给"无碍浴院"额。宋大中祥符元年,改福圣院。明洪武十五年,改禅寺。

42. 五代后周显德三年(956),于县东十五里建宝福寺,本号道德保安院。宋治平三年,改宝福院。明洪武十五年,改禅寺,后废。

43. 五代后周显德四年(957),于县东北三十里三十四都建香林寺,本号梅林院。宋治平三年,改香林寺。明洪武十五年,改禅寺,旁有石鼓。

44. 宋乾德六年(968),于县东北十五里建方广讲寺,本号华岩寺。宋治平三年,改方广院。洪武十五年,改讲寺,东有俞氏偶司庵。

45. 宋开宝间(968—976),钱俶重修宝相寺(今大佛寺),题诗刻石,塑两菩萨并侍阁前,高七丈。

46. 宋太平兴国八年(983),日本僧人奝然过大佛寺,礼石弥勒像。

奝然(938—1016),日本大东寺僧人。宋太平兴国七年(982),得入宋牒。次年,与弟子入宋,参拜天台、五台诸山。至雍熙三年(986)回国。据其所作《入宋求法巡礼行并瑞像造立记》载,太平兴国八年(983)十月八日,从天台出发,十一日到新昌,以礼南山澄照大师三生所制百尺弥勒石像,梵容奇特,虚阁巍峨,十二日再前进,经过杭越,涉历数州。值得说明的是,南山澄照大师是咸通十年(869)唐懿宗追赠道宣的谥号。北宋时期,"三生造佛"已由最初所指的僧护、僧淑、僧祐变为僧护、僧淑、道宣。

47. 宋咸平五年(1002),僧辨端丈量大佛,并作碑记。

48. 宋景德、天圣年间(1004—1032),石湛捐铜钟,修宝相寺(今大佛寺)殿阁,董遂良彩绘佛像,购置大藏经,钱惟演撰《重修宝相寺碑记》。

49. 宋熙宁五年(1072),日本高僧成寻从杭州至新昌,去天台国清寺,途经小石佛寺等处。据其日记载,是年五月十一日,从嵊县张九郎家乘轿出发,行三十五里,到新昌县,再走十五里到黄婆亭,夜宿陈公店。"十二日辛卯,天晴。卯时出坊,过十五里,辰三点,至同县仙桂乡。亦(或为赤)土石阿弥陀佛堂,寿昌寺僧正明知大师弟子行者性(或为姓)李建立。件童行出来进茶,而依器秽,不吃。过十五里,午时,至天姥,出钱百五十文,令吃酒十三人。过十五里,申时,过新昌县界,入台州天台县界,名关岭,高山顶也。过关岭一里,至郑一郎家宿。七时行法了。于轿诵加经六卷"。又,八月七日"申时,到新昌县,谒知府并少府,令见州牒,乞安下所,即以使送宝严寺,大伽蓝也。寺主点茶,知县并少府来问沙汰"。宝严寺在县府附近,今已不存。知府特赶来迎接,说明当时很重视日本僧人来访。

成寻(1011—1081),日本天台宗大云寺沙门。宋熙宁三年(1070),年六十二,请游天台。五年三月,乘商船入宋。五月,到天台,随从弟子七人,受到神宗接见。留宋九年,著有《参天台五台山记》,在天台近四个月,其过新昌情形,见上述文字记载。

50. 宋嘉祐五年(1060),时年八十多岁的宝相寺(今大佛寺)住持显忠作《咏石城胜迹十五题》,系统题咏今大佛寺古迹名胜,诗今尚存。

显忠祖印,宋真宗时高僧,天寿寺通慧大师赞宁之徒。太平兴国八年(983),赞宁奉敕撰《宋高僧传》。端拱元年(988),显忠等三人奉师命送往京师(今河南开封)。显忠后住持宝相寺,德高望重,长于诗才,石城胜迹诗平实朴素,是宝贵的地方文献。事迹见《五灯会元》卷十二。

51. 北宋时,穿岩十九峰缆船峰(在今新昌镜岭镇)有新穿岩石窟寺。南宋宰相、新昌人王爚《穿岩》诗有云:"五百真人应共归,天香桂子纷纷落。居民多在此山前,强寇陆梁宣和年。流毒数州民受苦,老稚登山获保全。"知宋宣和年间,当地人曾于此躲避寇乱。

52. 宋宣和间(1119—1125),穿岩十九峰老穿岩建有高川庵,后改名伴云庵,今有石窟遗址一窟。王爚《穿岩》诗有云:"危楼杰阁建庵宇,石空神僧开山祖。八载跏趺不下山,冷眼死生犹旦暮。游人到此若登瀛,徒依栏杆鬼神惊。"这里也是明崇祯帝秉笔太监高起潜墓葬之地。

53. 宋淳熙间(1174—1189),朱熹再到新昌,住宝相寺,建濯缨亭,讲学著书,手植梅树一棵,今尚存,并书对联云:"日月两轮天地眼,诗书百代圣贤心。"

54. 宋淳熙九年(1182),新昌三十四人中举,千佛塔题名,知县谢在抒作记。

55. 宋末元初,建兴福庵,又称蝙蝠庵,今七星街道馒头山尚存石窟遗址。

56. 元末明初,建大山庵,又称白侯庵,今东茗乡长乐村大岩岗尚存石窟遗址一处。

57. 明永乐九年(1411),重建毗卢阁三层五楹。

58. 明天顺间(1457—1464),建龙潭寺,又名峃林庵,今七星街道新合村尚有遗址。

59. 明万历间(1572—1604),德颖意圆禅师重兴宝相寺,建临济世系,为宝相寺(今大佛寺)一世祖。守庵禅师建无量桥,并于万历三十二年(1604)秋,邀请时年五十岁的幽溪大师于宝相寺开讲小本《阿弥陀经》,石室中闻天乐齐鸣云,听众中有人写下《天乐赋》。

60. 明万历间,建岩下庵,今澄潭街道马家庄村尚存石窟遗址两处。

61. 明末清初,建狮子岩石窟寺,今新昌七星街道杨梅山村尚存石窟遗址一处。

62. 清康熙间(1711—1735),达岑无上住持佛寺,修南明寺(今大佛寺)大殿,裱金容,吕爔作《重修南明寺碑记》。

63. 清康熙间,建碧霞庵,今东茗乡黄潭庵村尚有石窟遗址一处。

64. 清康熙间,建天仙庵石窟寺,又称道士盘,今沙溪镇董村里坞山村有遗址。

65. 清乾隆间,建有罗汉洞石窟寺,又称蟠虎洞石坊,今大佛寺景区有遗址,有罗汉五百零一尊。

66. 清同治间(1862—1874),建铁佛寺、观音阁、小将军庙,位于今七星街道南岩山。

67. 清光绪间(1875—1908),果华品莲、净真碧峰、尧松、宝光等住持重建大佛寺大殿、寮房,重裱大佛,导开放生池。

68. 清末,建神仙洞石窟寺,今羽林街道枫家潭村尚有石窟遗址。

69. 清末,建东岳府、三圣殿、伽蓝殿于东岳寺石窟,今七星街道南岩山有石窟三处。

70. 民国六年(1917),上海富商哈同夫人罗伽陵捐墨银三千重裱新昌大佛,立韦驮等四像。蔡元培撰联云:"理哲家言同源西圣,华严法界现象南明。"

71. 民国十四年(1925),曾任浙江省省长的新昌人张载阳建"新社"于新昌大佛寺石弥勒像对面高坡平地上。

72. 民国二十一年(1932),迁建新昌大佛寺智者大师衣钵塔至放生池东侧,印光法师作《衣钵塔记》,并撰联云:"教判五时,化仪化法双诠,灵鹫亲承诸善迹;佛明六即,心作心是并阐,支那弘道无二人。"弘一法师题"天然胜竟"草书匾。

73. 民国时,建伽蓝庙石窟寺,又称夫神庙,今城南乡石狗洞景区尚有石窟遗址两处。

74. 民国时,建观音庙石窟寺,又称文武庙,今羽林街道前岸村有石窟遗址一处。

诸暨民俗信仰中的德治文化

郦 勇

一、诸暨传统民俗信仰概述

诸暨是一个历史悠久、文化丰富的地区。诸暨民俗信仰具有多元性和包容性,融合了儒家、道教、佛教等多种信仰,同时也受到了地域文化和地方习俗的影响。诸暨的民俗信仰主要表现在祖先崇拜、佛教信仰、道教信仰、民间信仰等方面,本文将着重对祖先崇拜和民间信仰进行论述。

(一)祖先崇拜

中国古代的信仰,大致可分成两条途径:一条是神祇的信仰,另一条是祖灵的崇拜。人死而为鬼,但是世人对自己的祖先或亲人死后不称鬼而称灵,称祖先为祖灵,抱着十分崇敬的感情慎终追远。其后代子孙越多、越富贵,人们就觉得越风光,认为这是祖灵的庇佑福荫,要颂其"祖德流芳""光前裕后",竭力为祖先建祠堂公厅、立神牌,生辰死忌,祭拜不遗余力。

因为祖先是既可降福又可作祟的、意志莫测的神灵,古人求雨于先公高祖,而不直接祈求于上帝,是因为上帝虽然是令雨令风的主宰,然而"绝地天通",人不能直接和天神交通,必须祭祀祈求祖先。祖先神灵既有亲近人间、可接受人间祭祀祈求并向上帝转达的一面,又有可以把握、不能作祟的一面。

诸暨的祖先信仰始盛于宋。随着南宋移民在诸暨定居,这些移民开始拥有自己的土地,在这块土地上繁衍生息。他们不但带来了北方的风俗和生产技术,也带来了他们的祖先神灵。从大量的宗谱和地方文献中,我们可以看到,几乎每个家族都拥有属于自己家族信仰的神灵。以下是影响力排名靠前的一些家族神灵。

杨老相公 在诸暨影响力最大的无疑是杨老相公。关于杨老相公有很多传说,主要流传于枫桥和草塔,这两个地区也是杨氏的主要居住地。在枫桥全堂的杨氏宗祠中,有《重建佛子庵碑记》,讲述了这样一个故事:南宋嘉熙年间(1237—1240),杨氏始祖杨文修(佛子)修建了一个庵堂,用来拜佛。百来年后,栋宇朽腐,廊庑倾覆,几废而为墟。杨文修的孙子杨通看到这个情况,乃捐囊金,扩大其址,建大殿三间,中供梵主,傍栖祖灵,并改名为"佛子庵"。于是,杨文修便自然而然被塑造为一个神灵。另一个杨老相公来自五泄镇西皇村横里自然村。在该村的九龙山寺中有一块《建造前殿捐碑》,碑文有云:"仙师殿者,吾族神祖通、达二公之家庙也。稽自创于明,葺修于清,历九百余年矣。惟因殿宇狭小□□□□□□侵吞地方□□神祖灵佑故里,创坛化世,继被群生,得汪监坛使之佐助,燮理阴阳,药到病除,此皆神力之宏深也。"就这样,杨氏的祖先因为精于药理,被称为仙师,供奉于庙。而这两个杨氏先祖的庙宇,也存在于同山镇的唐仁村。

陈老相公 在店口镇阮市的古唐村。《古唐陈氏宗谱》载,始祖迁四公陈禄,随宋室南渡,由河南迁居暨阳,见古唐之山林环荫,民风淳朴,遂卜居于此。此地繁荣昌顺,知其必有神佑,乃集两都人士建福主之庙于视瞻山之山盖,庙以山名,曰"视瞻庙"。此乃南宋初年,视瞻庙之肇始。庙既成,立视瞻福主为神,陈氏先祖宋金紫光禄大夫陈实中、宋判官陈宁中二公之像立于旁以祀之,以期颐陈氏子孙永蒙福佑。在陈宅村则有另外的传说,相传清朝乾隆时开发运河,陈老太公(陈贤)带领阴兵相助,晚上河面飘来飘去的灯笼上都写着"陈"字。此事被乾隆知道,派人查明,乃是暨阳陈宅的陈贤公所为。于是圣旨下来,封陈贤公为侯,造庙为陈侯祠。

钟太公 在马剑金沙有钟太公庙。相传钟太公是桐庐外松山旧庄村人,南宋时在朝为官,任将军,因救驾有功,封为忠孝王。当地人民为纪念其功德,设神牌建庙祭祀。后因山洪暴发,庙被摧毁,神牌也被冲走,从湖源江一直漂流至富阳场口。神牌遇到一个住在金沙村的撑筏者,便漂至其筏边,不再离开。这时临近傍晚,撑筏者于是祷告天地,希望能在日落前将神牌带回桐庐。然而逆水行舟,费时费力,至金沙村家中,天已拂晓,更不用说到桐庐了。人们于是就地在金沙建钟公庙祀神。金沙以往与桐庐外松山一样,六月初六为庙会节日,近年改为三月初三祀神,祈丰收保平安。庙亦易地金沙岭脚附近。钟公庙设三堂菩萨,中钟太公,左关圣帝,右观音大士。

蔡老相公 蔡老相公流传于陈宅、璜山、东白湖一带。陈宅的蔡氏宗谱中有《乌岩始祖祠记》,记载祭祀刑科给事中蔡震峰。值得注意的是,蔡氏给祖先单独立祀,并不只有始祖一人,而是各个支派的祖先都有单独的祭祀场所。而被称为蔡老相公的证据是陈宅镇石壁湖村金家弄自然村的三块祭祀石碑,其中一块就是蔡老相公之神位。当然,也有资料表明,乌岩蔡氏一些支派祭祀的蔡老相公为蔡郡马。在流传于东白山地区的传说中,蔡老相公家居东阳蔡宅,祖祖辈辈在东白山上以烧炭为生,是一个有名的孝子。娘年老多病,腿脚不便,一举一动都得由他服侍。娘死后,蔡老相公守灵三天三夜,肝肠寸断,悲痛欲绝。数十年后,蔡老相公无疾而终。人间至孝,感动上苍。于是,蔡老相公被尊奉为菩萨,在冥冥之中专行善事,声名远播。

周老太尉 在岭北周的周氏宗谱中记载着这样一段话:"周太尉者,讳家七,生于唐长庆甲辰,东邑岭北人也。家贫事母孝,不慕富贵,癖好山水。"根据宗谱来看,周太尉为使母亲安享晚年,在岭北太白峰下,靠近一个叫石孟潭的水塘边,找了块清净的地方隐居。一天,周太尉过太白峰时,遇到两个老者在下棋。由于棋局精妙,周太尉在一旁看得入了迷,竟忘了回家。他看棋累了,见边上有桃子刚刚成熟,便随手摘来吃。他刚吃了一口,就想起家中的老母,便带着剩余的桃子立刻回家。路过石孟潭,周太尉为了给母亲清洗桃子,不小心掉进潭里,羽化而去。村里的人有感于他的孝心,厚葬了他,并把他和母亲住过的房子建成了纪念他的庙。此后,每逢干旱,村民到庙里求雨,总是有求必应。宋端平年间(1234—

1236），朝廷感念其因孝成神，敕其太尉名号，并为其建了太保殿。附近村民都会在每年农历十月十五日，也就是传说中周太尉生日的那天来祭拜他。而浬浦、大兼溪等同样居住着周氏后裔的地方，当地百姓也会把周太尉的神像设置在龙灯之上，称之为迎神。

(二)民间信仰

相对于祖先崇拜，诸暨的民间信仰更加丰富，包括对各种神灵的崇拜和对各种习俗的尊重。例如，诸暨人对龙王的崇拜非常普遍，建有大量的龙王庙，典型如牌头斗岩的龙王殿，人们认为龙王能够保佑风调雨顺、五谷丰登。此外，诸暨还有许多独特的民间习俗，如舞龙、抬阁、赛社等，这些习俗都与民间信仰密切相关。诸暨民俗信仰中的民间信仰具体表现在以下几个方面：

1. 民间神祇崇拜

诸暨的民间信仰非常丰富，崇拜的对象包括各种神祇、历史人物、传说中的神仙等。诸暨人会根据自己的需求和信仰，祭祀不同的神祇，以此来表达对神祇的敬意，并祈求保佑。在诸暨的民俗信仰中，三老相公信仰是其中之一。三老相公指的是杨老相公、柴老相公和潘老相公。这些神仙在诸暨地区被广大民众所崇拜和供奉，成为当地独特的文化现象。

杨老相公是诸暨三老相公中最有名的一位。他原名杨俨，是诸暨冷水里人，以撑船为业。传说中，他因为行善积德，得到了神仙的眷顾，获得了神力。从明代开始，杨俨成为枫桥百姓崇拜和供奉的神仙。在每年的农历九月半前后三天，当地会举行盛大的庙会活动，以纪念和供奉杨老相公。

柴老相公和潘老相公是诸暨三老相公中的另外两位。柴老相公以烧炭为业，潘老相公则以卖汤圆为生。他们因为品德高尚、乐于助人而得到了当地百姓的敬仰和供奉。在诸暨地区，许多村落和家庭都会设立神位，供奉三老相公的雕像或画像，以祈求平安、健康和财运。

在诸暨的民俗信仰中，三老相公的崇拜和供奉不仅仅是一种信仰，更是一种文化和传统的传承。通过对三老相公的信仰和崇拜，诸暨百姓表达了对善良、正义和美德的追求和崇尚。同时,这种信仰和文化也在一定程度上促进了当地社会的和谐和稳定。

2.民间信仰活动

诸暨的民间信仰活动也非常丰富,如庙会、赛社、抬阁活动等。这些活动通常会在特定的时间和地点举行,吸引了大量的信徒和游客。诸暨人会通过这些活动,来表达对信仰的敬意和感激之情,并寻求神祇的保佑和庇护。在明代张岱的《陶庵梦忆》中就有这样的记载:

> 枫桥杨神庙,九月迎台阁。十年前迎台阁,台阁而已,自骆氏兄弟主之,一以思致文理为之。扮马上故事二三十骑,扮传奇一本,年年换,三日亦三换之。其人与传奇中人必酷肖方用。全在未扮时,一指点为某似某,非人人绝倒者不之用。迎后,如扮胡椒者,直呼为胡椒,遂无不胡椒之,而此人反失其姓。人定,然后议扮法,必裂缯为之。果其人其袍铠须某色、某缎、某花样,虽匹锦数十金不惜也。一冠一履,主人全副精神在焉。诸友中有能生造刻画者,一月前礼聘至,匠意为之,唯其使。装束备,先期扮演,非百口叫绝又不用。故一人一骑,其中思致文理,如玩古董名画,一勾一勒不得放过焉。土人有小小灾禊,辄以小白旗一面到庙禳之,所积盈库。是日以一竿穿旗三四,一人持竿三四走神前,长可七八里,如几百万白蝴蝶回翔盘礴在山坳树隙。四方来观者数十万人,市枫桥下,亦摊亦篷。台阁上马上有金珠宝石堕地,拾者如有物凭焉不能去,必送还神前。其在树丛田坎间者,问神,辄示其处,不或爽。

自嘉靖以后,每年农历九月半前后三天,为祭祀杨老相公的日子,后来便成为枫桥的秋赛,也被称作"台阁"或"台阁市",实际就是庙会。秋赛的重头戏是祭神,于是抬阁、背阁、十番、鼓亭、龙灯等全数出动,装饰富丽,百艺杂陈,人山人海,场面壮观。1925年《诸暨民报五周纪念册·诸暨风俗志》载:"枫桥赛柴、杨、潘三老相公。"

另一个案例来自原草塔镇,同样是迎三老相公,在每年农历的二月初一至初三,大唐镇柱山一带,村村都要准备迎社节目,配置行头道具,聘请客师,各村组成迎社队,有旗、锣、伞、铳,有执事、宫灯、响叉、高跷、旗幡、狮舞彩球等,队伍壮观威武。台阁为木制,地盘约两平方米,像一个活动戏台,分一层、二层、三层三种,每层上嵌竖的铁骨称"龙芯",铁架上站三五个小孩,他们穿着各式古装,画着不同脸谱,扮演戏曲典故中的任务场景。扮演者的下身被固定在铁架"龙芯"上,他们一边被抬着走,一边用上体和手做出诸多精彩的动作,引得观众注目。狮舞彩球亦十分精彩,表演者手牵两绳,分别控制狮子、彩球,狮子随着彩球上下、左右、远近滚动而不停追扑;眼看就要追着了,可表演者用力一拉,彩球又变得可望不可即。旗幡高耸显眼,更让人惊叹的是表演者的高超武艺,双手举,单手举,肩顶头挺,动作行云流水,令人拍手叫绝。迎社的目的是祈求太平和五谷丰登,所以祭神灵的环节是必不可少的。迎社队的"压阵戏"是三尊木雕菩萨,分别是柴老相公、潘老相公、杨老相公。每个村子摆设一个香案,案上除三牲福礼,另设一份供杨老相公的素祭品,主祭者为村族中的长老。

从上述两个案例中,我们可以发现,两位杨老相公具有一个相同的特性,都是当地土谷神,也就是我们常说的土地菩萨的形态。在古代,土地公管理的事务很多,包括吉凶福祸,也包括掌管人去世之后的事务。这仅仅是枫桥和草塔的案例,实际上我们所看到的相公不止三个,民间信仰会随着地域的变化,把自己的祖先神灵和土地神灵进行整合。譬如全堂樊家过去有六月十六赛祝老相公的风俗,枫桥魏家坞有八月十五赛黄老相公的习俗,各氏族供奉不同的神仙,所以"赛"的时间、对象亦各不相同。总体来说,诸暨民俗信仰具有多元性和包容性,各种信仰和习俗相互融合,相互影响,形成了独特的地域文化。

二、德治文化的内涵和特点

诸暨民俗信仰中德治文化的内涵和特点主要表现在以下几个方面。

(一)以儒家思想为核心

诸暨民俗信仰中的德治文化以儒家思想为核心,强调仁、义、礼、智、信,以及忠、孝、节、义等传统美德。这些思想和观念在诸暨民俗信仰中,特别是在祖先崇拜中得以充分体现和弘扬。诸暨人对祖先的崇拜非常重视,认为祖先能够保佑家族的平安和繁荣。在祭祀祖先的仪式中,诸暨人会向祖先表达敬意和感激之情,并祈求保佑。这种对祖先的尊重和感激之情,体现了德治文化中的"孝"和"敬"的思想。以"孝"为例,在概述中就提到了大量以"孝"成神的事件,又如《宋书·孝义传》载:

> 贾恩,会稽诸暨人也。少有志行,为乡曲所推重。元嘉三年,母亡,居丧过礼。未葬,为邻火所逼,恩及妻桓氏号哭奔救,邻近赴助,棺椁得免。恩及桓俱见烧死。有司奏改其里为孝义里,蠲租布三世。追赠天水部显亲县左尉。

再如枫桥镇乐山村石峡口自然村金氏宗祠左壁间的《石峡口合兴会碑》记载了这样一个故事:

> 五十五都有土谷神,世凤阳人,姓徐名龙,自宋端平三年(1236)三月十三日生。当父官会稽学时,尝从道上拾鸡卵,腋之,得白鸡以斗,莫有敌者。父母憎其侠,去家为县狱长。未几,改行读书。归事父母,以孝闻,殁而为神,至动神主。咸淳三年(1267),诏封白衣顶圣、靖江王,显灵迹于浙东,邀褒封于宋代,其于水旱山荒,有祷必应,尤于吾之石峡为最,以故自前明至国朝,合地即奉以为当境之香火,今世之祀神者,以为神神也。

从上述案例,我们可以看到,在传统信仰中,只要符合"至孝"这一标准,无论什么人都可以成为世人的道德楷模,从而册封立庙,封神崇祀。而作为另一道德标准的"敬",直接把祖先推上了神位,如概述中的杨老相公杨文修,陈老相公宋金紫光禄大夫陈实中、宋判官陈宁中等家族神灵,最终演变成地方神灵。

(二)强调道德规范和行为准则

诸暨是儒家文化的重要传播地之一,强调道德规范和行为准则的儒家思想对诸暨民俗信仰的影响也非常深远。在诸暨的民间信仰中,许多神祇和历史人物都被赋予了儒家思想的内涵,认为人们应该遵守社会公德、职业道德、家庭美德等方面的规范和准则。诸暨人在崇拜这些神祇和历史人物的同时,也接受了儒家思想的熏陶,如忠诚、仁爱、礼义等。如以"忠义"为标准,产生了店口镇一带的岳飞信仰、西施故里的范蠡信仰,还有土地庙中普遍设立的关公信仰。又如以"仁爱""行善积德"为标准,"枫桥三老相公"因为品德高尚、乐于助人而得到了当地百姓的敬仰和供奉。这些规范和准则在诸暨民俗信仰中得以传承和弘扬,成为诸暨人民在日常生活中应该遵循的基本道德要求。

(三)突出社会责任和公共利益

诸暨民俗信仰中的德治文化突出社会责任和公共利益的重要性,认为人们应该关注社会和他人的利益,积极参与公益事业。这种精神在诸暨民俗信仰中得以充分体现和弘扬。如陈宅的陈侯祠,陈侯因帮助修建运河而被祭祀。又如早先遍布于诸暨各地的张神庙,庙中崇祀的神仙,民间俗称"张老相公",本名张夏,曾任泗州知州、两浙转运使,生前积极修建堤塘、屡平地方水患,因其治理水灾有功,历代追封,南宋绍兴十四年(1144)封晋王,清雍正三年(1725)又封靖安公,所以后世民众将其奉为水神,沿江多立庙祀奉。再如城关江东上网庙的土谷神陈谧,为宋尧佐四世裔,学士陈盛之祖,登进士第,官至吏部侍郎。他平边有功,留守秦凤,扈跸南迁,徙东越樊江,后隐诸暨江东台辅坊,境内火,以法除之。卒后,里中追祀立庙,敕封定国侯,加封裕国明王。这些地方神均因生前积极参与地方治理而被百姓认可,成为信仰的对象。同时,诸暨的民间信仰活动也经常与社会公益活动相结合,如庙会上的义卖、祭祀仪式上的捐款等。这些活动体现了"仁爱"的思想,也是诸暨人民对社会和他人的关爱和回馈。

(四)具有地域性和民间性

诸暨民俗信仰中的德治文化具有地域性和民间性,反映了诸暨地区的历史和文化传统,也反映了诸暨人民的生活和思想。我们可以看到,诸暨的民间信仰对象基本产生于本土,大多数神灵是土生土长的诸暨人,有为官一任造福一方的官员,也有撑船、砍柴、打猎甚至卖汤圆的平头百姓。他们也许并没有惊天动地的功勋和善举,只是在自己的本职工作上尽心尽责,如撑船义渡,如打虎除暴。但这些最基本的善行被百姓认可,同样形成民俗文化和信仰,在诸暨地区得以传承和发展。同时,自明代中期以来,民间建祠修谱之风渐行,只有那些品行端正、家道殷实、明白事理之人才有机会出任族长。这不仅增强了以村落社区为主体的氏族聚合力,而且也增强了宗族权力之于族众伦理教化的权威,一些强势宗族对社区的道德教化提供了完整结构和符号化的象征体系,并将其作为家族的宗盟、家训和家规,教导子孙务必谨记。

总体来说,诸暨民俗信仰中蕴含了许多道德规范和行为准则,如尊重长辈、和睦邻里、勤劳善良等,并通过家庭教育、社会舆论等方式得以传承和弘扬。这些传统习俗和信仰在诸暨人的日常生活中扮演着重要的角色,也是诸暨德治文化的重要组成部分。

论九姓渔户的江神信仰

谢一彪

周雄,南宋临安府新城县渌渚人,死时年仅24岁。宋代始有周雄神信仰。明代中后期,因受到儒家原理主义祭祀政策的影响,周雄被附会"孝子"的传说。明末清初,周雄又被赋予镇静波涛、平息风浪的灵力,清政府正式承认周雄为钱塘江航运保护神,漂泊于钱塘江的九姓渔户也将周雄视为自己的保护神。周雄死后的灵异传说层出不穷,关于保护水运的故事更是传奇。钱塘江流域以及周边地区,均建有周宣灵王庙,其中衢州就有十多座周宣灵王庙以及周王行宫。周雄得到信众的尊崇,定期举行周宣灵王庙会。清代将周宣灵王列入国家祀典,定期举行春、秋官祭。

江神周雄脱颖而出

最早关于周雄的记载,是南宋新城知县汪绩所撰写的《翊应将军庙记》:

> 徽之婺源,五王载祀,多历年所,为之扈而赫声濯灵者,有翊应将军焉。将军周姓,雄名,字仲伟,杭之新城渌渚人。生于淳熙戊申,其母感蛇浴金盆之祥,殁于嘉定辛未,在三衢援笔作颂示异。按公状貌魁梧,居乡日,人已敬惮,及显而为神,在在有祠。新安祁门水旱疠疫,祷则随应。三衢常山强寇披猖,独不犯境。新山之祠有井曰安乐泉,民病求饮,活者万计。至如跃雾中之青蟾而失绿帻之戎士,腾指间之白气而符先兆于老樵。士之穷达,人之险难,精诚叩之,如响斯答。杨君茂子之魁兰宫也,言神之梦也。团练张公胜之使绝域也,谓神之

庇也。茅山反卒,剿以阴兵,江东部使者奏其功于朝,被旨,特封今号。

早期周雄的灵异事件均发生于衢州及其周边地区,如德兴、祁门、常山等地。汪绩提及周雄生前在衢州"援笔作颂示异",显示其奇异才能。衢州周雄神也是以五显神从神的身份出现的。

早在宋端平二年(1235),因德兴知县奏请,周雄被朝廷授予"翊应将军"的封号,被供奉为徽州婺源五显神的从神。嘉熙元年(1237),加封"威助忠烈大将军"。淳祐四年(1244),又加封为"翊应侯"。仅仅七年时间,周雄的身份已由"将军"跃升为"侯"。宝祐二年(1254),赐敕"辅德"庙额。宝祐五年(1257),又在"翊应"的基础上,加封"助顺"二字。咸淳七年(1271),加谥"正烈侯"。咸淳十年(1274),加封"广灵侯"。元大德二年(1298),加封"广平侯"。元至正十五年(1355),衢州路太守伯颜忽都屡感神庥,奏封"护国广平正烈周宣灵王",并定于春(三月初四日)、秋(九月初十)官方致祭。

明代中期以后,周雄的信仰依旧盛行,并开始增加"孝子"传说。最早提及周雄有孝行事迹的,是嘉靖十七年(1538)衢州知府李遂所作的《周孝子祠记》。明初,民间信仰政策具有浓厚的儒家原理主义色彩。洪武元年(1368),明朝下令州县长官将地方应祭祀的名山大川、圣帝明王、忠臣烈士等具体事迹报送中央,经礼部审查合格后登录祀典,再由各地官员祭祀。还对唐宋以来,盛行各地的神灵封号进行整理和简化,认定人格神时,除了注重该神的灵异事迹以外,更看重其生前的义行是否符合儒家祭祀观念。而周雄并无生前具体的义行记载,也不符合明朝的儒家原理主义祭祀政策,不能被官方祭典所吸收。但嘉靖十七年(1538),当衢州知府李遂拟将周雄庙定为"淫祠",欲予捣毁时,民众以周雄乃孝子的传说为依据,开展抗议活动。李遂不得不顾及民意,改变初衷,而且亲自执笔,撰写了庙记,将庙额也改为"周孝子祠"。

据传周雄还是孩童时,即以孝道闻名乡里。母亲患病,周雄每天早晚向上天祈求自己能够代母受过。母亲命其到婺源五显庙祈福,周雄途次衢州境内歇脚,闻母病逝,僵立舟中,猝死船上。孔子后裔衍圣公孔文远平时与周雄交往甚厚,亲挽孝子灵柩。船夫胡伯二以货舟结为灵堂。邻近闻孝子事迹者,经常带着酒菜前往祭奠。此后,孝子的灵异事迹便广为传颂。周雄庙也因为新增的孝子传说而得到官方的认可和支持。明初至嘉靖年间,虽然衢州周雄庙有过多次修缮,但没有留下官方资助的记载。自从李遂写了《周孝子记》以后,官方开始参与周雄庙的修缮工作。嘉靖三十四年(1555),衢州知府邱玳亲自下令为周雄庙竖立牌坊。六年后,衢州知府杨枝准又对周雄庙进行重修。

明末清初,周雄开始被附会为"江神"。《(雍正)浙江通志》称周雄"现祀为江神",即钱塘江的江神。《(嘉庆)西安县志》也载:"相传神司瀫江水道,屡著灵迹,其商贾舟人奉祀尤谨。"最早提及周雄是钱塘江保护神的,是康熙初年新城县徐士晋所撰写的《周孝子碑记》。民众相信钱塘江上的潮汐是因冤屈而死的伍子胥怒气所致。伍子胥生前忠于吴王,却被吴王所杀,死后愤恨之情不得缓解,乃激起钱塘江的潮水。而周雄因为生前孝感动天,死后便被附会具有镇静波涛、平息风浪的灵力。康熙年间,已盛传周雄能够减息钱塘江的潮水和波涛,是钱塘江的航运保护神。

雍正三年(1725),衢杭水道六百里,浪急涛奔,风潮险恶,行船却屡屡转危为安,百姓认为是周雄显灵,清廷遂敕封其为"运德"。雍正七年(1729),由皇帝敕命,浙江总督李卫承建位于海宁盐官的海神庙,周雄作为钱塘江的江神而入祀海神庙中。清政府正式承认周雄作为钱塘江航运保护神,乃是有功于国家,有功于人民的神灵。道光二年(1822),应浙江巡抚奏请,又敕封"显佑"。周雄封号已是"翊应辅德助顺正烈广灵广平运德显佑灵宣王"的十九字封敕。周雄作为江神,其信仰波及整个钱塘江流域,钱塘江上游兰江流域所在的金华和兰溪,也出现了周雄的信仰。

明代中期以后,商业经济发展迅速,而江南三角洲则成为全国最繁荣的地区。钱塘江是安徽、福建、江西等地商人和渔户前往杭州等地的主要通道,其航运地位日益彰显,以商业、航运业为生的人口也日益增加,特别是依赖钱塘江为生的水上贱民——九姓渔户,尤其期盼出现能够保佑其水上航行和生活安全的神祇。自南宋以来就在衢州府、严州府、广信府等地被广泛信仰的地方保护神周雄,遂自然而然地被附会为钱塘江水上航运的保护神。

江神周雄的水上灵异传说

周雄死后的灵异传说层出不穷。九姓渔户将其视为江神,成为钱塘江流域的保护神。明代王圻所编的《稗史汇编》,录有周雄在濲水溺亡,且助航运之事:

> 衢州周宣灵王者,故市里细民,死而尸浮于水亭滩,流去复来,土人异之。祝曰:"果神也,香三日臭三日,吾则奉事汝。"已而满城皆闻异香,自尸出三日,臭亦如之。乃泥其尸为像。其母闻而往拜,回其头,至今其头不正,显异百出。尝作一长年操舟载杭商入闽,他舟发,其舟故不行,商尤之。乃曰:"汝欲即到乎,闭目勿动。"一夕开目,已到清湖,去杭七百里矣。

传说周雄溺水而亡,且出现其尸在濲水"流去复来""香三日臭三日"的灵异事件。巫师因此以其尸塑像,成为民间神灵。周雄曾化为船夫,一日就从杭州经钱塘江航行七百里到达清湖。

至清代,周雄之死又有了新的说法。顺治五年(1648),严州知府钱广居撰《周宣灵王庙碑记》,曰:

> 适三衢不雨,山涧断流,往土祇庙卜,不得雨,拂衣而出,忽回视,见泥神随后,以手相招,知数止此矣。欲急回见母,乃舍舟而徒,至鸬鹚滩,失足堕水,顷刻巨浪层翻,猛若蛟龙起伏,神即蜕化,溯波而上,至衢州水亭门外,浮沉不定。有识者曰:"此临安周郎也。少有异征,果能上感天心,下垂照应,当分别香臭三日。"语毕,馨闻数十里,越三日而香者臭也。

据钱广居碑记,周雄不幸堕水身亡,尸体香臭三日。周雄之死的灵异事迹得到较大的充实,呈现了新的气象。碑记还记载了周雄落水后,巨浪滔天,犹蛟龙起伏,周雄随即蜕化,溯波而上的情节,更加神化了周雄。

传说周雄死后,化身为"青蟾显灵",称为"青蟾"或"青蛙将军"。《(乾隆)杭州府志》载有明万历年间钱养廉所撰《周宣灵王像赞并序》,谓周宣灵王降生的那个时辰,青蛙倏忽来去,伴随着奇异的光彩。金华也有周雄以青蛙显灵,民众将蛙置于酒盆,鼓吹于庙。清康熙年间,陆次云的《湖壖杂记》较为详细地记载了各地周宣灵王庙中周雄化身为青蛙的灵异传说:

> 周宣灵王,睦人也,以孝子而登神者,省中有庙数处。有青蛙出其庙中,人尊之曰"青蛙将军"。每春月,从睦陵附木筏至杭,驾筏者载之,不敢惊。蛙陟岸宅庙中,或入民室。民居以盘,饰以彩,祀以香果,导以鼓吹,送返庙庭则得福,否则殃,亦异矣。而所闻金溪之蛙,更甚异。其蛙入民室,民之奉之者与杭同。有健儿不之信也,以匕首剖蛙成两,更投之于沸镬。盈镬之中蛙无数,遂出之,复成一蛙,遁迹去,仍见之于庙内,宴如也。有衲子为之说戒,蛙也听而点首。青蛙与常蛙不甚异,而貌加端,色加碧,足非爪也,如灵芝,声不可得而闻也,不饮不食不饥渴。

至于周雄护佑水运的灵异传说,则比比皆是。据说周雄溺水身亡,死于衢江,成为江神。公路和铁路未通以前,钱塘江水路贯通浙、皖、赣、闽,抵达杭、沪、苏等地。衢江处于钱塘江上游,至杭州水路六百里,浪急涛奔,风潮险恶。江神周雄具有驾驭风暴、平息波澜的神力。在渔户的集体记忆中,周雄化身为一名旅客,搭乘衢州船从杭州南星桥溯江而上。桐庐的"芦茨菩萨"欲与之斗法,刮起西风阻止衢州船上行。衢州船无法行驶,旅客都惊恐不安。周雄以有"八条顺风梁"(破风帆)安抚众人,并挂起风篷,改道从蒋家埠清之江进去,从胥口江出来。"芦茨菩萨"见不是对手,索性助其三阵"阵头风"。天未亮,船就到达衢州,旅客个个目瞪口呆,惊呼杭州一夜到衢州的奇迹,唯有周宣灵王下凡才能做到。正在下风篷的周雄因天机泄漏而落入江中溺亡。程秉荣《建德县九姓渔户》一文有详细记载:

> 他们认为,它是司风雨之神,法力无边,是专门保护撑船人的。在船民中广泛流传这样一个故事:很早很早的一年,有一只衢州船,停泊在杭州南星桥,准备开上来。周宣灵王化作一位旅客来搭船。这件事被芦茨老相公知道了,他就暗地里来同他斗法,狠命地刮西

风,船一点也撑不上去,船上旅客都怕了起来。周宣灵王说,不要紧,我们有八条顺风梁(破风篷的八条筋),说着就挂起风篷,从蒋家埠清之江进去,从胥口江出来。老相公一看,晓得自己法力不如他,失败了,就索性助他三阵"阵头风"。天还没有亮,船就到衢州城外了。周宣灵王到船篷背上去下风篷,旅客出来一看,个个都目瞪口呆,异口同声地说:"真奇怪,杭州一夜到衢州,只有周宣灵王下凡差不多。"这句一讲,天机已被泄漏,它就从船背上掉了下来,落入江中淹死了。衢州人民为了纪念他,给它造了一个庙,每年香火不绝。

富春江渔户认为伍子胥死后化为波涛,面对汹涌的弄潮神,渔户深怀畏惧。周雄因死后孝感动人,潮水到达渌渚周雄庙而回,渔户对于能够平息潮水的江神周雄深怀感激。南宋时期,钱塘江潮水涌到渌渚周雄庙时,其势头减弱而回,原本是自然现象。周雄成为江神以后,却被认为其有减息潮水的神力。明末清初,江神周雄能使钱塘江潮水镇静的传说流传开来,周雄也自然而然成为钱塘江水上航运的保护神。

周宣灵王庙的建造

衢州乃周雄信仰的重镇,周雄生前义行和死后的灵异事迹,大都发生在衢州。衢州有十多座周宣灵王庙以及周王行宫,早在南宋时期,就在得坪坝北岸、衢江边的朝京埠,建有周王庙,称为"孝子祠",也称"外周王庙",供奉歙布加漆的周雄"肉身像"。后因太平军战乱,乃以泥塑神像替代,而"肉身像"则被移入城内的大周王庙供奉。据传周雄在衢江鸡鸣埠头死后,其遗体被水冲至衢州城西的洄洄滩中,前三日奇臭,后三日奇香,人们遂将周雄遗体歙布加漆供奉。因庙宇建于江边,遂成为衢州放排、撑船、打鱼的"水上三民",特别是九姓渔户的聚会场所。渔户出行时,均要到外周王庙插香点烛,祈求江神保佑平安。元至正年间,在衢州大西门内灵顺坊建有周宣灵王庙,又称"大周王庙"。后街巷东口南侧建有小周王庙,明万历二十五年(1597),里人因迭显灵应,遂修缮其祠宇。明清时期,小南门外南湖北岸乃是繁忙的水陆码头,小南门狮桥建有周王庙。而狮子巷所建周王行宫,不仅是衢州十大行宫之一,也是城隍会、周王会时节接待神的场所。柴家巷周王行宫则是水亭街在城隍会、周王会接待神的场所。据明代《(弘治)衢州府志》载,府治西北五百七十步建有周翊应侯庙。城外的樟树潭和高家也建有周王庙。

衢州灵顺坊的周宣灵王庙是衢州众多周王庙中最典型的一座。元至正十五年(1355),衢州路达鲁花赤伯颜忽都在旧庙宇原址修葺扩建殿宇。明嘉靖三十四年(1555),衢州知府邱玳、同知通判汤拱再次修葺周宣灵王庙,立忠孝祠记碑。清康熙五十五年(1716),重建周宣灵王庙。乾隆十年(1745),重修殿宇,并重建周宣灵王庙,衢州知府胡文溥撰有《周宣灵王牌坊记》。乾隆十一年(1746),周宣灵王前的一对石狮和石鼓也被封神,留有《敕封周宣灵王庙石狮石鼓记》。乾隆十二年(1747),重修周王庙,留有《重修周王庙碑》。乾隆十三年(1748),重修庙宇前殿和二殿,留有《重修周王庙碑记》。嘉庆十三年至十五年(1808—1810),对周王庙进行大修,重建正殿、寝宫、门楼以及廊庑,姚宝奎撰有《重建周王庙碑记》。同治八年(1869),对周王庙进行一次修缮。光绪二十二年(1896),修葺周王庙,衢州知府林启撰有《重修周宣灵王大庙记》。修缮周王庙者,包括了衢州的官府和百姓,其中商人及渔户的作用尤其不可小觑。大周王庙前临上营街,紧靠朝京门,是衢州最为繁华的街区之一。周雄成为钱塘江的江神之后,大周王庙也成为水运行业活动会馆,最后一进的寝宫成为水运行业从业人员,特别是渔户不幸逝世时,临时搁置灵柩之地。水运乃客货运输最重要的工具,水运行业在衢州的商业地位不言而喻。

衢州是周雄信仰最核心的地区。作为江神的周雄,自然深得漂泊钱塘江上的九姓渔户的崇信。《(民国)衢县志》记载:

> 衢处浙江上游,至杭水道六百里,在在滩惊浪急,势若建瓴,一遇暴风鼓浪,舟行上下,几至于危,卒赖于安者,神之佑也。至今舟人朝夕顶礼,奉明禋而各致其虔。

乾隆、嘉庆年间,衢州西安樟树潭建德籍的渔户也醵资兴建周雄庙。《(民国)衢县志》录有《始建樟树潭周宣灵王庙碑记》。樟树潭是衢州重要的水陆码头,也是商人以及渔户的集结之地。渔户为了感谢江神周雄保佑船只平安往来钱塘江上,经过二十二年的筹建,终于于嘉庆十四年(1809)建成周王庙。与其他周王庙不同的是,这是由渔户独资兴建的庙宇。周王庙以樟树潭所建最为雄壮精致,抬梁柱子有一围粗,还有十多根石柱,门面也很开阔,面向衢江。

"周雄生在严州",因历史上渌渚曾属桐庐,而桐庐曾属严州府管辖,故有此言。周雄故里新城(今富阳)渌渚主庙建于渌渚江边,俗称"太太殿",供奉周雄神像,俗称"太太菩萨"。渌渚江上帆船如林,撑船、撑排、捕鱼的渔民来来往往,组成以渔户为主的船帮,对周雄顶礼膜拜。南宋嘉熙庚子年(1240),时任新城知县的汪绩因旧庙过于简陋,民众请求翻新,遂予以重建,并撰写了《翊应将军庙记》。宋时,富春江涨潮,回溯的江流直抵庙址。开庆元年(1259),周雄庙再次重修。宋末元初,战争频仍,庙宇的兴建直到元至元二十年(1283)才完工。方回应周雄之孙周逢吉之邀,撰写了《辅德庙记》。周雄庙屡建屡毁,屡毁屡建,留下诸多历代名士以及官员撰写的碑记。清康熙年间,新城知县徐士晋撰有《周孝子碑记》。乾隆三十五年(1770),徐文选、袁钰重修周孝子祠,知县叶和春撰写了庙记。光绪三十二年(1906),《重修周王庙盂兰盆会碑记》记录了周王庙组织设斋供道、拜忏、放焰口、放水灯等活动。晚清以来,周雄庙遭遇几次大的战乱,战后均得到修复。咸丰十年(1860),庙宇部分建筑毁于兵燹。同治十年(1871),周雄庙集资整修。二十世纪四十年代,周雄庙遭日军焚毁。抗战胜利后,又被集资重建。渌渚的周雄庙自南宋理宗朝兴建以来,绵延近八百年,历史上因战乱等,一度遭到毁坏,一旦社会安定,周雄庙即得到重建。明万历年间,新城就有两座周雄庙,一为渌渚江边的周雄故里"广灵侯辅德庙";二为周雄的外婆家昌定乡郎家庄"辅德庙"。而据清代《(道光)新登县志》记载,当时,新城地区的周雄庙已增加到七座,除渌渚以外,祥禽乡、折桂乡、宁善乡里仁坞、永昌乡何阜庄、东洲乡菖蒲坞口、城郭乡过岸滩都有周雄庙。民国年间,新登地区的周雄庙又增加到九座。

《(道光)建德县志》引万历府志,谓灵顺庙"在澄清门内,辑睦坊北,即古志招商神祠,宋淳祐中重建";又引康熙旧志,谓灵顺庙即"周宣灵王古庙也。神生至孝,没为水神,自宋历元、明,代著灵顺。国朝顺治初,邑人并建后殿,以奉神父母,额曰尊亲,其楼曰华光,左为文昌阁魁星楼。监生殿知府钱广居有记",并注云:"神讳缪宣,累封正烈宣灵王晋运德海潮王。"另有明嘉靖年间在三元坊创建的周宣灵王庙。《(道光)建德县志》引钱广居碑记云:"延祐二年,睦郡旱潦,借神庇荫,得锡平康,因立庙于此。"又引旧志,知庙于康熙五年(1666)复建,至乾隆十五年(1750)重建,更置民屋三进,创偏殿于庙左。此后,乾隆五十五年(1790),合社捐资修葺。嘉庆七年(1802),里人改建燮元宫于庙左。

周王庙会的盛行

衢州的周王庙会分为灯会和戏会,是当地最负盛名的庙会之一。

灯会乃衢州元宵灯会的重要组成部分。周王庙灯会每年正月十三至十八举办,会期六天,十三为上灯,十八为落灯,以十五元宵节为高潮。是夜,衢州火树银花,灯流烛亮,锣鼓喧天。六门四乡均要出龙,大西门周王庙的大布龙灯乃全城最大的龙,其位排在小西门玄坛庙龙灯之上,故谓"衢州第一龙"。入夜出龙时,点上蜡烛,色彩鲜亮,以火球流星开路。大布龙前有旗牌灯引导,上书"大周王庙""孝感动天""青龙吉庆""五谷丰登",布龙前后有四至八人吹大喇叭,还有三眼铳、大锣。龙灯出行,除了在大街抢球、翻滚以外,还要进城隍庙、祥符寺、弥陀寺等参拜城隍佛像,而周王庙龙享有第一位参拜城隍的特权。元宵节前,周王庙内张灯结彩,演戏酬神,通宵不眠。

戏会特指每年农历三月初三至四月初八的庙会,民间俗称"看三月三"。这是周王庙最为隆重的庙会。一个月时间内,衢州古城都处在周宣灵王神诞庆典的狂欢之中。通衢路口搭台张幔,各庙宇寺观、会馆社坛,均参与迎神、酬神、送神活动以及演戏。城关共搭十座戏台,轮流演出戏剧,大街小巷热闹非凡。戏剧内容围绕纪念神诞辰的主题展开。三月初四乃周雄的诞辰日,"六门四乡之亲戚朋友,特别是水上人家,沿江船工渔户更是云集水亭门码头,赶来拜祭周宣灵王神诞"(汪筱联《周王庙会》)。周王庙内六十盏灯笼点亮高悬,香烟缭绕,丝竹乐、吹打乐、锣鼓乐轮番吹打,前殿戏台上跳魁星舞,庙门前放焰火、炮仗,庙内庙外人头攒动。初四在周王庙会演戏酬神。初五开始抬神到狮子巷内的行宫,会同河伯伯一起前往拜会府城隍,又到初芳巷拜会县城隍。每到一地,均要演戏酬神。所演戏剧有西安高腔以及衢州徽戏、浙西目连戏等。从街头舞台至弥陀寺、天宁寺、祥符寺、天皇寺,从徽州会馆至宁绍会馆、神农殿、玄坛庙、天妃宫,昼夜相接,一曲接一曲,一台连一台。庙会期间,周王菩萨从周王庙中迎接出来,由十六人分成两班,轮流抬着,神抬到哪里,戏就演到哪里,通宵戏弄,彻夜不息。

　　周雄故里渌渚周王庙也有春、秋庙会,春祭三月初三,秋季九月十六,以春季为盛。每年三月初三,由渌渚当地的前坞、唐家、孙家、袁家、杨家、高家、李家、邵家、徐家、钱家、江家、周家、章家、高沙、金家坞、谢莲十六个自然村,周雄外婆家的郎家庄,以及以渔户为主的船帮组织,庙会的资金来自民间募捐、十八社捐助以及周王庙的庙产收入。一年一度的周王庙会,分为坐会和巡会两种。坐会指神像在庙里接受香火,香客对周王神像焚香点烛,跪拜叩头。巡会则是抬着周王神像在城乡巡行,故称"出巡"。三月初三一早,周王小樟木神像端坐在朱漆贴金的龙纹轿椅,前有锣鼓、仪仗队、彩旗幡伞鸣锣开道,后有民间文艺会班紧随,所到之处民众张灯结彩迎驾。每逢抬神巡游,百业停工,观者如潮,锣鼓喧天,鞭炮齐鸣,各种娱神娱人的民间舞蹈与杂技均活跃在迎神队列之中。整个新登县抬阁、高跷、龙灯、竹马、狮子、大头和尚、流星、钢叉、铜鼓、鼓乐、细乐等民间文艺会班均自愿前来参加,因此称巡会为"迎神赛会"。迎神队伍由四面金鼓开路,八面大旗前巡。队伍分开路队、杂技与民乐队、仪仗队、神座、后拥队五个部分。抬神轿以逆时针方向行走,走遍包括渌渚乡在内的大部分村庄以及周雄外婆家的郎家庄。出巡队伍到达郎家庄时,还要在周雄外婆家住一个晚上。渌渚周王庙会期间,还有酬神演戏。清代以后,主要上演神功戏,向神祈福或为酬谢神恩的演戏,以感谢周王保佑和庇护。戏金由十八社捐助,偶尔也由乡贤出演一场。从初二夜场开始,初三下午场、夜场,初四下午场、夜场,共计三夜五场。初三下午演戏前,必加演"扮八仙",庙戏组织方要另加红包和水果糖。初四夜戏必演团圆戏。

富阳区永昌镇青何周孝子祠也举行春、秋周王庙会,每逢三月和九月,当地善男信女都要吃素"七七四十九天","杀猪佬"的杀猪刀也要上交统一保管。庙会期间,举行"拜黄忏""做道场"等活动。周宣灵王神像左右增加"四相公"神像抬行,"四相公"由民众公选。渔户、客商云集祭祀,随队伍行进。行祭地点有周雄外婆家、姑姑家、阿姨家等亲属居住的地方,如新登的湘主殿边、观音堪头、柴场里、湘溪坞里等地,他们相约在半路上迎接,供奉在土地殿、寺庙或宗祠,时隔月余再迎往他处,周游乡里,至年底再抬回青何周孝子祠。三月初三的庙会演戏以绍剧、京剧为主,戏金由牛户、筏户以及轮庄的社出三台,乡贤出二台,共计三天五台。第一台戏加演"扮八仙",戏文要演至天明。庙会期间,集市"闹猛",仅附近的何阜殿边就有近三百家摊位,经营小吃、日用百货、山货等。渌渚迎神赛会时断时续,太平盛世,年年举行,若遇灾年战乱,则间隔数年举行。

祭祀周宣灵王的仪式

周宣灵王的官方祀典,有明确史料记载为道光五年(1825),乃官方对"御大灾、捍大患"的周宣灵王的褒奖。自道光五年迄清末,官方祀典于每年三月初三、九月初十举行,仪式颇为隆重,规模极为壮观。南宋嘉定四年(1211),周雄落水身亡,由人变神,周雄信仰仅在衢州以及乡梓地小范围流传。南宋端平二年(1235),因德兴知县上奏朝廷,周雄获封"翊应将军",得到官方认可。自宋迄清,周雄信仰均得到历代统治者的推崇与利用,先后得到十一次赐封。其封号由两个字累加至八个字,经历了由将军到侯,再到王的递变过程。早期对周雄的官方祭祀,主要是朝廷为报答周雄神的显圣护国而赐封的谢祭,以及地方官员因具体事宜以地方政府名义的致祭,既无固定时间,也未形成规范的仪式。衢州官方致祭始于元代。据《民国衢县志》载,"至元中,伯颜忽都烈太守感神庥,具请奏闻,晋王号,谥宣灵。大鼎其庙,定春、秋祀事"。这也是首次确定春、秋官祭。

新登县渌渚周雄庙春、秋官祭始于道光二年(1822)。这一年,清政府确定岁时节日由官员在渌渚主庙祭祀。不过有史料明确记载的首次官祭,则要晚至道光五年(1825)三月初三,由知县吴墉在渌渚主庙祭祀,士民在庙堂观礼,吴墉还赋迎神送神曲,以表达对周雄保家卫国之功的敬意。

民间对周雄神的祭祀,产生的时间更早,场面更加热闹,内容更加丰富,特色也更加鲜明。早在宋开庆己未(1259),桂锡孙所作《宋神周君墓志铭》描述:"翊应生辰,四方稚耋赍瓣香,而神杂沓骈阗,神鞠躬以相劳苦,远近大悦,祈福庇者踵至。"周雄诞辰的农历三月初,四面八方的善男信女,均前来焚香点烛,祈求庇佑。周雄春、秋庙会期间,均有例行的庙祭。农历三月初二,先是郎家庄周雄外婆家上供。初三正日,供品则由渌渚百前村前坞自然村提供。前坞乃明朝功臣徐达后裔居住地,其后裔中有位在外任职的官员,回乡访村时曾嘱咐子孙,初三正日福礼由徐氏家属操办。前坞自然村提供的祭品乃三荤三素,三荤为鸡、肉、鱼,三素除了豆制品,还有长寿面、糕饼等。祭祀时,猪头上插一根猪尾巴,以此代替整猪。秋祭供品还要增加稻、麦等五谷。三月初二,到庙前设坛,备好五谷、酒、猪肉、香烛、元宝等供品。初三清晨,由庙祝主持醮会仪式。当地民众不分身份贵贱,均沐浴更衣,前来列队祭拜。

渌渚主庙除了农历三月初三、九月初九(春、秋官祭原定于农历三月初三、九月初十,后逐渐演变为九月初九秋祭)集中祭祀外,还有四时八节的祭拜活动。大年三十,善男信女到周雄庙守岁,以渌渚本地居民为多,有的到庙里吃年饭,有的则吃过年饭再来。善男信女一直坐到晚上十二点才回家。每逢二月二祭神,民间称为"上春福"。农历七月十五俗称"鬼节",周王庙里的道士要做道场,举行"盂兰盆会",渌渚江里放水灯,大路上插路香,祭祀并超荐孤魂野鬼。每月初一、月半,善男信女要到周王庙点香插烛,焚帛烧纸。渌渚埠乃帆船云集的码头,打鱼的渔民,撑船的船民,撑排的排民,许多就是九姓渔户,出江前必到周王庙祭祀,祈求江神周雄的保佑,渔民、船民、排民水上作业遇到狂风恶浪,都会烧黄纸扔入江中向周宣灵王祈求。每年夏季农历六月初六至九月初六重阳节,周雄神像都要安排到周雄的外婆家郎家庄周雄庙过暑假。《(民国)新登县志》即载:"周显佑王母党在昌定乡郎家庄,每年六月六日,里人迎至厅堂,供奉九月六日送回渌川庙。"农历六月初六,郎家庄派人将周雄像从渌川主庙迎至郎家庄,周雄神像抬到祠堂门口,要三进三出,第三次才落座。意即周雄先进去看一下外婆在不在,出去找一下,再进去看看还不在,又出去寻找,第三次进去外婆总算回来,才安心落座。直至九月初六重阳节前,周雄神像才被送回渌渚周王庙,参加九月初九的周宣灵王秋祭。

　　建德三江口水域曾是九姓渔户的聚集地,他们常年漂泊在江上,俗称"桅浪人"。九姓渔户新春捕鱼,人称"捕开江鱼",必须举行祭祀江神仪式,以悦神明,祈求神灵的保佑,以便带来鱼虾满仓、平安康泰的生活。其祭品有洗净煮熟的猪头、公鸡各一只,一斤左右的鳜鱼一条,糕点四盘,年糕两条,干面条两斤,酒杯三只,筷子三双,另备八双筷子,捆成一把,黄酒一瓶,红烛一对,香台各一副,祭纸与鞭炮若干。祭品中必备上好的青铜柴两捆,用竹条箍紧置于船头,以备祭礼中烧纸使用。青铜柴也称"青龙柴",要取上等青寿木,将粗细均匀的青铜柴对劈,两头箍以竹编箍,对开面必须朝外,外长内短,竖放时呈凹形,箍在船头,在凹处烧纸。祭江神谓之"青龙吉庆","青铜"梅城一带方言谐音"赚铜",寓意"来年有好收成"。三牲中的鸡乃大公鸡,寓意"大吉大利"。鱼最好是渔户捕获的鳜鱼,"鳜"的方言为"厥",即"捡"之意,有"捡到"或"赚到"的寓意。有的渔户为了表示诚心,还专门备办猪右蹄一只贡祭,"右"在方言中为"顺",祈愿新年一帆风顺,万事如意。祭江仪式由德高望重的长辈主持。"祭江开始,鸣放鞭炮三响,升起风篷以恭请神明降临。主持人先点燃红蜡烛,再点着香火,分发给众人;接着领着大家向天、地、江神贡献祭酒;然后,主持人带头跪下,参与者跟着全体下跪,进入祭江仪式的最重要的程序——主持人跪念祭辞"(建德市文化广电新闻出版局编《建德非遗概览》)。内容大都是感恩周宣灵王的庇护,祈望继续关照,一如既往地保佑渔户财源茂盛,人人平安,家家幸福。接着献祭果,青年渔户抬起整篓的花生、核桃等五果礼品撒入江中,祭江仪式结束。每户渔户都会烹制鱼片、鱼尾、鱼茸、鱼羹、鱼汤等多种鱼宴,予以敬神。旧时渔户举行祭江仪式时,还要请戏班演戏酬神。

九姓渔户不仅视周宣灵王为钱塘江的保护神,也将其尊为自己的祖师菩萨。钱云财在《我平凡的一生——衢江艄公回忆录》中记载:

> 衢江艄公崇信周宣灵王,敬称为"周王菩萨",是保佑艄公撑船平安无事的神。解放前,过大年时,船家去水亭街办年货时,到"红纸店"买香纸蜡烛,就得买一张周宣灵王像的年画,粘贴艄篷内,设香盘点香敬拜。

渔户木船右边缸灶前设有专门的神龛,中间供奉周宣灵王,左边是"千里眼",右边是"顺风耳"。过年从初一至十五,每天早晚二次到周宣灵王像前焚香烧纸。岁时节日,都要叩头朝拜。凡婚嫁、生育以及读书,都要向江神祈祷,希望得到周宣灵王的庇佑。每当遇到风浪,渔户就抛锚停船,进舱向周宣灵王敬香恭拜,口中念念有词,祈求风平浪静。

渔户终年漂泊在钱塘江上,春有迷雾,夏有淫暴,秋有风潮,冬有寒流,风云变幻莫测,特别是在科技不发达时吉凶难卜,不得不寄希望于神灵的庇护,祈求菩萨能够消灾化险。周宣灵王被塑造为钱塘江本地神灵,技艺高强,颇具呼风唤雨的神奇本领,渔户恭奉有加。各地的周宣灵王庙香火鼎盛,渔户亦恭奉有加。许多渔户年老体衰,穷困潦倒,无依无靠,晚年托庇于周王庙,依赖庙里施舍的斋饭度日,过着"倒庙角"的生活,成了其人生最后的庇护所。

二、越地风物

齐梁造像　越国敦煌

——诞生在佛教中国化发祥地的石窟艺术瑰宝

徐跃龙

石窟寺,是指开凿于河畔崖间的佛教寺院,起源于古代印度,并在中国发扬光大,形成了具有中国特色的石窟艺术。中国石窟寺的开凿,从4世纪左右的东晋十六国时期一直延续到14—15世纪的元明时期。而浙东新昌,古称剡东,以西晋太康十年(289),西域僧幽闲入境建兴善寺为标志,佛教开始传入。石窟寺的开创,则从东晋咸康六年(340),高僧竺潜入剡东岜山,创东岜寺始;继而东晋永和初,高僧昙光在石城山建隐岳寺,高僧于法兰在石城山足建元化寺,高僧释晖在南岩山建南岩寺;至南朝齐梁间,石城山元华寺石窟造石佛龛像千尊,石城寺石窟造石弥勒大像,达到高峰,开南方地区石窟造像中国化先河;历经唐、宋、元、明、清,一直延续至今,遍布全境,聚合成群,为新昌佛教文化的一大特色和亮点,也是佛教中国化发祥地的又一大缩影和标志。

近年来,新昌白云书院作为省级社会科学普及基地,自觉承担保护、研究、利用新昌石窟寺资源的历史责任和社会义务,组织文史、佛学、文保、测量、航拍、文旅、设计等方面专业人士,成立新昌历代石窟寺研究课题组,对新昌境内各个历史时期的石窟寺进行专业普查和考察调研,旨在摸清新昌石窟寺布局与家底,评估具有代表性的石城山石窟造像的历史价值、文化价值、文物价值、艺术价值和利用价值,比较其在南方地区乃至全国石窟寺中的历史地位,为进一步确立新昌是佛教中国化发祥地打下更为坚实的基础。

一、新昌历代石窟寺的概况与分布

新昌地处海陆交汇的吴越之地，是佛教中国化的发祥地。早在西晋太康年间，西域僧幽闲自海上入境，传播佛教。六朝时期，南渡入剡的竺潜、支遁等高僧，大多利用天然石窟立寺创宗，谈玄论道，通过格义的方式，以中国的玄学宣说印度佛教般若学，形成了格义佛教六家七宗，其中六家六宗的代表人物都居于剡东新昌，建有东峁寺、隐岳寺、元化寺、南岩寺等石窟寺，成为佛教开始中国化的重要标志。及至南朝齐梁时期，入剡高僧利用新昌石城山特有的火山凝灰岩洞窟，开凿石窟造像，建成了石城寺石弥勒像和元化寺石窟千佛造像，开南方地区佛像中国化的先河，同时也是我国南方现存最早的大型石窟造像。加之此后，新昌历代创建、延续至今的鹫峰寺、汤岩洞、灵岩殿、高川庵等23处石窟寺遗迹遗存和当代杰构，形成了南方地区最早、最大、最多的石窟寺群。

据实地普查登记，新昌全境有历代石窟寺25处、45窟、1062龛、1116尊摩崖造像。详见文后所附《新昌历代石窟寺调查汇总表》。

新昌历代石窟寺，主要集中在大佛寺风景名胜区（包括南岩寺景区），分布在各街道乡镇所在地的山沟岩壑之中。

二、新昌历代石窟寺的分类与特点

宿白《中国石窟寺研究》一书将中国的石窟分为七类：一、窟内立中心塔柱的塔庙窟；二、无中心塔柱的佛殿窟；三、主要为僧人生活起居和禅行的僧房窟；四、塔庙窟和佛殿窟中雕塑大型佛像的大像窟；五、佛殿窟内设坛置像的佛坛窟；六、僧房窟中专为禅行的小型禅窟（罗汉窟）；七、小型禅窟成组的禅窟群。而根据洞窟形制和主要造像的差异则可分为新疆地区、中原北方地区、南方地区和西藏地区四大地区。浙江新昌石窟寺群位于中国南方地区，其中石城山石城寺石弥勒龛像和元化寺石窟千佛龛像，为南方地区早期重要的龛像遗迹。其余23处石窟寺又分为三类，一类为时废时兴的石窟寺遗址，共 10 处；一类为已毁废的石窟寺遗迹，共 11 处；一类为现代新建的石窟造像，共 2 处。

根据实地考察和文献考证，新昌石窟寺群呈现如下主要特点：

(一) 开窟立寺，堪称鼻祖

据梁慧皎《高僧传》等记载，东晋咸康、建元、永和间，高僧竺潜、支遁、昙光、于法兰、释晖等先后南渡入剡，创东岇寺、隐岳寺、元化寺、南岩院等。他们开窟立寺，传道弘法，在剡东掀起了第一次开凿石窟寺的高潮。这是有文献可征的中国最早开凿的石窟寺群，距今 1600 余年，早于北方的敦煌、云冈、龙门、麦积山四大石窟，堪称中国石窟寺鼻祖，为中国石窟寺之源。

《高僧传》卷四记载，最早入剡隐居的高僧是竺潜，传载："中宗、肃祖升遐，王、庾又薨，(竺潜)乃隐迹剡山。"考庾亮亡于东晋咸康六年 (340)，因而竺潜当在此年或稍后入剡。他在剡东岇山水帘洞石窟侧建有寺院，寺名已佚。该寺直到东晋隆和年间 (362—363) 才赐名东岇寺。竺潜隐岇山不久，大约是建元二年 (344)，支遁在沃洲小岭建寺，即名为小岭寺，亦称沃洲精舍。

此后，高僧昙光、于法兰至剡东石城山，分别创立了隐岳、元化两石窟寺。据《高僧传》卷十一载，昙光创立隐岳寺还有一段传奇经历：

> (昙光) 少习禅业。晋永和初，游于江东，投剡之石城山。山民咸云此中旧有猛兽之灾，及山神纵暴，人踪久绝。光了无惧色，雇人开剪，负杖而前。行入数里，忽大风雨，群虎号鸣。光于山南见一石室，仍止其中，安禅合掌，以为栖神之处。至明旦雨息，乃入村乞食，夕复还中。经三日，乃梦见山神，或作虎形，或作蛇身，竟来怖光，光一皆不恐。经三日，又梦见山神，自言移往章安县寒石山住，推室以相奉。尔后薪采通流，道俗宗事。乐禅来学者，起茅茨于室侧，渐成寺舍，因名隐岳。

东晋高僧于法兰入剡创寺，也有文献记载，据《高僧传》卷四载：

> (于法兰) 后闻江东山水，剡县称奇，乃徐步东瓯，远瞩崿嵊，居

于石城山足,今之元华寺是也。

另据《绍兴佛教志》记载,南岩寺,初名南岩院,在南岩山麓石窟内。南宋张浚撰《南岩寺记》云:"东晋永和岁中,高僧释晖始卜筑于此。"(近年重建南岩寺,挖地基时发现有"永和年明堂"字样古砖。)至南朝宋元嘉十七年(440),建南岩院,时有僧法藏卓锡于此。梁大同十年(544),寺又扩建(有"大同十年"字样古砖可证)。历隋、唐,寺宇规模扩大,僧众多时达800余人,遂为剡中名刹。

(二)开凿造像,形式多样

新昌地近北纬30度线,地质地貌丰富多变,有东北部的花岗岩地貌、火山流纹岩地貌,西南部的丹霞地貌、玄武岩台地,中部的火山凝灰岩地貌和遍布全境的第四纪冰川遗迹等,百里岩疆,千岩竞秀,万壑争流,洞穴众多。自东晋始,东渡入剡高僧,筚路蓝缕,以启山林,卜筑栖身于石室,渐成寺舍。而后历代相沿,造就了形式多样、功能不同的石窟寺群。中古时期,剡东地偏人稀,物资匮乏,开凿石窟,十分艰难。南朝齐梁间,剡山石城寺石窟的开凿,就有"三生圣迹"这样艰难曲折的故事。据《高僧传》卷十三记载:

> 释僧护,本会稽剡人也。少出家,便克意苦节,戒行严净。后居石城山隐岳寺。寺北有青壁,直上数十余丈,当中央有如佛焰光之形。上有丛树,曲干垂阴。护每经行至壁所,辄见光焕炳,闻弦管歌赞之声。于是擎炉发誓,愿博山镌造十丈石佛,以敬拟弥勒千尺之容,使凡厥有缘,同睹三会。以齐建武中(494—497),招结道俗,初就雕剪。疏凿移年,仅成面朴。顷之,护遘疾而亡。临终誓曰:"吾之所造,本不期一生成办。第二身中,其愿克果。"后有沙门僧淑,纂袭遗功,而资力莫由,未获成遂。

> 至梁天监六年(507),有始丰令吴郡陆咸罢邑还国……(翌年)咸即驰启建安王,王即以上闻,敕遣僧祐律师专任像事。王乃深信益加,喜踊充遍,抽舍金贝,誓取成毕……初,僧护所创,凿窟过浅,乃铲入五丈,更施顶髻,及身相克成,錾磨将毕。夜中忽当万字处,

色赤而隆起。今像胸万字处，犹不施金薄，而赤色在焉。像以天监十二年（513）春就功，至十五年春竟。

刘勰所撰《梁建安王造剡山石城寺石像碑》亦有详细记载。

新昌石窟寺群，除当代利用古代石宕开凿大像窟外，均依自然洞穴开凿而成，主要有以石城寺石窟造像为代表的雕塑有大型佛像的大像窟，包括般若谷观音像、文殊像和双林石窟卧佛像；有以元化寺千佛岩为代表的无中心塔柱的佛殿窟；有以隐岳寺石窟群为代表的主要供僧人生活起居和禅行之用的僧房窟和罗汉窟；有以南岩寺、罗汉洞、铁佛寺等为代表的佛殿窟内设坛置像的佛坛窟；还有一些石窟寺遗址，遗迹无存，缺乏记载，无法判断是否设坛置像。另外，新昌25处历代石窟，地处丹霞地貌的有12处，地处火山凝灰岩地貌的有6处，地处花岗岩地貌的有3处，地处火山流纹岩地貌的有2处，地处第四纪冰川遗迹的2处。

（三）延续至今，分布广泛

纵观新昌历代石窟寺发展态势，大体可以分为一个高峰五个高潮。第一高潮是在东晋时期，十八高僧入剡，剡东掀起第一次建寺潮，出现了茅茨石室的石窟寺，主要有早期的东岇寺、隐岳寺、元化寺和南岩寺，聚集了大批僧众，形成了东岇山僧团、沃洲山僧团和石城山僧团。第二个高潮是在南朝齐梁时期，石城山先后开凿完成了元化寺石窟千佛造像和石城寺石窟弥勒造像，被誉为"不世之宝""无等之业"，为南方地区早期石窟造像的典范，达到了新昌历代石窟寺发展的高峰。第三个高潮是在唐宋时期，主要石窟寺有唐代的汤岩洞、灵岩院，五代的灵岩殿，宋代的高川庵、兴福庵等。规模较大的是灵岩院（即鹫峰禅寺）和高川庵。第四个高潮是明清时期，主要有大山庵、岇林庵、岩下庵、狮子岩庵、碧霞庵、天仙庵、蟠虎洞、铁佛寺、东岳寺、神仙洞庵等石窟寺。第五个高潮即当代，新昌举政府与民间之力，在大佛寺景区，利用废弃的石宕，开凿了般若谷、双林两处大像窟，在蟠虎洞石窟彩塑五百罗汉，再现了越国敦煌的盛世气象。

新昌历代石窟,遍布全县各地,而以大佛寺风景名胜区(包括南岩寺景区)最为集中,有隐岳寺、石城寺(大佛寺)、元化寺(千佛岩)、蟠虎洞(五百罗汉洞)、般若谷、双林石窟以及南岩寺、铁佛寺、东岳寺,兴福庵(蝙蝠庵)等,是新昌历代石窟的精华所在,也是我国南方地区绝无仅有的。

(四)文献足征,信史可赖

新昌历代石窟寺,除了丰富多样的遗存遗迹,还保存了大量与之相关的历史文献,为我们研究新昌历代石窟寺提供了不可或缺的二重证据。关于东晋时期的新昌石窟寺,主要在与之相关的《世说新语》、《高僧传》中有翔实记载;关于南朝齐、梁时期开凿元化寺石窟和石城寺石窟,则主要有当时人刘勰所撰《梁建安王造剡山石城寺石像碑》一文详记其事,该文后收于北宋孔延之所辑《会稽掇英总集》中,成为刘勰唯一存世的佛寺碑文。此外,还有历代石城寺石窟造像丈量维修记录等。关于南岩寺,最早有南宋张浚撰《南岩寺记》石刻文献传世。汤岩洞、灵岩殿、高川庵、兴福庵、大山庵、岩林庵、岩下庵、狮子岩庵、碧霞庵、天仙庵等均镌碑记事,新昌历代县志也大多略记其事。可谓文献足征,信史无疑,难能可贵。

当代的石窟寺研究专家纷纷赴新昌考察,发表了极具影响力的考察报告和学术论文,主要有宿白《南朝龛像遗迹初探》、路秉杰《关于浙江新昌大佛寺弥勒造像的质疑》、金维诺《僧祐与南朝石窟》、贺世哲《浙江新昌千佛岩三世十方佛造像》、马德《敦煌高僧昙猷与浙江佛教》、李裕群《浙江新昌千佛岩南朝龛像——南朝忏法流行的实物例证》、费泳《浙江新昌南朝佛教造像》《新昌大佛衣着样式考辨》、符永利《南朝佛教造像的考古学研究》、陈兆镜《齐梁时期佛教造像探析》、莫幸福《新昌大佛寺石雕弥勒像及刘勰碑记——佛教中国化重要发祥地的文化遗存》、郎耀辉《浙江新昌大佛寺南朝弥勒造像的审美特征与文化价值》,还有日本小野胜年《新昌石城寺和石弥勒像的历史性考证》等文献。新昌学者陈新宇、陈百刚、竺岳兵、释正涵、徐跃龙、唐佳文、唐樟荣、吴锡培、马骏等发表有关新昌佛教论文,都为研究新昌石窟寺提供了重要的学术支撑。

三、新昌历代石窟寺的精华与价值

根据专家学者的研究成果,新昌石窟寺的精华和代表就是始凿于南朝齐梁时期的石城寺石窟弥勒造像,以及与它同时期诞生、至今遗迹尚存的元化寺石窟千佛造像。这是中国南北朝时期江南重要龛像遗迹,是中国南方地区早期硕果仅存的大型石窟造像。其历史价值、文化价值、文物价值、艺术价值,可与闻名中外的北方地区的敦煌、云冈、龙门、麦积山石窟造像媲美,是佛教中国化尚存的历史遗迹和文化遗存,也是新昌佛教中国化发祥地的实证与标志。

(一)具有独特的历史文化渊源

剡东(新昌)是佛教中国化发祥地,也是佛教造像中国化的发祥地。

新昌石城山石窟寺群,最早开凿于魏晋时期。当时,会稽剡地盛传"两火一刀可以逃"的谶语,成为衣冠南渡、隐逸遁世的偏安之隅。众多高僧名士纷纷入剡,有十八高僧、十八名士雅集之说,号"沃洲胜会",成为浙江佛教的肇始之地。据民国《重修浙江通志稿》记载:

> 浙省佛教究应以何人为始祖乎?历观书传所载,此则允应推竺道潜、支道林、于法兰、于法开、帛僧光、竺昙猷等六人,膺斯玄匠之选矣。六师大抵皆卒于晋孝武帝宁康、太元之间。而以道潜、道林、法兰、法开四师为解义之祖,僧光、昙猷二师为习禅之祖。可见浙江佛学,自始即定慧双弘、禅智并运。

而上述 6 位高僧皆长期居于会稽剡东(今新昌),以石城山、沃洲山、东岇山众多佛寺为据点,形成了定慧双修、理行并用的江南早期佛学中心。据《高僧传》载,僧昙光为会稽剡东石城山开山祖师,于东晋永和初年(345),在石城山天乐岩下天然石窟隐岳洞中栖山 53 年,享年 110 岁。随后,高僧于法兰也来到石城山,在另一天然石窟中创立了元化寺。而后有门徒于法开、于道邃和徒孙于法威、竺法兴、支法渊、于法道等,组成石城元化寺僧团,加上以竺道潜为首的岇山僧团、以支道林为首的沃洲僧团,佛教依附于玄学,兴起了"般若学"研习高潮。《重修浙江通志稿》又载:

晋室东迁，清谈是尚，老庄与佛杂然并行。于是，大乘空宗之说与老庄淡静无为之旨，不谋而合。朝野上下，翕然相从。时浙僧竺道潜隐居剡山，深明《法华》。元、明二帝，并钦风德。迨及哀帝，遣使到浙，先后征请竺法潜、支道林、于法兰赴都讲演，帝及朝士，莫不称善，一时风气为之丕变。

当时对"般若性空"的解释各有不同，故而学派有六家七宗之分，其中六家六宗代表人物均在会稽剡东，他们是创立本无异宗的竺潜、创立即色宗的支遁、创立识含宗的于法开、创立幻化宗的竺道壹、创立心无宗的竺法蕴和创立缘会宗的于道邃，从而奠定了剡东（新昌）佛教在全国的历史地位，成为名副其实的佛教中国化发祥地。任继愈先生即指出："中国佛学走上独立的道路是以这股般若学思潮的兴起为标志的。"

在这股般若学思潮兴起的同时，佛教造像领域也开始摆脱古印度样式，兴起有中国特色的南朝样式，完成了从师仿到创新的过渡与转变，其发生地也与剡东有关。当时，"有晋中兴，玄风独振"，佛教在南朝为士大夫所接受，僧人们在与士大夫阶层的交往中往往也出释入道，带有浓郁的士大夫气质。据《世说新语》记载，入剡高僧支遁与名士殷浩、郗超、孙绰、戴逵、王羲之等交往密切，他宣讲《庄子·逍遥篇》，深得名士赞叹。这种僧人的名士化，对佛教造像中秀骨清像、隐机忘言的士大夫形象的形成有着直接的影响。

高僧支遁倡导推动了弥勒信仰和弥勒造像。首先，支遁通过即色论提出了"即色本无"的思想，这一思想打破了传统的"有为法"和"无为法"的界限，使得弥勒佛成为人们信仰的对象，也使得弥勒造像成为佛教艺术中的重要组成部分。他所撰写的《弥勒像赞》广为传播，也推动了弥勒信仰的普及。其次，支遁的思想对弥勒造像的影响也是深远的。他"即色本无"的思想，使得弥勒造像在表现上更加注重对佛的内在精神和境界的体现，而不仅仅停留于外在的形象和形式。在艺术表现上更加注重对佛教教义和哲学思想的传达和表达。支遁的思想是推动弥勒信仰和弥勒造像在剡东石城的发展的先导，深刻影响了石城寺石窟弥勒造像。

与支遁先后入剡的名士戴逵，当时已是名动京师的佛教艺术家，对剡东地区的佛像雕塑也产生了深远影响。据《世说新语》和《高僧传》记载，支遁晚年移石城山创栖光寺，戴逵曾到沃洲山、石城山，与之交游。支遁卒葬石城山，戴逵过祭支遁墓，留下了"德音未远而拱木已积，冀神理绵绵，不与气运俱尽耳"之叹，足见戴逵对支遁钦佩之深。戴逵在之后的佛教造像艺术创作中，凭借自己的绘画、雕塑造诣，秉承当时高僧名士和社会风气的影响，在借鉴吸收外来艺术精华的基础上大胆创新求变，将印度佛像样式融合到中国传统的造像风格之中，逐渐趋向人间化、士人化，先后完成了建康瓦官寺、山阴灵宝寺两组著名的佛像雕塑，开创了"秀骨清像"派的新的造像风格，成为佛教造像中国化的开拓者，奠定了其至高无上的雕圣地位。唐代高僧道宣在《法苑珠林》里曾记叙戴逵的创作经历：

  西方像制，流式中夏。虽依经镕铸，各务仿佛，名士奇匠，竞心展力，而精分密数，未有殊绝。晋世有谯国戴逵，字安道者，风清概远，肥遁旧吴。宅性居理，游心释教。且机思通赡，巧拟造化。思所以影响法相，咫尺应身，乃作无量寿挟侍菩萨，研思致妙，精锐定制，潜于帷中密听众论。所闻褒贬，辄加详改。核准度于毫芒，审光色于浓淡。其和墨点采，刻形镂法，虽周人尽策之微，宋客象楮之妙，不能逾也。

正如任继愈先生在《中国佛教史》中所指出的：

  南方广大地区，在魏晋传统文化的熏习下，佛教与神化思想结合，汉文化与外来文化互融，形成始于戴逵……的秀骨清像派的南朝审美标准，这实际上是社会上流行的审美标准在佛教艺术上的表现。

(二)具有独特的佛教造像风格

石城山齐梁造像是中国南方地区早期大型石窟造像硕果仅存的典范，是诞生在佛教中国化发祥地的石窟艺术瑰宝。

1.具有不可再生的文化遗产价值

石城山石城寺，即今新昌大佛寺，以石弥勒像和千佛龛像等石窟造像闻名于世，被誉为"三生圣迹""越国敦煌"。石弥勒像，位于石城山仙髻岩石窟之中。造像始凿于南朝齐永明四年(486),由僧护发愿,僧淑继之,皆未成遂。梁天监十二年(513),梁武帝敕建康定林寺僧祐续建,天监十五年(516)告成,前后历时30年。石弥勒像高14.05米,结跏趺坐,螺发肉髻,鸿姿巨相,双手呈禅定印,着袈裟而袒胸,表现了沉静、坚定、超脱的内心世界。1500年来,虽几经维修,但总体形象仍保持南朝风格不变,是我国江南地区现存最早最大的石窟造像。造像年代早于龙门,与云岗相埒。位于石弥勒像西北300余米的千佛岩石窟,于齐永明三年(485)开窟造像,大窟正中雕释迦牟尼坐像,右侧列千佛六区,左侧列千佛四区,十区共1020龛,计雕小佛1040尊。十区外侧各雕有一护法像立于覆莲圆座之上,宝缯垂肩,帔帛于胸腹之际,手持法器。小窟雕佛35尊,造像秀骨清像,褒衣博带,跏趺禅定。千佛岩造像,现状虽有残损,但至今仍保持了南朝风貌,弥足珍贵,是我国南方地区迄今为止发现的雕凿年代最早的石窟造像。以上两处石城石窟造像,都具有不可再生、不可替代的文化遗产价值,均于2013年3月5日,被国务院核定公布为第七批全国重点文物保护单位。

2.具有不可磨灭的历史文化价值

著名石窟寺考古专家宿白先生在南京摄山、新昌石城考察后发表《南朝龛像遗迹初探》一文,认为:

> 摄山处南朝都城建康近郊,石城位北来大族聚居的会稽地区;两地龛像之兴建,既为江南所仅有,其主要造像又皆出自高僧规划,且同为皇室、名士所赞助,因可推知此两处主要佛像——无量寿佛和弥勒成佛之像,应是当时南方佛教信徒所尊奉的重要形象。

据专家考证,魏晋南北朝时期,南方的弥勒信仰源自中原地区,而中原的弥勒信仰又由西土传来。在我国,弥勒信仰主要分为上生信仰和下生信仰两个派别。北方地区流行上生弥勒信仰,认为是贵族信仰,出现了大量的交脚弥勒菩萨像。东晋以来,高僧南渡日盛,南方地区流行下生弥勒信仰,认为是人间信仰,百姓生活安康,受到僧众和百姓广泛欢迎,开始出现着佛装跏趺坐的弥勒佛像。佛教造像学者黎臻、袁济喜在《从北魏龙门石窟艺术透视南北审美文化的交融》一文中指出：

> 东晋名僧支遁也推动了弥勒信仰和弥勒造像。支遁作《弥勒像赞》，对弥勒从少时升迁到成佛的过程进行了歌颂，并描绘了弥勒所在的美誉境界。其时弥勒信仰日益广泛，弥勒造像在各地供奉，后来在剡山石城寺的弥勒佛石像正是支遁的像赞及弥勒信仰中发展而来的。

同时，据中国社会科学院考古研究所研究员李裕群考证，受梁武帝《慈悲道场忏法》影响，南朝江南地区佛教还流行忏法，将弥勒佛、三十五佛、十方佛等列为礼忏的对象，并且将弥勒佛列为诸佛之首，礼拜悔过，以忏先罪，获得果报。接着开凿的石城寺弥勒造像和元化寺千佛，也可视为当时礼忏的道场。因此，植根于南方深厚的政治社会文化的土壤，石城造像最终经僧祐建成为弥勒成佛龙华遍度之像。这是下生弥勒信仰在南方的重要遗迹，也是佛教中国化在剡东演进中的参与者和见证者，具有不可磨灭的历史文化价值。

3.具有不可替代的艺术审美价值

南北朝时期佛教造像最为典型的艺术风格是"秀骨清像"，佛像的面部特征一般为"小颐秀颈、广额善目、眉宇开朗、清丽秀俊、神情恬淡"等。在几百年的南北交流和融合过程中，这一佛教艺术风格大体保持一致，但也会因地域环境、社会风潮、外来艺术等影响，在一定时期、局部地区发生些微变化。据佛像研究专家陈兆镜先生考证，长江以南地区不少南朝时期的佛教造像就存在"齐梁之变"，一般以梁普通年间为界，分早晚两期：早期佛像有较明显的秀骨清像，坐佛流行悬裳座，立佛流行素面馒头状肉髻；晚期佛像逐渐体型丰满裸露，坐佛佛衣下摆收缩，并流行螺发，形成了所谓"齐梁风格"。"佛像逐渐摆脱早期秀骨清像、褒衣博带袈裟的特色，逐渐具有张得其肉、曹衣出水、褒衣博带演变式袈裟等特征。一言以蔽之，即齐梁时期佛像的造型风格既是别树一帜，亦承前启后。""齐梁风格"形成的主要原因是由于当时社会风潮的变化以及对印度秣菟罗艺术因素的吸收借鉴。据专家考证，北魏时期，佛教西域传入线逐渐为南方海路传入线所替代，而佛教造像风格，也随着海路传入线进入南朝，秣菟罗艺术替代了犍陀罗艺术，而秣菟罗造像风格承继传统印度的薄衣贴体、宽肩厚胸、螺发丰颊等造型特征，显现人体的生命感和力量感，与犍陀罗佛像衣质褶纹厚重粗犷、沉静内省的风格形成强烈对比。其时，秣菟罗造像艺术开始影响南朝社会，螺发佛像、结跏趺坐佛像等样式由南海传入，并借梁武帝之力而得到推广，剡山石城寺石弥勒像和元化寺千佛岩石窟正是这一时期开凿的遗例。

受梁武帝之敕，负责开凿石城寺石弥勒像的是当时享有极高威望的僧祐律师。僧祐（446—518），俗姓俞氏，生于建业，在齐梁佛教史上，是一位留下不朽业绩的名僧。他初出家于建初寺，后避至定林寺，从法达、法颖专治律学，为齐梁时期的律学大师。又巡礼于阗、龟兹而随于法显门下，从事建初、定林及诸寺的修缮，及建斋会、造立藏经、校勘经典等事业。还出入南齐的文惠王、竟陵子（萧子良）之门，和沈约、刘勰等文人也交往甚密，有《释迦谱》《出三藏记集》《弘明集》等著述传世。同时，僧祐还是一位具有极高水准的佛像营造大师。据《高僧传》卷十一载："祐为性巧思，能目准心计，及匠人依标，尺寸无爽。故光宅、摄山大像、剡县石佛等，并请祐经始，准画仪则。今上武帝深相礼遇，凡僧事硕疑，皆敕就审决。"

于是，僧祐亲临石城现场，"铲入五丈，改造顶髻。事虽因旧，功实创新。及岩窟既通，律师重履，方精成像躯，妙量尺度"。根据刘勰《梁建安王造剡山石城寺石像碑》记述，僧祐顺时应变，大胆创新，建造完成的石弥勒像与之前相比，主要有以下不同：一是将僧护浮雕的头像改成全身式坐像；二是弥勒头顶改为螺发；三是将大佛的尺寸变为坐高五丈；四是因改造过程中的机缘巧合，变大佛为结跏趺坐，施禅定印；五是胸口隆起"卍"字纹饰。石弥勒像不仅以规模宏大、气势非凡著称于世，而且在造像艺术上也独具特色。弥勒造像，跏趺而坐，容秀骨清，婉雅俊逸，端庄慈祥。额部宽阔，鼻当高隆，眉眼细长，方颐薄唇，两耳垂肩，身披袈裟，中胸袒露，衣着皱褶，自然流畅，给人一种沉静、超脱、庄严之感，展现了行云流水的线条美、褒衣博带的服饰美和法相圆融的境界美。僧祐在造像上还做了两个巧妙的艺术处理：一是运用透视原理，适度放大头部，处理好视觉差关系，使人们仰视大佛时，毫无比例失调之感，且面容亲近真实。另一个巧妙的创造是凿成深穴代替眼珠，不仅含有"诸法空相"的哲理意味，而且使观瞻者不论从哪一角度仰视，均有与佛目光相接之感，令人叹为观止。石弥勒像，是僧祐晚年最为成熟最为完美的封笔之作，集合了当时最精湛的设计与工艺，融天竺风格与民族风格于一体，体现了东晋南朝士大夫信仰与思辨相结合的精神世界。僧祐将南朝造像样式与秣菟罗造像风格融会变通，创造了一个新的"齐梁风格"佛像范例，既上承东晋佛教造像的"秀骨清像"，又下启隋唐佛教造像的"雍容敦厚"，达到了难以再现的艺术高峰。

　　任继愈先生在《中国佛教史》中指出："剡溪大佛（石城寺石窟弥勒造像）位于浙江省新昌县西南南明山大佛寺，为江浙第一大造像。"中央美术学院教授罗世平指出："石城大像虽经后代重修，外形有些改变，但像体样式仍是旧时的基础，可作为梁武帝接受南传样式的遗存。其平面椭圆，露顶敞口的龛形是南朝特有的型制。显然，晋阳西山北齐大佛与石城大佛之间存在着一种传承关系。另有河南浚县大伾山大佛，也是北齐时期的作品，样式和做法与晋阳北齐大佛相同。可见依山造大佛的风气在北齐时期曾一度很流行，并开启了隋唐之际雕造大佛的先例。"考古学家魏祝挺、郑嘉励在《浙江古代石窟造像概述》中指出："南朝齐梁时，剡县（今新昌）石城山弥勒大佛开凿，为我国南方最早的大型石窟造像。"

　　总之，新昌石城石窟造像和千佛岩石窟造像，作为下生弥勒信仰、南朝忏法的实物例证和重要遗迹，是佛教中国化发祥地的直接参与者和见证者，是佛教造像中国化在剡东新昌的实例实证，具有不可磨灭的历史文化价值和艺术审美价值，不仅是中国佛教艺术智慧的结晶，更是无可替代的中国石窟艺术瑰宝，在中国文化史和艺术史上占有一席之地，载入范文澜先生的《中国史简编》、翦伯赞先生的《中国史纲要》、任继愈先生的《中国佛教史》、宿白先生的《中国石窟寺研究》、李裕群先生的《中国石窟寺》及金维诺先生的《中国美术史论述》等著作。作为南方地区早期仅存的大型石窟造像典范，新昌石城石窟造像可与北方地区石窟寺代表敦煌、云冈、龙门、麦积山四大石窟媲美并列，南北交辉，堪称中国第五大石窟。

(三)具有独特的造像传世碑铭

梁天监十五年(516)春,石城寺石窟龛像初竣。僧祐弟子刘勰专门撰写《梁建安王造剡山石城寺石像碑》详记其事,称石城大佛为"命世之壮观,旷代之鸿作"。

刘勰(约465—约532),字彦和,原籍东莞莒县(今属山东),世居京口(今江苏镇江),南朝著名的文学批评家,有《文心雕龙》传世。刘勰早孤,家贫不婚娶。依定林寺沙门僧祐,与之居处十余年,笃志好学,苦读释典,研习经史,遂博通经论。梁武帝天监初,刘勰曾任奉朝请。后武帝敕命刘勰与慧震于定林寺重新编订经藏。订毕,刘勰自誓,求出家为僧,得到武帝准许,改名慧地,未满一年而卒。刘勰原有文集行世,久佚。《梁书·刘勰传》记载:"勰为文长于佛理,京师寺塔及名僧碑志,必请勰制文。"据考,其所撰佛寺碑铭,虽然数量可观,但由于种种原因,今仅存《梁建安王造剡山石城寺石像碑》一文,千古名作,弥足珍贵,不仅为后世考察石城寺石弥勒像营造的来龙去脉和建成后的盛况提供了最原始、最重要的历史文献,同时也显示出刘勰开阔的眼界和深厚的佛学功底。僧祐造像与刘勰撰碑,双璧齐辉,功垂千古。

首先,刘勰碑记围绕石城山造像的历史,运用佛学理论和知识阐述了佛学精微的道理,揭示了石城造像成功的条件,其中最为重要的是碑记所述:"兹化穆以风动,慧教涣以景烛,般若炽于香城,表刹严于净土。"也就是说,以剡东石城山为中心的江南般若学演教之地和弥勒信仰传播之地是佛教中国化的发祥地,为石城山造像提供了深厚的历史文化基础和重要的造像兴教条件。

其次,刘勰碑记在歌颂梁武帝及建安王功德的同时,记述了"释尊隐化,慈氏现力"这一当时弥勒信仰盛行的特定时代背景。认为"鸿姿巨相,兴我皇时,自非君王愿力之至,如来道应之深,岂能成不世之宝,建无等之业哉",指出佛教在政治上要自觉认同,在文化上要自觉融合,在社会上要自觉适应,揭示了佛教中国化的内涵和要义。随后刘勰碑记还描绘了弥勒胜迹佛法无边的美好愿景:"窃惟慈氏鼎来,拯斯忍刹,惟我圣运,福慧相符。固知翅城合契于今晨,龙华非隔于来世,四藏宝奇,可跻足而蹠;三会甘露,可洗心而待。"正因为如此,弥勒信仰的盛行和帝王士族的倡行,促成了石城弥勒佛像的告成,同时也开启了佛像中国化的历程。

其三,刘勰碑记,闳中肆外,神采四溢,是采用四六骈体写作的韵文经典,具有较高的文献价值和文物价值,是研究剡东(新昌)佛教中国化发祥地必不可少的历史文献。刘勰碑记面世后,在佛教界、文学界产生巨大影响,唐代欧阳修《艺文类聚》、北宋孔延之《会稽掇英总集》、清代《全梁文》等都有载录,流传甚广。刘勰碑记还流布海外,影响深远。

附:

新昌历代石窟寺调查汇总表

编号	年代	寺名	改称	地点	窟数	佛像	地貌
1-01	南齐永明	石城寺	瑞像寺 宝相寺 南明寺 大佛寺	大佛寺景区	2窟	1大像	火山凝灰岩地貌
1-02	东晋永和	元化寺	千佛院 七宝院 千佛禅院	大佛寺景区	4窟	1055龛 1096像	火山凝灰岩地貌
2-01-1	东晋永和	隐岳寺石窟群之隐岳寺	隐岳洞	大佛寺景区	3窟		火山凝灰岩地貌
2-01-2		隐岳寺石窟群之濯缨亭					
2-01-3		隐岳寺石窟群之天柱屹然					
2-02-1	东晋永和	南岩石窟寺群之南岩寺	祖印院 南岩寺 南岩禅寺	七星街道南岩山	2窟		丹霞地貌
2-02-2		南岩石窟寺群之月光洞					
2-03	五代后晋	灵岩殿石窟寺	白鹤庙	东茗乡茗溪村	1窟		丹霞地貌
2-04	明天顺	龙潭寺	岱林庵	七星街道合新村	1窟		冰川遗迹
2-05	清康熙	天仙庵石窟寺	道士盘	沙溪镇董村里坞山村	1窟		冰川遗迹

续表

编号	年代	寺名	改称	地点	窟数	佛像	地貌
2-06	清乾隆	罗汉洞石窟寺	蟠虎洞石坊	大佛寺景区	1窟	501罗汉	丹霞地貌
2-07-1	清同治	铁佛寺石窟寺群之铁佛寺	化云洞	七星街道南岩山	4窟		丹霞地貌
2-07-2		铁佛寺石窟寺群之观音阁					
2-07-3		铁佛寺石窟寺群之小将军庙					
2-07-4		铁佛寺石窟寺群之滴水观音洞					
2-08-01	清末	东岳寺石窟寺群之东岳府		七星街道南岩山	3窟		丹霞地貌
2-08-02		东岳寺石窟寺群之三圣殿					
2-08-03		东岳寺石窟寺群之伽蓝殿					
2-09	民国	观音庙石窟寺	文武庙	羽林街道前岸村	1窟		花岗岩地貌
2-10	民国	伽蓝庙石窟寺	夫神庙	东茗石狗洞景区	2窟		火山凝灰岩地貌
3-01	东晋咸康	东岇寺石窟	东乡寺	沃洲镇东岇山	1窟		火山流纹岩地貌
3-02	东晋	海门洞石窟寺遗址（仙尼洞）	真溪洞碧涛洞	沃洲镇东岇山	1窟		花岗岩地貌
3-03	唐武德	汤岩洞石窟寺遗址	朝阳禅院	东茗乡下岩贝村	1窟		火山流纹岩地貌
3-04	唐天宝	灵岩院石窟寺遗址	鹫峰禅寺	镜岭镇大古年村	1窟		丹霞地貌
3-05	南宋宣和	高川庵石窟寺遗址	拌云庵	穿岩十九峰老穿岩洞	1窟		丹霞地貌
3-06	宋末元初	兴福庵石窟寺遗址	蝙蝠庵	七星街道馒头山	1窟		丹霞地貌

续表

编号	年代	寺名	改称	地点	窟数	佛像	地貌
3-07	元末明初	大山庵石窟寺遗址	白侯庙	东茗乡长乐村大岩岗	1窟		丹霞地貌
3-08	明万历	岩下庵石窟寺遗址		澄潭街道马家庄村	2窟		丹霞地貌
3-09	明末清初	狮子岩石窟寺遗址		七星街道杨梅山村	1窟		丹霞地貌
3-10	清康熙	碧霞庵石窟寺遗址		东茗乡黄潭庵村	1窟		丹霞地貌
3-11	清末	神仙洞石窟寺遗址		羽林街道枫家潭村	1窟		花岗岩地貌
4-01	现代	般若谷石窟		大佛寺景区	5窟	2龛2像	火山凝灰岩地貌
4-02	现代	双林石窟		大佛寺景区	3窟	3龛17像	火山凝灰岩地貌

浙东唐诗之路饮食文化溯源及发展研究

——以新昌为例

马 骏

《汉书·郦食其传》:"王者以民为天,而民以食为天。"中华饮食文化源远流长,食物在中国文化中具有重要地位。中国各地的传统菜肴和特色小吃,无论是北方还是南方,每个地区都有其独特的口味和风味。

新昌,地处曹娥江上游,古称剡东,春秋战国时期,新昌县境先后属越、吴、楚等国,秦代起属会稽郡,汉代至唐代均为会稽郡所辖剡县的一部分。后梁开平二年(908),析剡县东南部13个乡建立新昌县,寄寓着新设县兴隆、昌盛之义。秦汉以降,多有神仙传奇,是一个拥有丰富历史渊源和独特文化的地方。杜光庭《洞天福地岳渎名山记》和道书《云笈七签》等道籍将金庭山金庭崇妙洞天列为第二十七小洞天,沃洲山、天姥山、司马悔山分别被列为第十五、第十六和第六十福地。唐诗中,称南岩山为庄子笔下"任公子钓鳌"的故事发生地。魏晋南北朝以来,大量北方士族南下,成为隐士避世静修的世外桃源。这里物产丰富、人才辈出,在社会发展和地域文化交融的过程中形成了独特的饮食文化。

新昌的饮食文化犹如一部鲜活的历史长卷,源远流长,可以追溯到远古大禹治水时期禹粮石的传说。在汉代留有神话传说,传承千年韵味。随着东晋、南宋、南明三次北方士族南移,北方的风俗、风味又与当地的特色不断融合、演进和发展。这些特色美食不仅是新昌地域特色的象征,更是新昌人文精神的体现,成为当地人骄傲的宝贵财富。

在新昌,美食不仅是味觉的享受,更是一种缘分,一种风度,一种诗意。每一口都是对历史的传承,每一滴都是对创新的感悟。如今,新昌美食已成为浙江省的一张文化名片,涌现出了许多著名的特色美食。这些美食不仅口感独特,制作工艺更是考究,吸引了无数食客前来品味这一份千年韵味。

一

新昌最早记载的美食要数胡麻饭。据晋干宝《搜神记》记载:

> 汉明帝永平五年,剡县刘晨、阮肇共入天台山取榖皮,迷不得返。经十三日,粮食乏尽,饥馁殆死。……溪边有二女,资质妙绝。见二人……因邀还家,云:"刘、阮二郎经涉山阻,向西得琼实,犹尚虚弊,可速作食。"有胡麻饭、山羊脯甚美,食毕行酒,有群女来,各持三五桃子,笑而言:"贺女婿来。"

刘阮遇仙的传说在我国文化史上影响极大,后多以"胡麻饭"表示仙人食物,谓之"神仙饭"。据唐代皇甫氏所著《原化记》记载:

> 老父引裴生入洞。初觉暗黑,渐即明朗,乃见城郭人物,内有宫阙堂殿,如世之寺观焉。道士、玉童、仙女无数,相迎入,盛歌乐。诸道士或琴棋讽诵言论。老父引裴氏礼谒,谓诸人曰:"此城中主人也。"遂留一宿,食以胡麻饭、麟脯、仙酒。裴告归,相与诀别。

这种观念的形成与胡麻的原产地以及胡麻本身的特点密切相关。胡麻是西汉时由张骞从当时看来非常遥远又充满神话色彩的西域地区带回来的。胡麻本身具有治疗多种疾病的功效,如治疗腰腿疼痛、白癜风,到了唐代,孙思邈所著《备急千金方》谈到胡麻有能使白发变黑的功效。几种因素的结合,使得这种原本很普通的植物成为神话传说中的常客、道家服食求仙的修炼法物。

虽然胡麻饭的做法已经失传,但仅就笔者所见,由唐至今留存的诗歌中,明确提到"胡麻饭"的就有102首。其中唐代2首,最早是诗人白居易所写《宿张云举院》,诗中有句:"不食胡麻饭,杯中自得仙。"皮日休在《雨中游包山精舍》中则写道:"渴兴石榴羹,饥惬胡麻饭。"宋代为10首,如陆游在《石门》中写道:"旋炊胡麻饭,荐以枸杞粲。"释居简在《野步》中写道:"水中忽见胡麻饭,不入桃源便出来。"元代为15首,如杨维桢在《苕山水歌》中写道:"为设胡麻饭,招手越罗盼。"张以宁在《题桃花图》中写道:"若为饱吃胡麻饭,看到三千结实年。"明代为32首,如胡奎在《题桃花流水图为刘山人作》中写道:"胡麻饭熟千年后,却笑诗人也姓刘。"黄汝亨在《朝发盘山饭千像寺》中写道:"胡麻饭罢寻诸佛,乱点山容散紫金。"清至民国期间为37首,如袁枚在《霞裳就婚汪氏已五朝矣芳讯杳然赋诗调之兼呈新妇》中写道:"从古刘郎为婿乐,胡麻饭吃女儿家。"当代为5首,如潘天寿在《流香涧》中写道:"拟拓涧边数弓地,饱胡麻饭读奇书。"

在历代诗歌中提到关键字"胡麻"和"饭"的总计298首。比如唐代的李白有残句:"举袖露条脱,招我饭胡麻。"王昌龄在《题朱炼师山房》中写道:"百花仙酝能留客,一饭胡麻度几春。"王缙在《送孙秀才》中写道:"山中无鲁酒,松下饭胡麻。"宋代的胡宿在《赠华阳道士朱尊师》中写道:"东府灵方修白石,上清香饭给胡麻。"王汉之在《刘阮洞(其二)》中写道:"二女春游阆苑花,醉邀刘阮饭胡麻。"王之道在《和韵寄董令升舍人》中写道:"何日天台寻药去,女仙迎笑饭胡麻。"陈文蔚在《癸未二月廿五日访周道人西庵戏题》中写道:"道人邀我饭胡麻,半日清闲得远家。"元代的王冕在《山水图》中写道:"一望东南竟海涯,仙人何处饭胡麻。"诗中多数引用刘阮遇仙吃胡麻饭的故事,来表现出当时诗人对神仙生活的钦羡与向往。

二

新昌旧有人居,据《(民国)新昌县志》记载:"新地古兼山越,向称丁、狄、孟、梁为旧族,其后神明之胄,自北而南,相率卜居。"在古代,新昌地区本地居民为山越族,以狩猎、捕鱼和采集为生。东汉时期,新昌先后迁入丁、狄、孟、梁四大旧族,与当地的山越族人交流融合。在饮食文化方面,新昌方言也有特色,如孟孟指饭或吃饭,食孟孟是指吃饭,哝几哝几形容老人吃饭或形容吃饭慢,祭饭是骂人语。

在魏两晋南北朝时期,北方士族大量南迁江左。据统计,新昌境内迁入丁、董、梁、张、黄、王、袁、陈、俞、支等姓氏,唐代白居易所作的《沃洲山禅院记》系统地记录了六朝时期新昌一带的人物活动盛况：

> 东南山水，越为首，剡为面，沃洲天姥为眉目。夫有非常之境，然后有非常之人栖焉。晋宋以来，因山开洞。厥初有罗汉僧西天竺人白道猷居焉。次有高僧竺法潜、支道林居焉。次有乾、兴、渊、支、遁、开、威、蕴、崇、实、光、识、斐、藏、济、度、逞、印凡十八僧居焉。高士名人有戴逵、王洽、刘恢、许玄度、殷融、郗超、孙绰、桓彦表、王敬仁、何次道、王文度、谢长霞、袁彦伯、王蒙、卫玠、谢万石、蔡叔子、王羲之凡十八人，或游焉，或止焉。

文中对晋宋以来入剡高僧作了记述外，还第一次提及《世说新语》中有记载的 18 位高士名人。《世说新语》是南朝临川王刘义庆所编的一部志人小说集，翔实地记录了从汉魏到东晋时期的士族名人的趣闻轶事，反映了当时社会名士的思想、世家大族的门风及魏晋的独特时代风貌。《世说新语》全文约 7.9 万字，与新昌有关的人物就有 1.5 万字，这表明新昌在古代历史中占有重要的地位。南宋时期，高似孙《剡录》卷三也列出了晋宋六朝时期的 31 位剡县人士。主要分为三类情况：一类是长期隐居或定居于剡，以剡为家的人，如戴逵父子、阮裕祖孙、谢敷、孔淳之、孔稚圭、朱士明、赵广信、孙韬、顾欢、刘晨、阮肇等；一类是家在会稽郡内，常有机会入剡的人，如谢氏家族、王徽之等；最后一类是在会稽郡或剡县担任官职的人，如李充、周颛、张崚等。南北朝之后的上千年间，新昌大姓氏族，分别从山东、青州、黔江、丹阳、四川、江西、山阴等地或避难，或避仇，或卜居，迁至新昌繁衍生息。隋唐时期，有杨、董、俞、石、黄 5 族迁入；五代时期，有潘、胡、何、吴、陈 5 族迁入；两宋时期，有张、袁、朱、唐、吕、章、徐、刘、金、周、娄、柴、任、孙、裘、施 16 族迁入；元明清时期，有赵、甄、贾、求、竺、蒋、魏、李、许、屠 10 族迁入。他们的到来，带来了北方的文化、饮食、起居习惯，在新昌一方土地上互学互鉴，形成了士族文化的荟萃地，在新昌的历史和文化中留下了深刻的印记。

三

随着民族间的大融合,百姓主动或被动地参与了历史进程,汉族学习了少数民族如烤、炙等炊爨技术,饮食流派得以解构与融合、传承与创新。而在当时的剡东(新昌),《世说新语》中的相关人物和场景,主要表现在聚餐方式、饮食品类、美酒佳酿和经典菜肴之中。

《世说新语》所反映的六朝时期的宴饮文化,大致经历了从表达政治理想到展示个人才华,再到纯粹审美的创作追求的三个阶段,反映了当时人的精神风貌和哲学思想。玄学是六朝文学发展的内在脉络,宴饮谈玄成为主流。

支遁长期隐居剡溪上游,善解《庄子》,在新昌开山栖光寺,创立东晋般若学六家七宗之一——即色宗。东晋的世家大族大多信奉佛法,他们认为佛法非常玄妙,而佛经的内容精微深奥,常常难以完全理解。支遁与东晋的名士广泛交往,经常在朱门中传播佛教,为王室成员讲解佛经,用玄学的观点来阐述大乘佛教的"空"思想。在《世说新语·文学》中记载了支遁与许询、谢安、王濛聚会宴饮谈玄的场景:

> 支道林、许、谢盛德,共集王家。谢顾谓诸人:"今日可谓彦会。时既不可留,此集固亦难常。当共言咏,以写其怀。"许便问主人有《庄子》不?正得《渔父》一篇。谢看题,便各使四坐通。支道林先通,作七百许语,叙致精丽,才藻奇拔,众咸称善。

支遁与许询、谢安等名士受邀在王濛家中聚会。谢安提议今日聚会机会难得,应谈论吟咏,抒发情怀。《渔父》是《庄子》中较为冷门的篇目,支遁在毫无准备的情况下,即兴发挥"七百许语",讲解其义理,叙致精丽,才藻奇拔,得到了众人的一致称赞。

谢安久居上虞东山。有一次,他组织了一场与子侄辈们"讲论文义"的宴饮聚会。据《世说新语》记载:

> 谢太傅寒雪日内集,与儿女讲论文义,俄而雪骤,公欣然曰:"白雪纷纷何所似?"兄子胡儿曰:"撒盐空中差可拟。"兄女曰:"未若柳絮

因风起。"公大笑乐。即公大兄无奕女,左将军王凝之妻也。

在冬日的疾风骤雪中,谢家子女不仅享受着家庭的温暖,还以景赋诗,展示了他们的文学才华。而谢道韫也因为这次聚会的精彩对话而名垂千古,成为才女中的佼佼者。

中国的酒文化渊源至深。世人谈及魏晋风流,无不与酒紧密相连。《世说新语》中各种雅集离不开酒的佐伴。有酒壮人胆的,如高灵以借酒醉之名戏问谢安:"谢公在东山,朝命屡降而不动。后出为桓宣武司马,将发新亭,朝士咸出瞻送。高灵时为中丞,亦往相祖。先时,多所饮酒,因倚如醉,戏曰:'卿屡违朝旨,高卧东山,诸人每相与言:安石不肯出,将如苍生何!今亦苍生将如卿何?'谢笑而不答。"有酒后任性的,如王子猷酒后乘着快艇见好友:"王子猷居山阴,夜大雪,眠觉,开室命酌酒,四望皎然。因起彷徨,咏左思招隐诗。忽忆戴安道。时戴在剡,即便夜乘小舟就之。经宿方至,造门不前而返。人问其故,王曰:'吾本乘兴而行,兴尽而返,何必见戴?'"有以酒代惩的,如谢奕做剡县令的时候,"有一老翁犯法,谢以醇酒罚之,乃至过醉,而尤未已"。有佳肴配美酒的,如王羲之年轻时,在武城侯周顗举行的宴会上位列末座。周顗把割下的牛心炙烤后先让给王羲之吃,以示对他的重视。王羲之也因此渐渐为世人所知。《世说新语》另载王济与王恺比试射箭,以王恺所珍爱的牛"八百里驳"为赌约。王济胜后取牛心炙烤,指的也是这种食物。"烤牛心"这道菜是东晋时期名门世家最看重的珍贵食物,被看成款待贵宾的佳肴,很受晋人欢迎。

《世说新语》中的饭食类词语,根据食物的性质可以分为饼、汤饼、饭、莼羹、菰菜羹、粟粥、豆粥、白粥、糜9种,其中,"郗公含饭"的故事被广泛传颂,成为德育教材中的经典之作:

郗公值永嘉丧乱,在乡里,甚穷馁。乡人以公名德,传共饴之。公常携兄子迈及外生周翼二小儿往食,乡人曰:"各自饥困,以君之贤,欲共济君耳,恐不能兼有所存。"公于是独往食,辄含饭两颊边,还,吐与二儿。后并得存,同过江。郗公亡,翼为剡县,解职归,席苫于公灵床头,心丧终三年。

这种反哺精神深深地打动了人们的心灵,成为中华民族传统美德的典范。郗公的仁爱和周翼的感恩更是让人感受到人性的温暖和美好。这个故事不仅反映了古代乡民的道德观念和价值观念,也提醒我们在困难时期要坚守信念,珍视亲情和友情。

鲈鱼原本仅仅是食物而已,但特定历史阶段的历史人物却赋予了它特定的文化内涵。《世说新语·识鉴》载:

> 吴人张翰入洛后,因见秋风起,乃思吴中菰菜羹、鲈鱼脍……遂命驾便归。

《晋书·张翰传》也有相同记载。这种内涵只有魏晋士人阶层,或了解当时士人内在心理取向的人才能体会。这正是魏晋士人饮食文化的独特性所在,这种饮食文化转而以典故的形式继续在唐宋诗词中体现。

四

唐宋时期是中国古代文化发展的高峰,在这个时期,人们的饮食文化也得到了极大的发展,在诗词中涉及的饮食文化内容十分丰富,其中有对五谷的记载,如谷、稻、黍、粱、粟、麦、瑞麦、荞麦、稊稗、蒚草、嘉禾、大豆、蚕豆;有对主食的描述,如饭、粥、饼、面、糕、羹、汤、馔、乳、酥;有对蔬菜的记载,如葵、茅、葱、莼菜、韭薤、蕨、苕、茳、菌、姜、椒、地椒、蒜、苜蓿、蔓菁、白菜、芥、菠菜、苋、苦菜、芸苔菜、蓼菜、巢菜、薇、藜、莼、芹、山药、芋、甘露子、萝卜、莴苣、黄瓜、丝瓜、冬瓜、壶卢、茄子、缅茄、土菌、木耳、石耳;还有对水果的记载,如李、桃、梅、梅子、梨、柑、橘、金橘、樱桃、柿、柰、枣、杏、栗、林檎、枇杷、木瓜、杨梅、荔枝、芭蕉、瓜、桑椹、瓠、橙、龙眼、橄榄、楒梓、棠梨、苹果、葡萄、安石榴等。

在唐宋诗词中,人们通过对美食的描写来反映当时社会的饮食文化特点,以及与艺术、哲学等文化领域的联系,抒发自己的情感,表达对生活的感悟。如张志和《渔歌子》"西塞山前白鹭飞,桃花流水鳜鱼肥",杜甫《丽人行》"黄门飞鞚不动尘,御厨络绎送八珍"、《赠卫八处士》"夜雨剪春韭,新炊间黄粱",孟浩然《过故人庄》"故人具鸡黍,邀我至田家",白居易

《问刘十九》"绿蚁新醅酒,红泥小火炉。晚来天欲雪,能饮一杯无",苏轼《春江晚景》"蒌蒿满地芦芽短,正是河豚欲上时"、《戏咏赠子赠邻姬》"纤手搓来玉色匀,碧油煎出嫩黄深"、《浣溪沙》"蓼茸蒿笋试春盘,人间有味是清欢",陆游《洞庭春色》"人间定无可意,怎换得玉脍丝莼",辛弃疾《水龙吟》"休说鲈鱼堪脍,尽西风,季鹰归未"。

1991年,新昌学者竺岳兵研读《全唐诗》发现,从古西陵渡口出发,由镜湖向南经曹娥江,沿江而行进入到剡溪,溯江而上,经新昌沃洲、天姥,这样一条全长190公里的线路,竟先后有400多位唐代诗人漫游其间。许多文人墨客一路载酒扬帆,击节高歌,留下了大量脍炙人口的名篇佳作。他们在诗篇中传承下了美食的典故,比如李白《秋下荆门》中的"此行不为鲈鱼鲙,自爱名山入剡中",韩翃《送山阴姚丞携妓之任兼寄山阴苏少府》中的"加餐共爱鲈鱼肥,醒酒仍怜甘蔗熟",项斯《寄剡溪友》中的"夜来忽觉秋风急,应有鲈鱼触钓丝",以及李群玉《将之吴越留别坐中文酒诸侣》中的"非思鲈鱼脍,且弄五湖船",都提到了鲈鱼的典故。

据统计,《全唐诗》中"煮"字有180首,"席"字有948首,"宴"字有1694首,"食"字有1783首,"饮"字有1529首,而新昌编印的《新昌唐诗三百首》《新昌诗选三百首》中,有煮、席、宴、食、饮等不同形式的诗词表达吃喝。如唐代齐己《闻道林诸友尝茶因有寄》"摘带岳华蒸晓露,碾和松粉煮春泉",描绘了清晨的露水和春天的泉水,为品茶增添了几分清新的气息。如岑参《闻崔十二侍御灌口夜宿报恩寺》"然灯松林静,煮茗柴门香",让人仿佛闻到了松林间清新的气息和柴门外弥漫的茶香。如唐彦谦《游南明山》"香分宿火薰,茶汲清泉煮",描述了山中品茶的情境,茶香与山间的静谧融为一体。如温庭筠《宿一公精舍》"茶炉天姥客,棋席剡溪僧",描绘了一个僧人煮茶对弈的宁静画面。如许浑《和毕员外雪中见寄》"夜凌瑶席宴,春寄玉京吟",展现了一幅雪夜中品茗吟诗的雅致画面。如杜甫《过南邻朱山人水亭》"归客村非远,残樽席更移",描述了主人热情好客,不断为客人添酒移席的情景。如薛能《送浙东王大夫》"细雨当离席,遥花显去程",用诗意的语言描绘了离别的场景,细雨和遥花更增添了几分感伤的氛围。如僧鸾《赠李粲秀才字辉用》"终日并辔游昆仑,十二楼中宴王母",描述了两位友人在昆仑山上并辔游历,并在十二楼中宴请了王母。如齐己《谢西川可准上人远寄诗集》"匡社经行外,沃洲禅宴余",描述了诗人在匡社经行之外,还在沃洲进行禅宴。如刘禹锡《送僧仲剬东游兼寄呈灵澈上人》"宴坐东阳枯树下,经行居止故台边",描绘了僧人在东阳枯树下宴坐,在故台边经行居止的情景。如刘禹锡《牛相公见示新什谨依本韵次用以抒下情》"何时良宴会,促膝对华灯",表达了对牛相公何时举办良宴,促膝对华灯的期待。如韩愈《陪杜侍御游湘西两寺独宿有题一首因献杨常侍》"经营诚少暇,游宴固已歉",说明了诗人虽然很忙,但仍然抽出时间来参加宴会。如薛能《送浙东王大夫》"夜蜡州中宴,春风部外行",描述了诗人在蜡州举办夜宴的情景。如李德裕《双碧潭》"迟迟洲渚步,临眺忘餐食",表达了他在洲渚漫步,临眺美景,忘却了用餐的感受。如李白《叙旧赠江阳宰陆调》"江北荷花开,江南杨梅熟。正好饮酒时,怀贤在心目",描绘了江北荷花盛开、江南杨梅成熟的季节,正好与友人饮酒怀贤的情景。如皎然《饮茶歌诮崔石使君》"越人遗我剡溪茗,采得金牙爨金鼎。素瓷雪色缥沫香,何似诸仙琼蕊浆。一饮涤昏寐,情来朗爽满天地。再饮清我神,忽如飞雨洒轻尘。三饮便得道,何须苦心破烦恼",用诗意的语言描述了饮茶的感受。如孟郊《送淡公》"铜斗饮江酒,手拍铜斗歌",描述了友人用铜斗饮酒,手拍铜斗唱歌的豪迈场面。如高适《崔司录宅燕大理李卿》"饮醉欲言归剡溪,门前驷马光照衣",表达了友人在崔司录宅燕大理李卿家中喝醉后,想要骑马归剡溪的情感。如白居易《对酒》"何如会亲友,饮此杯中物",表达了与亲友一起痛饮的情感。如曹唐《仙子送刘阮出洞》"云液每归须强饮,玉书无事莫频开",表达了诗人希望能够如刘阮般尽情畅饮的情感。如刘兼《访饮妓不遇招酒徒不至》"琴樽冷落春将尽,帏幌萧条日又斜",描绘了春将尽时,琴樽冷落、帏幌萧条的情景。

到了宋代,饮食的表达方式变得更加多样,人们以饮、吃、食、烹、饭、米等词汇来描绘生活中的吃喝。如陈著《次韵弟观到蔡峰庄》"园多芋栗佐清饮,池足菱荷供隐衣",描绘了蔡峰庄园的自然风光和清雅的生活。如释普度《钱清接待》"入门吃饭出门去,莫道沃洲山水青",描绘了让人感受到一种潇洒自在的生活态度。如陆游《龙钟》"龙钟一老寄荒村,鼎食山栖久已分",描绘出了一位老者孤独地生活在山村中,与山林为伍的情景。如王十朋《寄梦龄昌龄弟》"老去生涯集百忧,一身萍泛剡溪头。钓鱼温水同侯喜,旅食新丰类马周",写出了年长的诗人浮萍般漂泊在剡溪上,过着旅食异地的生活。如陆游《村居四首(其二)》"游子从来念故乡,我归仍得值丰穰。粗缯裁制襜褕暖,肥荠烹调馎饦香",描绘了诗人回到故乡的喜悦,同时也描述了粗布裁衣、肥荠烹饪的乡野生活。王性之《南岩悟禅老见于山中同烹糁羹》"清坐与师烹玉糁,千岩风雨夜深灯",描绘了与禅师一起烹制玉糁,在风雨中坐在深灯前的情景。如陈傅良《怀同舍石天民编修》"日饭米多少,饮酒可几觞",表达了对同舍友人的思念,同时也描述了他们的日常生活。如林尚仁《新昌道中》"护蚕溪女条桑去,抱布山翁换米归",描绘了乡村生活的朴素与艰辛。

两宋时期,诗人不论是神游抑或实游,总不免提及东汉时期刘阮遇仙用胡麻饭的典故。如陈东之在《游沃洲山》中写道:"溪流饭屑胡麻香,土软春膏霜术白。"吴师正在《刘阮洞》中写道:"刘郎阮郎剡溪客,结伴穷幽绝人迹……罗幪深沉邀客留,胡麻为饭椒浆酒。"喻良能在《天台歌》中写道:"剡溪昔年有二客,五月此山同采摘……逡巡进脯饭胡麻,琼杯片片斟流霞。"王汉之在《刘阮洞(其二)》中写道:"二女春游阆苑花,醉邀刘阮饭胡麻。"王淮在《刘阮天台谣》中写道:"胡麻饭,山羊脯,劝郎饱餐心勿苦。"陈著在《剡民望回再回剡宿陈公岭》中写道:"薄餐菜饭留中火,牢著芒鞋踏上风。"范成大在《丙午新正书怀十首其五》中写道:"尊前现在薏腾醉,饭后无何烂熳眠。斟酌出门高兴尽,从教闲却剡溪船。"舒岳祥在《岁晚寄帅初》中写道:"车鱼鄮城馆,书画剡溪船。饭颗诗应瘦,灯花人未眠。"这些诗句都借刘阮遇仙用胡麻饭的典故,表达了人们对神仙生活的向往和对自由自在生活的追求。

五

岁时习俗是中国传统文化的重要组成部分,它不仅承载了中华民族的历史与文化,也构建了人们的认同感和归属感。新昌的岁时习俗涵盖了春节、元宵、清明、端午、中秋等传统节日,以及婚嫁、满月、寿宴等人生礼仪。这些习俗活动中的饮食文化尤其值得一提。

据《(万历)新昌县志》记载,每逢清明,家家户户会插柳、采箐作糍来祭奠先人,并自己享用;立夏之际,则会烤昌鱼和蒇菜;端午时节,人们会系五色线、饮雄黄菖蒲酒、佩香囊艾虎;七夕节,女子们会设香醑、迎织女乞巧、煮槿汤沐发;中秋之夜,人们欣赏月亮、品尝月饼;重阳节,人们登高、采菊、饮茱萸酒;冬至时,人们会制作米团并互相赠送;除夕之夜,家家户户会制作鬼容、逐傩,燃放爆竹,聚在一起欢饮,称之为"分岁",还会在门上悬挂钟馗桃符以驱鬼,街市上的人们则忙着收取账目,直到次日早晨才结束。

春节 正月初一清晨开门放爆竹,人人穿戴一新,喝米海茶,吃"解缚粽",给长辈拜年,然后尽兴娱乐。新昌流传了迎春吃春饼的千年习俗,俗称"咬春"。时逢年过节,一般宗祠或普通人家祭祀祖先,春饼是供桌上不可或缺的供品。春饼在供桌上摆放上也十分讲究,一定要把它折成四折,搁在碗上,恭恭敬敬地放在酒菜旁边,这种风俗至今犹存。还有旧俗,外出的人,以春饼寄托乡情,一旦收到家乡的春饼,就明白亲人在思念自己。

十四夜 在正月十四,新昌人有吃亮眼汤的习俗,也有一种比较乡土的叫法——糊拉羹。

清明 捣麻糍,做清明果、青饺。

立夏 吃囫囵蛋、糯米饭、青梅、健脚笋,午后称体重。

端午 新昌的端午是不吃粽子而是吃汤包。这个习俗起于明代南京兵部尚书、刑部尚书的新昌人何鉴。弘治年间,新昌连年大灾,饥民遍野,何鉴刚因丧母回家丁忧,在新昌见此情景,奏请圣上开仓赈济。皇上派出钦差在五月五日端午节到新昌察访。何尚书看出了钦差会抓着端午吃粽子的把柄而不开仓赈灾,速和县衙县令一同商量,家家户户吃汤包,钦差大臣只见家家户户都在喝汤,立即回京,启奏皇上说:五月端午节,天下都吃粽,唯独新昌县,不见粽子影。皇上就下旨开仓放粮,赈济灾民,还额外免了新昌三年钱粮。此后,新昌百姓感念何鉴为民请赈济办实事的恩德,端午节吃汤包就一直沿袭下来,成了一个独异的风俗。

中秋 新昌称月饼为"圆砂",花色品种繁多,亲友互相馈送,多数至亲回家团聚,围坐赏月,分吃月饼、水果。

重阳 俗称九日,约伴登高,吃重阳糕。

冬至 为祭祖之节,俗称"冬至如大年"。旧时,各宗祠大开祠堂门,祭祖分胙设宴,十分隆重。普遍吃"冬至果"。

腊月 打年糕,新昌本地人又叫"岁糕",是新昌保留至今的习俗,打年糕的场景,与其说是一件农事,不如说更是一个节日。新昌,都是以打年糕作为过年的起始,年糕不仅是必不可少的家常主食,更是一道具有美好寓意的传统小吃,"吃年糕,年年高",逢年过节,招待亲朋好友、远归的游子,来一碗热腾腾的炒年糕,祝福新的一年里步步高升、学业有成。清代袁枚于乾隆四十七年(1782)道经新昌,写下"朝出新昌邑,青山便不群。春浓千树合,烟淡一村分。溪水好拦路,板桥时渡云。仆夫呼不应,碓响乱纷纷",这首《新昌道中》记载了新昌家家户户碾米制作年糕的繁忙场景。

在这些丰富多彩的习俗中,饮食文化扮演着极其重要的角色。无论是节日还是人生礼仪,饮食都是人们表达祝福、缅怀先辈的重要方式。

六

尽管随着社会的发展和城市化的进程,新昌的岁时习俗和饮食文化也在发生着变化,但它们仍然在人们的生活中扮演着重要的角色。

2005年秋天,新昌举办了一场别开生面的旅游系统文艺汇演暨风味小吃展示活动。这次活动以树立餐饮美食新品牌、弘扬新昌风味小吃文化为主题,主要面向本县民众宣传展示旅游企业的特色风味小吃。仅仅三年后,也就是2007年3月,新昌又举办了首届农家乐特色菜大赛,旨在挖掘和传承那些长期流传在乡村民间的,充满浓郁民俗特色的农家菜肴和美点。

2009年10月,新昌举办了第十一届中国(新昌)天姥山文化旅游节,其中展示了素斋文化及成品、新昌特色风味小吃等,让游客们充分感受到了新昌的佛教美食文化和地方特色风味小吃文化。2010年9月,新昌又举办了森林旅游节特色美食节,展示了多达28种传统风味小吃。

2013年7月,新昌举办了双十美景美食评选活动,选出了小京生、芋饺、春饼、榨面、板栗、澄潭汤包、炒年糕、馒拉头、玉米饼、米海茶十大美食——风味小吃。

2017年8月5日至2018年12月，16个乡镇街道陆续开展了"百家菜·老娘味"特色菜肴比赛，从众多菜肴中选出了流布山野、具有浓郁新昌特色的161道菜肴。这些菜肴的味感、质感、观感、乡土特色、选料与营养等方面都得到了评委们的高度评价。其中，小京生花生、糟三宝、肉糕层叠、乌楮豆腐被评为冷盘代表；元宵亮眼羹、烟山鸡、沙溪老鸭煲、门溪鱼头、沃洲小溪鱼、古驿茶香肉、九峰叠翠、铁板芋饺、沙溪烤洋芋、回山茭白、镜岭螺蛳、澄潭煎豆腐、筒骨六谷糊、三鲜皮卷、倒笃菜小炒、咸肉蒸笋被评为热菜代表；新昌炒年糕、馒拉头、迷你小番薯、澄潭汤包、糖麦饼、马兰头春饼、米鸭蛋被评为点心代表。这些菜品还被编印成了《新昌天姥宴》。

2019年年初，新昌以诗命名菜肴，以菜肴体现诗词，研发出了茶炉天姥客（天姥功夫茶）、剡溪一醉十年事（笋干菜蒸河虾）、得鱼笑寄情相亲（清蒸长诏大鱼头）、银鸭金鹅言待谁（石斛沙溪老鸭煲）、为缘春笋钻墙破（咸肉蒸边笋）、千金散尽还复来（石城依云豆腐）、何人不起故园情（豆腐干小炒）、荷花镜里香（芋饺）、春溪绿色蔽应难（农家土粉皮）、飞流直下三千尺（汤榨面）、天姥连天向天横（新昌炒年糕）、谁收春色将归去（水果拼盘）等15道"一半烟火一半诗意"的浙东天姥唐诗宴菜品。这些菜品将美食和唐诗结合起来，展现了新昌独特的文化魅力。这些菜品在2019"Check in 诗画浙江"华为新影像大赛采风活动中首次亮相，受到了广泛的好评。

2023年4月，新昌又推出了小吃新品牌"碳水王国"，并在同年6月，评选出炒年糕、芋饺、馒拉头、榨面、汤包、春饼、麦虾汤、糖麦饼、麦糕、大饼"碳水王国"十大名小吃。这些小吃吸引了更多的游客来新昌品美食、赏美景，带动了文旅产业的又好又快发展。

新昌的美食文化节活动历经十几年，从最初的展示宣传到现在的创新研发，始终致力于挖掘和传承新昌的独特美食。这种持续的关注和投入，不仅让新昌的美食文化得以传承和发扬，也为新昌的旅游产业增添了一道亮丽的风景线。

宋六陵泰宁寺播迁兴衰考

葛国庆

南宋陵园自绍兴初始建孟太后陵起,始辟有专事崇奉陵寝之所——泰宁寺。其播迁不绝,兴废无常,欲考者往往难理头绪。本文作一全面梳理,以厘清泰宁寺之前世今生。

一、泰宁寺前身

今宋六陵地,未建陵园前,其地就存有佛寺。宋《(嘉泰)会稽志》载:"泰宁寺在县东南四十里。周显德二年(955)建,初号化城院,又改为证道院。建中靖国元年(1101),太师陆佃既拜尚书左丞,请以为功德院,改赐名证慈。米芾书额。寺门外筑亭,曰庆显。"

宋周必大《思陵录》对泰宁寺有更详记述:"熙宁三年(1070)六月,郡人屯田郎中、通判湖州褚珵记文云:'周显德中(954—961),废隍城院,而置化城院。本朝天禧二年(1018),僧用欢始广其居。治平二年(1065),敕改证道。'"

《(万历)会稽县志》"化城寺"条下更载:"周显德二年,于古皇城院基建。"如此,化城院之前更有隍城院,故可知其寺在赐名泰宁寺之前,始有隍城院,废后置化城院,再敕改证道院,而后由陆佃请为功德院,赐名证慈院。

二、赐名泰宁寺

据《(嘉泰)会稽志》卷六载,绍兴元年(1131)四月十四日,奉隆祐皇太后遗诰:"敛以常服,不得用金玉宝贝,权宜就近择地攒殡,候军事宁息,归葬园陵。所制梓宫,取周吾身,勿拘旧制,以为它日迁奉之便。"高宗以遗诰择近地,于越州会稽上亭乡权殡暂厝。"自四月至六月,甫三十五日而攒宫告成"。《(嘉泰)会稽志》卷七又载:"绍兴初,诏卜昭慈圣献太后攒宫,遂以证慈视陵寺,而议者谓昭慈将归附永泰陵,因赐名泰宁禅寺。"泰宁寺寺名由之而来。

《中兴礼书》卷二五六详载:"(绍兴元年)六月十六日,中书门下省言:勘会宝山证慈禅院,已降指挥充攒宫,修造香火,未经赐额、度僧。诏以泰宁寺为额,每岁度僧一名。"又卷二四四载:"契勘昨昭慈圣献皇后攒宫,系将侧近化成寺改赐作泰宁寺,及令修奉所就泰宁寺内擗截充下宫,崇奉御容,所有今来修奉永固陵攒宫,修盖佛寺……就用泰宁寺。"《思陵录》则云:"既为攒宫,陆氏亦徙其坟,别赐僧庐,而俾崇奉攒宫香火,岁度一僧。四山环合,近岁依山为阁,颇高洁,议者多谓此有山陵气象。或云僧徒赂太史局而免。寺有资政殿大学士、知越州赵抃赠山主绝句云:'不用湖山半日程,化城非是闵婆城。无情说法人闻否,风里松篁管送迎。'"《(嘉泰)会稽志》卷六载:"陆谏议轸墓,在五云乡焦坞。赠太傅。"五云乡焦坞处宋六陵西偏山峰再西,从"既为攒宫,陆氏亦徙其坟,别赐僧庐"句看,在焦坞之陆轸墓,是经迁徙后的墓地,原址必在昭慈圣献皇后攒宫禁内,否则何有"既为攒宫,陆氏亦徙其坟"之实?又因陆佃祖父陆轸墓之功德寺被赐为昭慈圣献皇后攒宫陵寺,才有"别赐僧庐"之事。

那么,这"别赐僧庐"又在哪里呢?《(嘉泰)会稽志》卷七"雍熙院"条记得明白:"绍兴元年六月,赐故尚书左丞陆公为功德院。"又有小字注云:"陆氏功德院本在证慈,至是,证慈改为泰宁,奉攒宫,乃改赐是院。时方立法,应赐功德院者,不许用有敕额寺院,惟雍熙特赐。"陆佃毕竟是"故尚书左丞",其证慈被易作陵寺后,高宋再次"特赐"雍熙。至于原证慈院额,《(万历)会稽县志》载:"证慈寺,在曹娥镇曹娥庙之侧,本陆佃宝山'功德院'额,后以哲宗孟后攒宫,改名泰宁,而徙'证慈'额于此,盖米芾所书也。以其额自宝山,故遂名宝山证慈院云。"从这一事例可知:绍兴元年六月孟太后建攒宫时,陆佃祖父陆轸坟茔本在昭慈圣献皇后攒宫禁地内,因其地

"既为攒宫",才西迁至五云乡焦坞地域。而原赐陆佃家功德坟寺证慈,亦因成为攒宫陵寺,故改赐云门雍熙院为陆家功德院。

泰宁禅寺赐作陵寺,以崇奉陵寝之所,其实就是皇家功德寺。之所以不称功德寺,那是因皇家与臣民区别而已,其实并无二样。既为陵寺,当有其特殊职能、待遇和社会地位。

初,昭慈圣献皇后建攒宫,因皇后陵一般情况下不设下宫,尤其是暂厝,故就在"泰宁寺内擗截充下宫,崇奉御容"。泰宁寺为陵寺起,就直接隶属于攒宫司。据《宋会要辑稿》载,绍兴元年"八月六日,昭慈献烈皇太后攒宫司言:'泰宁寺已改作昭慈献烈皇太后修奉香火寺,依诸陵故例,隶属都监。'太常寺看详,比附诸陵体例,隶属昭慈献烈皇太后攒宫司。从之"。至修奉徽宗攒宫时,则明确"修盖佛寺……就用泰宁寺"。之后,随着帝后陵寝不断增建,泰宁寺就一直成为整个陵园专门"崇奉攒宫香火"的香火寺。

既为皇家功德寺,其特殊待遇与地位体现在哪里呢?《建炎以来系年要录》云:"改宝山证慈禅院为泰宁寺专奉香火,赐田十顷。上事昭慈皇后备极孝爱,故园陵仪范率用母后临朝之比焉。"这"赐田十顷"可不是小数目。又,高宗绍兴三十年(1160),"绍兴府按视得(陵园附近)良田八百余亩,请以付泰宁寺,捐其税,量纳官租,以赡卫卒,其余皆与之"。这是何等的优渥!又据《宋会要辑稿》载,孝宗淳熙五年(1178),"上曰……泰宁寺赐田,放免二税。其和买,绍兴府自合一并除豁"。纵观南宋时期,泰宁寺一边不断接受赐田,一边又每每免税、除豁,所享待遇足见优厚。

此外,寺内僧人地位亦非同一般。泰宁寺自赐名以来,就享"岁度一僧"的特殊待遇。度僧者,使俗人出家为僧也。在佛教初传入时,度僧并无定制。自三国魏嘉平二年(250)起,朝廷正式依律仪度僧,由官府掌握剃度之权,称官度。凡经官度,僧人均持有剃度批准书与官方入籍身份凭证,可享受免除赋役之特权,与一般寺庙的普通僧人等级截然不同。泰宁寺从一开始就享有"岁度一僧"资质,故其寺院等级地位足够荣耀。《永乐大典》就载有:"绍兴元年六月二十四日,诏以昭慈献烈皇太后攒宫修奉香火泰宁寺,更与度僧一名。本寺知事僧并赐紫衣;内住持人仍赐二字师号。"在我国佛教史上,凡拥有被赐紫衣或赐师德号之僧人,就进入政府准僧官行列,其政治地位非同一般,其门人和亲族还可获得恩荫。

三、迁建泰宁寺

据《(嘉泰)会稽志》卷七载,泰宁寺自权殡孟太后,"其后永祐、永思、永阜、永崇四陵修奉皆在其地,故泰宁益加崇葺云"。然南宋陵园总体地域局促,以赵宋"国音姓利"葬制,永崇陵西北地块不仅迫溪,更土肉贫瘠,实再无陵地可选。

《(宝庆)会稽续志》卷三载:"宁宗皇帝永茂陵,其地乃泰宁寺之旧址也。嘉定十七年冬,命吏部侍郎杨烨为按行使。烨归奏云云:'独泰宁寺之山,山冈伟峙,五峰在前,直以上皇;青山之雄,翼以紫金;白鹿之秀,层峦朝拱,气象尊崇,有端门旌旗簇仗之势;加以左右环抱,顾视有情,吉气丰盈,林木荣盛,以此知先帝弓箭之藏,盖在于此。'寻令太史局卜格,一起一伏,至壬而后融结,宜于此矣。诏迁寺,而以其基定卜。"其实,早在绍兴十二年(1142)七月十三日,泰宁寺之地为徽宗永祐陵卜地时,朝廷就已派按行使前往按行。《宋会要辑稿》载:"先是,御史中丞兼侍读、攒宫按行使万俟卨等言:'奉旨前来按行攒宫,道士潘道璋所献会稽山龙瑞宫地,即与国音姓利相违。泰宁寺青山园地,在昭慈圣献皇后攒宫之东,其地系天柱寿山,低怯,亦不可用。臣等今别按视到昭慈圣献皇后攒宫西北地段,寿命主山三男子孙之位,形势高大,林木郁茂,土色黄润,一带王气秀聚,宜于此地卜穴修制攒宫。庶几山冈顺于国音,风水便于地理,乃为圣宋万世之利。'"

《宋会要辑稿》又载,嘉定十七年(1224)十月二十九日,"按行使、副杨烨、郑俣言:'判太史局周奕等相视得泰宁山形势起伏,龙虎掩抱,依经书于此创建大行皇帝神穴,亦合随即补治,乞差官覆按施行。'诏宝谟阁直学士、枢密都承旨聂子述充覆按使,昭庆军承宣使、带御器械、符宝郎罗舜举副之。先是,太史局周奕等于永崇陵之下相视,迫溪,无地可择,继至泰宁寺标建,故命使、副覆按。既而子述等言:'恭惟大行皇帝仙驭上宾,神宫定卜,而有泰宁寺者,素擅形势之区,名为绝胜之境。冈峦怀抱,气脉隐藏,朝揖分明,落势特达。是乃天造地设,储之数百年以俟今日之用。非大臣阅历之久,主张之力,上以开陈两宫,下以镇压群议,则僧徒宁保其不为动摇哉!今此神穴坐壬向丙,亦与国音为利益。伏望明饬有司,早严修奉。'上谓使、副曰:'泰宁与昭慈相去多少?'使、副奏曰:'昭慈陵侧仅一里许,往来最便。'上曰:'甚善。'乃从之"。

其实,泰宁寺在"昭慈陵侧仅一里许"之言,与周必大淳熙十五年(1188)护送高宗梓宫至陵园掩攒时《思陵录》所记存有较大出入。周必大云:"予与萧参及宇文尚书、洪内翰皆馆于泰宁寺,去攒宫约三里。"所谓"皆馆于泰宁寺",说的是在高宗梓宫掩攒期间,周必大三人均吃住于泰宁寺,多往返于掩攒现场。其谓泰宁寺"去攒宫约三里",当不会有较大出入。而昭慈攒宫点位与高宗攒宫点位相比,后者更位处北向,则高宗攒宫当与泰宁寺更为接近。现场踏勘,昭慈陵东向并东北向一带,均为连绵小山,不管两者相距"一里许"还是"约三里",泰宁寺必位于昭慈陵与高宗陵东北向,但两两相远者只言"仅一里许",两两相近者却谓"约三里",这与实地不符。若从两者语辞揣摩,其相距至少也得有二里光景。之前有学者以为,宁宗陵(即泰宁寺)在北陵片区东侧、今呼为里北陵的山岙内,当甚可能。

《(宝庆)会稽续志》还详细记录了泰宁寺的迁建时间、迁建原因及迁至颜家山后其寺规模状态:"嘉定十七年(1224),以其地充永茂陵攒宫。十月,乃移寺于颜家山,增创神位殿、法堂、方丈、廊庑,为屋二百五十余间,深邃显敞,比旧不侔矣。"以此足见颜家山新建之泰宁寺,其建筑态势与体量,比原寺更为气派与宏大。

四、泰宁寺复入

嘉定十七年(1224),泰宁寺移建颜家山,增仓神位殿与法堂等,使其香火寺功能更为健全与壮大。但好景不长,在泰宁寺移建五十四年后的元至元十五年(1278),时任江南佛教总摄的西僧杨琏真伽,勾结丞相桑哥,对南宋陵园进行了全面盗毁。

明袁宏道《六陵》言:"自古亡国败家虽多,未有若斯之惨酷者也。"南宋寿终不久，在元朝政府默许下，发生了一场历史上空前规模的盗掘南宋陵园行动，手段之残忍，用心之险恶，可谓灭绝人性、惨绝人寰。

明张元忭《六陵志跋》载："至元乙酉，杨髡发陵事，起于天长寺僧闻西山者，成于演福寺僧泽云梦者……俾泰宁寺住僧宗恺、宗允等，诈称杨侍郎、汪安抚侵占寺地，部领人夫发掘。时中官陵使罗铣极力争执，被泽痛棰，胁以刃，逐去，大哭而出。遂先启宁宗、理宗、度宗、杨后四陵，劫取宝玉，白气亘天，理宗之尸如生。或言含珠有夜明，以倒悬树间，三日，竟失其首……十一月，复发掘徽、钦（有误，钦非攒其地）、高、孝、光五陵，孟、韦、吴、谢四后陵（更当有郑、邢两后陵）。方移理宗尸，泽僧以足蹴其首……杨髡遂筑白塔于钱塘，藉以骨，而以理宗颅为饮器。"需要指出的是，其中所谓"至元乙酉"，实为至元戊寅，即公元1278年。张元忭于此跋文下有补述："戊寅岁为至元初，法制未定，诸髡或得横行。若乙酉，天下大定，疑无此举。"就在西僧杨髡等惨无人道地全面盗毁陵园后，泰宁寺僧人即在宁宗永茂陵攒宫基址之上，重新修建了泰宁寺。这有众多史料可为之证。

《元史·世祖本纪》记载："（至元）二十二年正月庚辰，毁宋郊天台。桑哥言杨琏真伽云：'会稽有泰宁寺，宋毁之以建宁宗等攒宫。钱塘有龙华寺，宋毁之以为南郊，皆胜地也，宜复为寺，以为皇上、东宫祈寿。'时宁宗等攒宫已毁建寺。敕毁郊天台，亦建寺焉。"明文徵明《双义祠记》亦言："（元）世祖以丙子（1276）下江南，丁丑（1277）二月即诏琏为江南总摄，寻命以所发宋陵金宝修天衣寺，又以宁宗攒宫故地为泰宁寺。"

及至清雍正六年（1728），时任分巡宁绍台道的孙诏约请全祖望，问询南宋六陵遗事，全祖望一一作答。事后，全祖望又觉得未竟其语，速提笔上修《奉浙东孙观察论南宋六陵遗事帖子》，继修《再奉浙东孙观察帖》。两帖陈事清晰，语意恳切有力，更着重提及："而泰宁殿宇，近在陵寝之侧，岿然独存，佛灯鱼鼓，不随麟、辟邪、石马并泯，茂陵秋风，犹余磨剑之辈。""某前此致帖幕府，欲毁攒宫山之泰宁寺。闻者笑之，以为是殆丁零盗苏武牛羊，使曹公按其事也……所谓泰宁寺者，何地乎？乃即永茂陵之故址也……时攒宫已改为寺，并敕毁郊坛。是永茂陵所以复为泰宁寺也。嗟乎！……然愚窃怪明洪武间之遣官审视也,浙江行省绘图以进,仅孝、理二陵尚有殿垣,其余只存封树……而宁宗兆域早已犁平,安得尚有封树之可言？禁山之中,居然有侵龙穴以为道场者……岂知是寺本属诸陵之一,非隙地所可比！……愚意以为当尽毁寺室,大题曰'宋永茂陵故址',而为周垣以藩之。"如此言之凿凿,足证杨髡毁陵后,泰宁寺即复入陵园之事不假。

五、泰宁寺再毁

泰宁寺从元初复入陵园,至孙诏分巡宁绍台道,已历元、明两朝并清朝前期,其在永茂陵攒宫基址上足足存续了四百四十余年。其间虽有兴废,但仍佛事不绝。明《(万历)会稽县志》云："至明永乐中,灾。正统中,遣北京僧德颙重建。明戴冠诗：寺门斜掩独鸣骖,山色留人晚更堪。雨后疏萤明宿草,日鸟昔晴岚龙函。"以此知明永乐至正统间,至少有近二十年,寺院处于毁废状态。

清雍正六年(1728),分巡宁绍台道孙诏接全祖望两帖后,以其文字有理有节,词语恳切,态度坚定,观点直白,于是即令地方政府将永茂攒宫基址之上的泰宁寺毁去。恢复了永茂陵故址。此时,泰宁寺僧只得重回颜家山旧址,再事佛兴寺。

众多史料显示：南宋绍兴初,因修奉昭慈孟太后攒宫,遂以近旁证慈院赐为陵寺,并赐名泰宁。嘉定十七年(1224),以其寺地充永茂陵攒宫,十月,乃"移寺于颜家山"。元至元十五年(1278),西僧杨琏真伽盗发南宋诸陵,借寺地争议,首毁永茂陵。稍后,复"以宁宗攒宫故地为泰宁寺"。明永乐中,灾,寺毁。正统中,遣北京僧德颙重建。清雍正六年,在全祖望两帖敦促下,永茂陵故址上之泰宁寺,遂最终铲除。泰宁寺佛事回归到颜家山,并一直延续之。

六、泰宁寺新建

自雍正六年,孙诏毁永茂陵故址上泰宁寺后,寺僧一直在白鹿峰下颜家山泰宁寺事佛。此之泰宁寺,自南宋嘉定十七年始建以来,历元、明、清,时有兴废。

那么,之后的情况又怎样呢?2009年12月26日,笔者走访了牌口村吴阿全大伯。大伯回忆道:"1939年以后的几年中,我就住在白鹿峰下的泰宁寺内。当时泰宁寺建筑:正大殿为五开间平屋,坐北朝南。大殿左侧有一字形侧厢屋六间,三间一组,前后相接。右侧侧厢仅三间。整座泰宁寺,外有围墙,中间有很大的天井。1951—1952年间,劳改农场进驻宋六陵,泰宁寺寺舍改作劳改农场女犯人管教场所,同时新搭建了一批草房式鸡舍,作为本地鸡种的养殖场所,也就是劳改农场初创时的攒宫养鸡场。二十世纪七十年代中期,原来的正大殿翻建为六开间砖柱木抬梁式平屋。"

2005年初,泰宁寺在原砖柱平屋基础上加层为木结构二层楼房,并被移用作僧房。2005年8月,原址北向二百米处山岙内,新建合围式泰宁寺一座,主大殿三开间,坐北朝南,东西两侧各建侧厢六间,前用矮围墙围护。大殿前立大理石龟趺式《泰宁寺碑记》一通,正文云:

> 在绍兴攒宫茶场。周显德二年建,初号化城院。后又改为证道院。宋建中靖国元年,太师陆佃请以为功德院,赐名证慈,米芾书额。寺门外筑亭庆显。绍兴元年,以其地为昭慈孟太后攒宫,迁寺于山南二里白鹿峰下,赐名泰宁。宋六陵皆在此地,故寺益加崇茸。明永乐中,灾,寺毁。正德间,遣僧德颙重建。寺秀竹环绕,景色宜人,寺东溪水潺潺。解放后,寺废。寺院改作绍兴县茶场,后逐年倒塌,仅存部分破屋并水井一口。公元二○○五年八月,天赐良缘,重新修建。
>
> 思良立
>
> 公元二○○五年十二月十九日

2007年夏,泰宁寺南向公路入口处,新建四柱三间冲天式水泥结构仿石牌坊一座,南向中枋镌"泰宁寺"三大字,下署"释光如题"。明间柱联为"三湾四拐车穿行树二村五里牌,十峰三塘漫步静思四恩三有情"。两次间边柱联为"佛法无边视之不见求则应,因果报应推前想后原不差"。

北向中枋镌"翠竹心海"四大字,下署"思良书,丁亥年夏"。明间柱联为"为众发大心其利普遍于十方,修习佛功德犹如莲花不著水"。两次间边柱联为"经天纬地普度众生登彼岸,山光水色遍地尽开菩提花"。现佛事如常,事佛僧侣八人。

注:本文为绍兴文化研究工程2022年度重大项目《绍兴宋韵文化研究·宋六陵志》(22WHZD01-18Z)成果。

宋六陵祭典的形成、中断和延续

赵国光

南宋建炎四年（1130），宋高宗赵构升越州为绍兴府，以卧龙山州治为行在。绍兴元年（1131），宋元祐太后孟氏（宋哲宗皇后）驾崩于卧龙山皇宫。奉太后遗诰，就近择地攒殡，因宝山（在绍兴市越城区富盛镇）形势天设，吉气丰盈，遂以攒宫为名，葬于宝山南麓，方百步，此为绍兴攒宫之始。绍兴十二年（1142），迎徽宗灵柩葬于宝山，为永祐陵。后南宋历代皇帝崩殂和皇后去世，都攒殡于此。高宗永思陵、孝宗永阜陵、宁宗永茂陵三陵并列。其南为光宗永崇陵、其北为理宗永穆陵。德祐元年（1275），宋度宗灵柩入葬陵区，为永绍陵。宋度宗是最后一位入陵的皇帝。宋六陵其实有"七帝""七后"陵，因安葬南宋六位皇帝，故世称"宋六陵"。另外，宗室贵族、王公重臣陪葬墓亦甚多，形成了庞大的陵墓群，成为江南最大的皇家陵区。

宋六陵建造初衷是临时安置，待收复北方失地后，要归葬永安宋陵区（在今河南巩义）。时局推移，归葬无望，继续攒葬宝山，皇陵的建筑大致沿袭北宋的规制，虽没有安排陵台、乳台、石像生、神门，但有上宫、下宫、享殿等。随着陵寝数量的增加，陵区扩大了，内外禁山达数千亩。满山松树，郁郁葱葱，肃穆幽深，初具皇家建筑规模，气势非凡。当时，负责管理宋六陵攒宫的总护使地位很高，不是宰辅，便是由身为大臣的皇亲国戚担任。宋六陵攒宫陵区还设副使、攒宫修奉使、桥道顿递使、殿前都指挥使、都监、巡检等职位，护陵卫最多时总数在千人以上。

宋六陵祭祀活动自孟后去世，攒殡于宝山后开始，随着历代宋皇驾崩入葬，陵位增多。当时，宫陵凡遇陵主生日、忌日，每月朔望，每年四时八

宋六陵图

节,都有祭祀活动。陵区重大的祭祀活动,如朝陵,由皇帝亲自到此祭拜,有时还有朝廷遣官朝祭诸陵、地方守臣朝谒等,并形成了凡到绍兴任职官员,必首朝陵庙的制度。清明、冬至时节,宗室举行祭陵典礼,逐渐成为一种风俗。

　　帝皇陵寝之地,是皇室宗族的根系命脉所在,也是一个国家和民族的记忆。南宋皇陵形成后,更显绍兴地位之重要。南宋朝廷为建造陵园、送葬祭祀,专门修建了一条从绍兴城至陵园的水上通道,以使大型船只可直达陵园近埠。该通道自绍兴城至东湖一段借助原浙东运河航道,而自东湖董家堰地段起、南折至陵园前近埠段,为当时专事陵园水道而扩建,被专称为御河。御河终端的所在村也因陵园建造攒宫而被命名为攒宫村。御河上的石桥均被定名为陵桥。经调查,入陵陆路的桥梁原来共有五座,自北而南分别为通陵、拱陵、延陵、进陵、通陵。北向第一座原来位于御河与浙东运河相接处西侧五十米处(即今东湖风景区东入口东湖大桥稍西的位置)。后桥被拆除,带有刻字"通陵桥"的栏板被移建于御河与浙东运河相接的北侧的一座小桥上。该处今人称为孝仙亭,原有老桥称为董堰桥。御河终点,今留有河埠头(攒宫埠)旧址及通陵桥旧址。攒宫埠也是进入南宋皇陵的水路与旱路的节点。按当地对水道形制的习惯称呼,此处实为一段溇底,即河道延伸至此成为终点。因为攒宫埠需承载大型活动,故必须可容纳多艘大型船只,此处形成一处宽阔的大型梨形池塘。宋廷定都临安后,皇家前往宋六陵祭祀的线路也是水路为主,开辟河道与浙东运河、绍兴御河相连,具体路线:德寿宫→新开门→跨浦桥→西兴→觉苑寺→白鹤桥→浙东运河古纤道(钱清—柯桥)→迎恩门→光相寺→都泗门→鉴湖→通陵桥→御河→攒宫村→神道→宋六陵。

皇家陵墓一经形成,祭祀就要进行。当年,宋廷朝官、宫人、车马、舟船前往绍兴攒宫朝陵的那种皇家祭祀排场很大,均按皇室祭陵礼仪进行,是高规格的国祭。宋六陵祭祀典礼成为宋廷皇家祭祖最重要的活动。宋吴自牧《梦粱录》载:"禁中(于清明)前五日,发宫人车马往绍兴攒宫朝陵。"记录的就是当时皇家祭祀的排场。

元灭宋后,曾"张示上榜,禁约诸人,不得侵损宋室山陵"。宋六陵的守陵者仍住在陵区的陵卫署。元至元二十二年(1285),元朝佛教江南总统杨琏真伽怙恩横肆,穷骄极淫,勾结丞相桑哥,盗掘宋六陵并陪葬墓,得珍宝无数。南宋陵园,毁于一旦。宋六陵的祭典也就此中断了。

明太祖朱元璋非常同情赵宋皇陵的不幸遭遇,对暴元惨烈的行径叹息不已,曰:"宋南渡诸君无大失德,与元又非世仇,元既乘其弱并取之,何乃复纵奸人肆酷如此耶!"(《殊域周咨录》)洪武二年(1369),朱元璋下诏将流失北方的宋理宗头骨归葬,并令礼部尚书崔亮迁葬宋陵遗骸于攒宫,上封松树,重立诸帝陵名碑。洪武九年(1376),明廷诏令陵区五百步之内禁止樵采,设陵户二人,有司督近陵之人看守,每三年一传制,遣道士赍香帛制祭于孝、理二陵。凡遇新皇登极,遣官祭告。明代在浙江官方组织的公祭只有禹陵和宋六陵两处。主祭一般由绍兴知府担任,山阴、会稽知县陪祭。明朝后期,因官山无守者,乃割禁山之一半为民业,令居民守之,绍兴华舍赵氏作为宋室嫡裔开始管理宋六陵。明朝官方管理逐步转为民间管理为主了。明朝对南宋六陵的恢复修缮功绩不小,在陵园的守护管理和祭陵典制上亦有贡献。

清朝建立后,对历代皇陵的管理和祭祀仍在延续。雍正七年(1729),钦奉上谕,令该地方官钦遵,于宋高宗以下六陵,加以防护,春、秋致祭。

宋陵添设陵户，每月给食银，祭祀给祭银，说明当时清廷对宋六陵的"国管"尚未终止。但清中后期，宋六陵的维修和管理主要由当时绍兴较大的宋裔聚居族群华舍赵氏负责。宋六陵产业在明朝后期已为华舍赵氏所有，有山三千六百七十七亩，田三百四十八亩，且免交租税。华舍赵氏家谱有云："窃惟攒宫六陵，我赵氏祖宋代之陵寝也。自有明春秋享祀，陵山悉以蠲租。至本朝仰沐皇恩，永远勿替。""华舍赵氏为宋室嫡裔，食毛践土，二百数十年矣。宋代六陵载在祀典，东山沿有明旧制，豁粮恩泽，至优极渥。"

华舍赵氏一直在宋六陵举行祭典，殷勤备至。春、秋两次祭陵，岁岁不绝。虽不如宋朝当朝时皇家祭祀的排场，但也是毕恭毕敬，不同凡响。《山阴华舍赵氏宗谱》中有《陵祭条款》《祭陵仪注》，对祭陵情况载之甚详。据赵氏谱载，先帝陵寝，非寻常坟茔可比，值祭裔孙必须公正廉明，即使春、秋二祭欲去参观者，亦务必整洁衣衫。凡品行卑鄙为乡里所不齿者，不得参与。前往祭陵多乘船，规定族长、宗子、经理、执事各一艘，其余执事、调查合乘一艘。陵上田山所收茶租、山租、米租三项，由正副司帐二人按祭收取。另置值厨一人、给发一人、司祚一人、支应正副二人。祭陵前一日，备三牲、水果、香烛、纸爆，至唐、林二义士祠，上下太尉殿以及各散陵主祭。是日，六陵公所内灶头中堂应备祭菜各一桌。春、秋巳日开祭，绍兴府亦派员（民国时由绍兴县知事）致祭。祭品以原猪、原羊，外加饮福胙肉一方、三牲一副、酒六钟、饭六碗、水果四种、纸帛十端、火爆十枚、边爆一千、尺纸两块、四两烛一对、香一股。在南、北二陵祭厅按祭礼举行初献、亚献、三献礼，主祭官一人，陪祭二人，礼生二人。南陵祭高、孝、光、宁四帝，北陵祭理、度二帝。祭毕，再至太尉殿拈香，并吃茶点，憩息数刻后回六陵公所午膳。华舍赵氏在宋六陵举行祭典前，向官府呈送禀单，禀告祭典时日，并请绍兴府派员致祭。一切祭品连官方祭文样本都会提前备好，请官方在祭文上在准备好的十叠纸帛上加盖红色官印，以示对祭典的重视、对宋皇的尊崇。说明过去一直是民间祭陵、官方参祭的形式。据华舍赵氏老辈人回忆，最后一次在宋六陵举行的正规祭典是1929年春祭。

二十世纪三四十年代，社会动荡，民不聊生，宋六陵逐步走向荒凉和衰败。绍兴华舍赵氏族人对宋六陵的守护也力不从心，正规的祭典停止了。至三十年代末，只有孝宗陵、理宗陵的三间享殿尚存，其余仅存墓冢、墓碑、祭桌之类。

1949年，中华人民共和国成立。二十世纪五十年代初，华舍赵氏在宋六陵的族产没有登记为本族本村的资产，也没有作为特例，将这跨区域的族产合并为当地集体土地，或分给当地农户。数千亩山地和数百亩良田及房产被收归为国有。此后，由于历史原因，宋六陵陵区一度被肢解损坏，陵区大量的碑石和建筑物被毁，仅存原在皇陵上的几棵古松，宋六陵的祭祀活动也完全中断，民间赵氏族裔去拜祭的现象几乎绝迹。

改革开放后，党和国家开始重视传统文化，人民群众尊宗敬祖、寻根问祖的意识增强，政府部门对文物的保护也加强了。赵氏族人，特别是赵宋皇室后裔（单绍兴全市赵姓就有十万人），包括华舍赵氏族人对宋六陵很是关注。自发前往宋六陵去探访去祭拜一下的赵氏族人逐渐增多，只是皇家陵园原建筑物没有了，只能对着"全国文物保护单位——宋六陵"的牌子，插上几支香拜上几拜，怅然而回。

历史进入二十一世纪，绍兴赵氏族人希望在宋六陵举行祭祀活动的愿望更为强烈。2018年，绍兴赵氏中的有识之士组织成立了绍兴市赵氏文化研究会。研究会是作为绍兴市家谱协会一个分支机构获得批准成立的。

2018年10月26日（戊戌年九月十八），由绍兴市赵氏文化研究会组织，有来自绍兴各县市区和北京、福建、上海及省内各地的赵氏宗亲共二百多人，在宋六陵北陵区立有"全国文物保护单位"碑石的一片古松林前，举行已中断了近九十年的宋六陵祭祀典礼。

重新恢复的宋六陵祭典一切按古礼进行，祭品有：少牢一副，即全猪、全羊；小三牲一副，即雄鸡、鲢鱼、元宝硬肋；鲜果四盘，每盘须堆成方斗状，或宝塔状；干果四盘，糕点五盘，五谷五盘。礼器为五供：香炉一只，烛台一副，花瓶一对。再备酒杯九只，其中六只为神主前供酒，三只为三献上酒；茶杯三只；帛礼若干，主要为金银纸，祭品用红纸或红丝绸装饰。

由于当时，宋六陵区没有一块赵宋皇帝的碑石，也没有一张祭台，所以祭台只能临时搭建。在祭台上按顺序摆放祭品，同时再增加主食五碗、粢饭一碗、年糕一碗、面一碗、豆干一碗、馒头一碗,长长的祭台摆满了祭品。祭祀典礼巨大的背景墙上有赵宋十八代皇帝画像。祭台上安放了一排神主,中为始祖,即太祖太宗,两侧依昭穆位摆放。配有金鼓乐器,鼓在神主位左,锣在神主位右,金鼓相对。祭品、神位安放好后排执事位,祝官在左,赞官在右,祝官就是读祝文的,赞官是司仪,其他执事随赞祝两官相对而立,司帛在左,司巾在左,司香在左,司卜在右,司酒在右,司馔在右。司衣在司衣所(临时)为主祭,亚献,终献更衣。此次祭陵、主祭、陪祭的服饰用宋制衣冠,中穿白罗中单即内衣,外罩绛纱袍,蔽膝随裳色,头戴五梁冠,手执笏。

祭典举行三献礼,主祭(初献)于神案跪中,亚献在左,终献在右,其余参祭人员立队跪于后方,赞官立在左,祝官立于右,暇祝执圭立于神座前。执事击鼓三通,鸣金十三点,起乐,序班位。主祭者就位,与祭者就位,全体族人向祖先像祖先牌位鞠躬,拜兴;再拜兴;三拜兴;平身。主祭、亚献、终献诣盥洗所(临时),净手盥洗,授巾,拭巾,拂巾,复位。又全体鞠躬,拜兴,再拜兴,平身,接着祝唱:行降神礼,主祭陪祭诣香案前,跪上香,初上香,亚上香,三上香,止乐。初献后读祭文,然后亚献,最后三献。祭典结束后,牌位、神像焚于祭棚前,分食祭品中果食,分胙肉,祭典所有程序全部完成。中断近九十年的宋六陵祭典终于恢复。

2019年9月,绍兴市赵氏文化研究会主持主导申报的"绍兴赵氏宋六陵祭典"民俗类非遗项目列入绍兴市越城区第四批非物质文化遗产名录,赵氏文化研究会赵铁彪会长被认定为"绍兴赵氏宋六陵祭典"非物质文化遗产代表性传承人。宋六陵祭典历史悠久,它承载了南宋历史的传承和信息,蕴涵着深邃的文化遗产精华。重启宋六陵祭典,并将其列入非物质文化遗产名录,意义非凡。

自2018年重启宋六陵祭典以后,绍兴赵氏每年都去宋六陵祭祀,或隆重,或简约,宋六陵祭典得以延续。2020年10月举行的一场宋六陵祭典规模较大。2020年10月25日,农历庚子年重阳节,在陵区原绍兴师专旧址上举行了一场隆重的祭祀大典。有来自全国各地六百多位赵氏宗亲及嘉宾参加。先举行谒陵迎神仪式,数百人的谒陵队伍的齐集于北陵区的茶厂入口处,迎神仪仗队依序排列,近百人身着宋服,手擎纛旗,铜锣开道,彩旗、灯笼、幡、乐队等一应俱全。由谒陵使引领宗室后裔,手托太祖、高宗、孝宗、光宗、宁宗、理宗、度宗等神位木主,前有香案,后跟宝盖伞,最后是压道旗,巡行谒陵队伍在碧绿的茶地中如一条绚丽的彩带,非常耀眼。一行人巡至孝宗永阜陵前,七座神主、罗伞、香盘按昭穆列于陵前,面向大众,谒陵使上香,率领谒陵队伍四番拜兴,之后长跪,由谒陵使唱诵迎请文疏,恭请十八朝先皇风马云车,圣驾降衬神主。迎来神主后,谒陵队伍回到位于北陵区的原绍兴师专旧校址的祭祀大典会场。时钟鼓齐鸣,七位奉安使率领大众跪迎圣驾。谒陵使与奉安使对拜之后,将七座神主交奉安使捧入暖阁安座。

绍兴师专旧址操场上正中搭有祭台,坐北朝南,立有三座暖阁,中间大暖阁中放置谒陵队伍接入的宋室历代帝皇神主牌位,宋六陵守陵官郭太尉,唐、林两义士,南宋死难将士神位放置于两侧小暖阁中(因为宋六陵原享殿等祭祀场所已无,特制作暖阁代之),右边立铜钟,左边置大鼓,整个场地全部铺上红地毯,巨大的背景墙上书"绍祚中兴"四个大字,祭典场地庄严肃穆。

身着宋代官服的一百位参祭人站立于祭台前面,各地参祭的赵氏宗亲在标有某省某地赵氏指示牌下立于两侧。正式祭祀仪式开始前进行献花篮致敬仪式,绍兴市文广旅游局、越城区文广旅游局、富盛镇人民政府等政府部门及各地主要赵氏宗亲组织都敬献了花篮。此次祭典得到官方的支持和参与,是许多年来的第一次。

祭祀仪式击鼓、鸣金、起乐、祝唱、行降神礼……一切皆按宋代皇室礼制和华舍赵氏传承下来的祭陵仪程进行。担任主祭(正献官)身着宋代高品官服,头戴五梁冠,手执笏板,陪祭者身着宋官服,身着宋代金银盔甲高大威猛的"镇殿将军"守立于暖阁两旁,击鼓敲钟、引导、传送祭品的执事人员及乐队都穿着圆领宋便服,祭典现场具有强烈的仪式感。

在祭典过程中,还有两位乐官在古乐伴奏中唱诵《乾安之曲》迎神,初献唱《大定之曲》,亚献唱《大盛之曲》,终献唱《大德之曲》,送神唱《兴安之曲》。两位乐官唱得声情并茂,震撼宗亲心头。祭祀典礼整个场面壮观,祭典仪式按古礼既华丽又庄重。这是宋六陵数百年来最正规的一次祭典活动,是南宋文化之光在绍兴的一次亮丽绽放,也是赵宋文化宋代文明的一次耀眼亮相。

2021年秋,绍兴赵氏在绍兴师专原址举行了一场小规模的祭典,因疫情影响,只有绍兴市域范围内的赵氏宗亲参加,但都按古制古礼进行。

2022年7月15日,绍兴市文旅局组织了全国主流媒体代表到绍兴品宋韵的采风活动。绍兴赵氏举行了一场宋六陵祭典演礼活动,时间不长,但一切按宋代皇室祭陵礼仪和绍兴华舍赵氏传承下来的祭陵仪程进行。参加祭礼的人员都穿上正规的宋代官服,列队完成祭典各项仪程。祭典既古色又华丽,整个场面比较壮观。这次祭典演礼是绍兴非遗文化项目的一次正式展示,是绍兴宋韵文化一次耀眼亮相。宋六陵祭典演礼受到了广泛关注。人民日报网、新华网客户端、中国新闻网等国家级媒体代表都到现场参看了祭典演礼活动,拍摄了不少镜头,并进行报道,海内外媒体也纷纷转发,对宣传绍兴优秀历史文化,促进绍兴文化旅游业的发展有很大的作用。

2022年11月13日,农历壬寅年十月二十日,在绍兴富盛镇的全国重点文保单位——宋六陵区,又举行了一场较大规模宋六陵祭典活动。自2018年10月绍兴赵氏恢复中断近九十年宋六陵祭祀典礼以来,每年都进行祭典活动,宋六陵祭典一直由2018年成立的绍兴市赵氏文化研究会组织进行的。浙江省宋韵文化研究和传承中心、绍兴市宋文化研究会、绍兴市档案馆、绍兴市家谱协会、越城区文化馆、富盛镇人民政府等部门团体派代表敬献了花篮致礼。浙江省宋韵文化研究和传承中心负责人特地从杭州赶来参加宋六陵祭典并代表中心献了花篮。

2023年4月,如期举行宋六陵春祭。10月份较大规模的宋六陵秋祭也已筹备完成。

宋六陵祭典自八百多年前形成以后,作为一种传统礼仪、一种文化虽然有过中断,但终得以恢复。当今之时,重视文化传承,倡导"宋韵文化",宋六陵祭典延续,也一定会延续下去。

附：2020年秋宋六陵祭祀大典祭文

维岁在庚子太冲之月时值重阳吉旦,各派裔孙谨以少牢之仪,太羹玄酒之奠,致祭于我大宋历代皇祖宗室臣民之灵。

呜呼！五运推移,艺祖受之周禅；三灵改卜,太宗膺而宋命。祖宗承荷天休,创业维艰。王于有征,爰于将帅。破湖湘,平巴蜀。百越俯首,三吴归命。驱万旅之雄师,制八方之余孽。挽五季之衰乱,开百年之鼎盛。尊儒重道,崇礼尚贤。方岳无甘鲜之贡,殿庭碎珠玉之珍。推天下之致公,虽天子不得自专也。列圣相续,至于宣和,征花石而造艮岳。天运应于西北,民怨结于东南。以致汴梁有楚巢之祸,二帝北狩,三宗南渡。

高宗南渡浙水,应天顺民。绍奕世之宏休,兴百年之丕绪。启仙源于会稽,建宝历于绍兴。传国祚于大宗,享天年于颐寿。仙鼎已成,不返荆山之御；玉衣可藏,暂存攒宫之麓。望北定中原,龙驾回洛,列圣相衍,竟成陵阙。

时值五运北倾,皇宋失国,巨祸立至。胡僧取财,发陵丘以盗宝；义士埋骨,安玉匣以慰灵。千亩陵园,几成荒冢。冬青为标,终不凋零。

有明之际,中原克复。建帝陵以尊汉统,修岁祀以崇先王。稽玉牒,识王孙。奉之宗庙,守乎祖陵。长松郁郁,香烟袅袅。虽异代而不废,每与官之同祀。延之近世,国多变故,不举则八十余载。

今神州盛世,生民之未有。户有余资,虽歉稔而无饥；道少遗氓,有大疫而不灾。于是敦叙九族,以述睦宗之志；序属三秋,而动荐祖之行。延家乘之记述,考宗法之故事。羹奉太素,馔列海陆之丰；酒具玄香,果供南北之优。烛开瑞花,香成篆字。仰巍巍之德,罄拳拳之心。

伏惟膺穹厚之眷,荷祖宗之祥,置家国以安宁,保子孙以祯祥,永锡纯嘏,长庆无疆。

尚飨！

太祖三十二世孙新星沐手敬撰

"山西村""柳姑庙"考辨

胡文炜

南宋乾道三年(1167),42岁的陆游迁居鉴湖三山别业。据《(嘉泰)会稽志》卷九载:"三山,在县西九里,地理家以为与卧龙冈势相连,今陆氏居之。"2018年,有关部门在别业原址建成"陆游故里"景区,为游客提供了参观游览、遐思纪念的地方。当年,陆游正是从这里往返,走遍家乡的山水村落,留下了大量脍炙人口的诗篇,既丰富了我国的文学宝库,也成为绍兴人文历史的重要组成部分。陆游诗歌中的许多地名,今天仍可找到位置所在,当然面貌已经有了很大的改变。但也有一些因为记载不详,给后人造成一定的困惑。本文即对陆游诗中的"山西村"和"柳姑庙"作一番考辨。

一、山西村

2019年2月8日《中国诗词大会》第四季第四场。主持人问:"陆游《游山西村》写的是山西省、陕西省、浙江省中的哪个省?"场上100人中有59人答错。该场第一环节凡6道题,最后计算,平均每题答错扣分不到30分,而《游山西村》扣了59分,为6道题中差错最多。这些参赛选手都熟读诗词,却有那么多人答错,说明对陆游这首作品的认知还有所不足。

《游山西村》原文是:

莫笑农家腊酒浑,丰年留客足鸡豚。
山重水复疑无路,柳暗花明又一村。
箫鼓追随春社近,衣冠简朴古风存。

从今若许闲乘月，拄杖无时夜叩门。

这首诗写的虽然是浙江，是绍兴，但"山西村"具体在绍兴的哪里？诗中耳熟能详的"山重水复疑无路，柳暗花明又一村"写的又是哪一带的景色？至今没有定论。绍兴虽然有几个以"山西"命名的村，如齐贤、大和都有，还有以"西山"命名的村，但与陆游诗中所写都无法对应，因此都不被认可。既然诗题是"山西村"，又有"山重水复"的风景，那么这个地方无疑是有山的。根据诗中的"又一村"，可知这一天诗人去的不止一个村。既然是"山西"，其位置肯定是在山的西边。从"闲乘月"和"夜叩门"看，"山西"的"村"距离他所在三山别业相去不会太远。陆游另有一首《行过西山至柳姑庙晚归》，首两句是："倚杖西山麓，褰衣古庙墙。"然而距他别业不远的方向并无一座称为"西山"的山。陆游还有一首《夜登山亭》诗："飞观峥嵘天宇宽，幽人半醉凭阑干。三山渺渺鸾鹤远，七泽茫茫蓑笠寒。清吹拂林横玉笛，紫云覆鼎熟金丹。童颜绿鬓无人识，回首尘寰一梦残。"他在山亭上远望，能看得见他别业所在的不高的"三山"，但又显得渺远，说明"夜登"的这座山不会太低，虽然这首诗没有表明是西山，但能证明距他别业不近又不远的地方有这样一座比较高的山。

那么，今天陆游故里周边有哪几座山既符合相距不远，可以夜里步行经柳姑庙回家，又符合"山重水复""又一村"的景色呢？与故居距离最近的是合称为"三山"的行宫山、韩家山、石堰山，都是海拔几十米的单独小山头，其中行宫山最低，在别业西侧，并无"山重水复疑无路"的景观。韩家山在别业以北，相距两百来米。石堰山在别业东边，相距一里余。两山既无相应景观，也不符"西"的方向。

扩大范围查找，别业西边约三里有一座梅里尖山，海拔177米，因处在平原上，十分注目，为周围十里内最高的山。梅里尖山虽然也是单独的山头，但山势曲折多弯，山下有东园、上马湾、下马湾、七贤桥等多个村落。在七贤桥村和下马湾村向南不远，又有处在花井山下的花井、方坞等村。梅里尖山脚与花井山脚的距离不到一里，那里多河道水湾，有山相重、水相复的景观。《(嘉泰)会稽志》卷九载："梅里尖山，其阴为梅仙坞，多桃、李、梨、梅、来禽，以梅福里得名。自坞度一小岭，有异境烟水，直至郡城，与卧龙(山)相直。"山有坞、有小岭,符合《游山西村》所写的地理环境。

从梅里尖山的东边,沿山脚南边的路向西绕行,河岸边柳树掩映,低坡上时见山花,行走时很容易产生"山重水复""柳暗花明"的感觉,结合别业西向的方位,可以认定《游山西村》的山就是梅里尖山。那么,称为"又一村"的"山西村"具体又是哪个村呢?据实地考察,联系诗中内容,应该是梅里尖山西边山脚下的七贤桥村,此村现在属柯桥区福全镇。清代陈祖昭在《鉴湖棹歌》中有七贤桥诗:"青骢马去几时回,斜倚薰笼百念灰。寒比七贤桥下水,香如双节墓门梅。"诗后注:"城西南二十里七贤桥,梁鸿、孟光樵隐,方干游寓。"可见七贤桥村本是一个古村,现在村外河道上留有一座近代重建、2米多宽、3米来长的七贤桥,可过小型车辆。从七贤桥村向东步行,到三山别业要不了半个小村,这正是当年陆游在"春社近"时"乘月"拄杖夜行所走的路。

二、柳姑庙

陆游有好多首诗写到柳姑庙,如《思故山》:"千金不须买画图,听我长歌歌镜湖。湖山奇丽说不尽,且复为子陈吾庐。柳姑庙前鱼作市,道士庄畔菱为租。"《初夏》:"渺渺荒陂古埭东,柳姑小庙柳阴中。"《秋赛》:"柳姑庙前烟出浦,冉冉萦空青一缕。"《行过西山至柳姑庙晚归》:"倚杖西山麓,褰衣古庙壖。"《湖山·柳姑庙》:"汀月生眉黛,溪梅试额妆。"《小霁乘竹舆至柳姑庙而归》:"残云断处漏斜阳,草满平堤柳著行。"其中《思故山》给人的印象尤深。

柳姑庙在哪里?据《(嘉泰)会稽志》卷六载:"柳姑庙,在县西一十里湖桑埭之东,前临镜湖。盖湖山胜绝处也。乡人旧传以为罗东江隐尝题诗,今不传。"罗东江隐,即唐末诗人罗隐。湖桑,今作壶觞,在行宫山西约二里,南濒鉴湖,现属越城区东浦街道。柳姑庙今不存,但1980年发行的《浙江省绍兴县地名志》中,"行宫山"大队下列有柳姑庵自然村,共51户211人,同书"鉴湖公社"地图上标有该村位置,就在行宫山的南侧。现在该村已经和相邻的车廊下自然村等一起拆迁,另在胜利西路西侧,距原村200米的地块重建了行宫山村小区,均属越城区东浦街道。现在作为建筑的柳姑庵也已不存，但行宫山脚的行宫庙则香火颇盛。

作为村落的名称是柳姑庵，而陆游笔下的名称则是柳姑庙，《（嘉泰）会稽志》也是将柳姑庙列在卷六的"祠庙"下。严格来说，庙与庵不是一回事，但民间有时是寺庙不分。从名字看，柳姑无疑是女性，加上年代已有千年之久，宋代的庙肯定不存。陆游笔下，柳姑庙本是类似土地庙一样的小庙，后由比丘尼居住，当地遂称为柳姑庵。现在柳姑庙（柳姑庵）虽都已消失，但早几年所建的鉴湖北岸长堤边上，新建一座小巧的石亭，名柳姑亭，堤内隔出一个小湖，湖中置柳姑雕塑立像，尚可呼应一下当年陆游诗中的一些描写，给游客以想象。

那么柳姑是谁？据上引《（嘉泰）会稽志》，罗隐的题诗在南宋时已不传，现在就更无从知晓是怎么一首诗了。清代胡天游有《湖桑埭柳姑庙弦曲》，言"唱曲朝朝愁小姑"，"月插梳，星络佩，一千年，青山外"，意思是弦曲已唱了一千年。《（嘉庆）山阴县志》收有一篇清代俞永思作的《柳姑庙考》，全文是：

> 柳姑庙，邑志但称其前临镜湖，为湖山胜绝处，而不详所祀为何代女郎神。即前贤如陆渭南、王蛻岩诸君诗集中偶一及之，亦不注明出处。案，梁沈约及唐万楚，俱有咏山阴柳家女诗。沈诗云："还家问乡里，讵堪持作夫。"万诗云："娥眉自有主，年少莫踟蹰。"近阅朱竹垞太史《跋草阁集》云："李宗表题画诗：'寻常更有梅花船，系在鉴湖柳姑之庙前。'柳姑者，疑即沈约诗所云山阴柳家女也。"观隐侯所咏，大约当属齐、梁间贞女。齐、梁书皆缺列女传，此后人所以莫考也。陆放翁有咏柳姑庙一绝句云："汀月生眉黛，溪梅试额妆。幽闺元不出，莫道嫁彭郎。"则是柳姑之幽贞，更显然矣。

文中虽列了一些资料，但未考出柳姑身份、身世，连庙在何处，何时所建也不详。《柳姑庙考》中的"隐侯"即梁代的沈约（445—513），吴兴武康人，他写柳姑的诗是《少年新婚为之咏》：

> 山阴柳家女，薄言出田墅。
> 丰容好姿颜，便僻工言语。

腰肢既软弱，衣服亦华楚。
红轮映早寒，画扇迎初暑。
锦履并花纹，绣带同心苣。
罗襦金薄厕，云鬓花钗举。
我情已郁纡，何用表崎岖。
托意眉间黛，申心口上朱。
莫争三春价，坐丧千金躯。
盈尺青铜镜，径寸合浦珠。
无因达往意，欲寄双飞凫。
裾开见玉趾，衫薄映凝肤。
羞言赵飞燕，笑杀秦罗敷。
自顾虽悴薄，冠盖耀城隅。
高门列驺驾，广路从骊驹。
何惭鹿卢剑，讵减府中趋。
还家问乡里，讵堪持作夫。

可知柳姑其人在梁代就已有了。唐代万楚作《茱萸女》诗：

山阴柳家女，九日采茱萸。
复得东邻伴，双为陌上姝。
插花向高髻，结子置长裾。
作性恒迟缓，非关诧丈夫。
平明折林树，日入返城隅。
侠客邀罗袖，行人挑短书。
蛾眉自有主，年少莫踟蹰。

沈约和万楚的诗均有汉乐府《陌上桑》中秦罗敷的影子，但柳姑无疑与罗敷不同，《陌上桑》讽刺了五马太守，也展示了采桑女秦罗敷独立的个性。而柳姑是怎么样的一个人，这两首诗都没有写清楚，《齐书》《梁书》也未见提起，所以后人无法查考。

从胡天游《湖桑埭柳姑庙弦曲》诗题及诗中所写"唱曲朝朝愁小姑"，

还有清代黄慕宪《鉴湖竹枝词》"二月春风赛社时,柳丝绿护柳姑祠。管弦若奏迎神曲,只合当筵唱柳枝",隐约可知当时在迎神赛会场面上所唱的曲中,有柳姑其人。当地民间偶有说及,谓柳姑曾为民治病,还为在镜湖的行船护航。因了陆游的诗篇,"柳姑"已成为古鉴湖畔一个富有诗意的名称。

一种"非普通的社戏"

——漫话绍兴的目连戏

裘士雄

鲁迅在《女吊》一文中提出了"非普通的社戏"的说法。同样是社戏，分为"普通的"和"非普通的"两类，他的这种说法是蛮有道理的。

所谓"普通的社戏"，就是祀神、敬神的戏，循例是先大锣大鼓的"闹头场"，形成演戏和看戏的氛围，主要是催促演员抓紧化妆和召唤观众的到来。接着是"闹二场"，通常采用小锣、鼓板、管弦之类的乐器，也用唢呐吹奏曲牌，演奏时间比"闹头场"要短些，大概是让演职员作出场准备和安定观众情绪，提示台下不能再喧闹了。正式演出前，循俗先演"五场头"：《八仙庆寿》，是祝贺延年益寿的；《跳加官》，是祝颂官运亨通的；《跳魁星》，是祝贺登科及第的；《小赐福》，是赐予福音的；《调财神》（或《掘藏》），是恭喜发财。这些都是讨彩戏，无非是预祝或庆贺"福、禄、寿、财"之意而已。此后还会加演《长坂坡》《后珠砂》之类的武打折子戏，然后才开始演正剧。

所谓"非普通的社戏"，通常是指演给鬼看的目连戏和大戏，这种戏必有许多鬼戏，故绍兴才有"看（一）夜目连看（一）夜鬼"的俗语。目连戏所演的就是目连救母的故事。早些时候，绍兴一带是按明代剧作家郑之珍所编的《目连救母记》演出的，本来是一出劝善戏，但也裹挟一些宣扬生死轮回、因果报应的封建迷信色彩较浓的内容，剧情曲折离奇，荒诞不稽。《目连救母记》的剧情大概是：傅罗卜的母亲刘氏不信佛法，竟开荤作恶，用狗肉馒头招待前来规劝她的和尚，即绍兴人俗称"狗肉馒头斋僧"，死时被五管铙叉擒拿，打入地狱受苦。后来，傅罗卜在观音菩萨的帮助下，像唐僧取经一样，历尽艰险，感动上天，包括刘氏在内的全家终于得以共同升天。当时,绍兴所演的目连戏也吸取其他本子的有关内容,艺人会将平时耳闻目睹的恶人劣事添加进去,如柯桥一带甚至将歪曲、污蔑唐末农民起义的《黄巢》作为最后的一折戏收场。更有一些临时拼凑起来的"走拢班子"也对剧本随意删削,演到刘氏变狗结束。绍兴人有句"刘氏变狗,铜钿到手"的俗语,原先就是用以讽刺戏班的。按照民国六年(1917)柯桥"五社公具,茅伯安敬立"的《目连救母记》戏匭所示,全剧有一百三十二折之多,最长的可演七天七夜,一般是"两头红",即以傍晚太阳快下山开始,到次日清晨太阳升起完结,取衔接落日和晨曦,作为象征吉兆的意思。听老绍兴讲,看目连戏是慌兮兮的。旧时,人们普遍相信鬼是要讨替代的,特别是上吊自缢的吊死鬼和河江里溺死的河水鬼。演目连戏中"女吊"一折时,有神秘感,更有恐怖色彩:女吊,又称"红神",身穿全身大红的衣裳,血淋淋的舌头拖出来足有一尺长,面色雪白,七窍流血,她的双眸、脸部表情和唱词十分悲戚,再加上台面的灯火突然熄灭时,又有看客不断地发出口笛声,灯火突然亮起时,又有看客大声打唿哨,用力拍掌,届时还有凄厉的目连嗐头声,胆小的女人和小孩怕极了,要么不敢正视,要么索性吓得哭喊起来。最后,有王灵官菩萨出手,吊死鬼讨替代不成,凶煞鬼反而被驱赶走,从此太平了。那时,战乱频仍,疫病流行,天灾人祸频频,人们遂通过演目连戏来乞求太平,所以目连戏又被人称为"太平戏"。

目连戏的一个特点是"纯粹的民间业余剧,以前并无一定演员,只是由农人、工人临时凑搭成班,演完就散,一切都是'凑合',所以服装也很差,绍兴俗语有'目连行头'一语,形容破旧衣服,即从此出"(周作人《关于目连戏》)。1930年6月,周作人写了《村里的戏班子》一文,忆述少年时代做客外婆家安桥头,随外祖父族亲鲁七斤到里赵看戏的情景。那场演出就不是专业演员,而是看客们熟识的乡亲,有饰演皇帝的镇塘殿耷船里的船老大,有村里桥头开一爿小店卖猪肉的阿九,与他对仗的则是村里打更的长明。他们一出场,童言无忌的"野孩子"就嚷开了:"弯老,猪头多少一斤?""阿九阿九,桥头吊酒。"在孩子们的呼喊声中,也夹杂着"阿九,多卖点力气"之类成人看客的鼓励。这种演目连戏的"走拢班子"的服装、道具,也是滥竽充数的,加上演出水平不高的话,台下的观众有时会喝倒彩,或把甘蔗梢头扔到台上,还有人编成越歌传唱。那次到里赵看戏后回外婆家的路上,周作人就联想起玩伴们吟唱的一首歌谣:"台上紫云班,台下都走散。连连关庙门,东边墙壁都爬坍。连连扯得住,只剩一担馄饨担。"话得说回来,那些演目连戏的业余演员还是卖力的。如那次里赵演戏时,两三个"赤着背"的演员"跌鲫鱼爆",即旧戏术语里所说的摔壳子,"将他们的背脊向台板乱撞乱磕,碰得板都发跳,烟尘陡乱",以致周作人忧虑"谁的脊梁或台板摔断一块"。明代张岱专门写了《目连戏》一文,言简意赅,将特地从安徽旌阳请来的戏班的精彩演出描绘得活灵活现,栩栩如生:

> 余蕴叔演武场搭一大台,选徽州旌阳的戏子剽轻精悍、能相扑跌打者三四十人,搬演目莲,凡三日三夜。四围女台百什座,戏子献技台上,如度索舞絙、翻桌翻梯、觔斗蜻蜒、蹬坛蹬臼、跳索跳圈、窜火窜剑之类,大非情理。凡天神地祇、牛头马面、鬼母丧门、夜叉罗刹、锯磨鼎镬、刀山寒冰、剑树森罗、铁城血澥,一似吴道子《地狱变相》,为之费纸札者万钱,人心惴惴,灯下面皆鬼色。戏中套数,如《招五方恶鬼》《刘氏逃棚》等剧,万余人齐声呐喊。

绍兴知府熊鸣岐闻悉大教场方向传来的这一呐喊声,还以为倭寇来犯,惊恐万分,待府衙据实报告后,熊氏"乃安"。

目连戏的另一个艺术特点是穿插戏的幽默诙谐,这也是吸引绍兴民众的一个重要原因。郁达夫在《回忆鲁迅》一文中提到鲁迅对目连戏有"特别的嗜好"。鲁迅不仅评价"这戏里的穿插,实在有许许多多的幽默味",还给郁达夫他们讲了"一个人借了靴子去赴宴的故事"。这故事就是目连戏中的一折,名叫《王阿仙嫖妓院》。王阿仙学过各种手艺,但都没有学成,平时则游手好闲,无所事事。一次,他心血来潮,向别人借了帽子、袍子和靴子去嫖妓。王阿仙到妓院后不久,就被帽的主人寻踪到妓院,让门房把他叫出来,还去了帽子。妓女问他:"你的帽子呢?"王阿仙编故事倒有两下子,回答:"村里开早成立一个会,我是会头,今天会里有人办酒席,他们刚才派代表来,一定要请我去捧场。我临时想了办法,让他把我的帽子拿去,只要在主桌的上横头一放,就算会头到场了。"王阿仙以此来搪塞妓女,谁知不久又被人还去了靴子,他回到妓院房间,一进门就蹲下身,用袍子遮住赤脚,还煞有介事捂着肚子喊道:"肚皮痛煞哉!"可是一坐下,便跷起了二郎腿,露出了光脚。妓女问:"你的靴呢?"王阿仙一本正经地答道:"我不输(意为赌博不输,取绍兴人'靴'与'输'同为谐音),我赢的。"妓女追问:"你脚里穿的靴子呢?"王阿仙故作镇静,忽而大笑道:"我脚里是输,头里赢的。"他一再出洋相,结果被赶出妓院,王阿仙乘人不备之机,还顺手牵羊,偷回了一把酒壶。《嫖院》这出折子戏语言和动作都诙谐风趣,令人捧腹。于是在绍兴,"王阿仙"成了那些学艺不成又游手好闲辈的代名词,比"三脚猫"差评得多了。鲁迅对这些穿插的折子戏评价很高,说:"比起希腊的伊索,俄国的梭罗古勃的寓言来,这是毫无逊色的。"(鲁迅《且介亭杂文·门外文谈》)

那些鬼魂戏也与目连戏本事发生瓜葛。如傅罗卜之父傅相生前干尽坏事,为宣扬"善有善报,恶有恶报"的因果报应思想,目连戏就有由判官带他的灵魂游地府,接受异常恐怖、令人和鬼均十分畏惧的现场教育。傅罗卜之舅刘贾(俗称刘二舅)吃喝嫖赌,五毒俱全,又常施家暴,致使其妻被迫悬梁自尽,从而引出《男吊》《女吊》。又因刘氏恶贯满盈,遂有无常前去捉拿,也就有了《无常》。到鲁迅童少年时代,《男吊》《女吊》和《无常》已发展为独立的折子戏,并深受鲁迅和绍兴广大民众的喜爱和欢迎。

《男吊》其实是杂技表演,他只穿"一条犊鼻裤,面施几笔粉墨","一登台,径奔悬布,像蜘蛛的死守着蛛丝,也如结网,在这上面钻、挂。他用布吊着各处:腰,肋,胯下,肘弯,腿弯,后颈窝……一共七七四十九处"(鲁迅《且介亭杂文末编·女吊》)。男吊从开始的十八吊,发展到后来的三十六吊,全盛时期高达七十二吊,全是艺人长期观察虫、鸟、鱼等动物的各种活动而受到启发后创造出来的,如"青蛙劈水""鲤鱼跳龙门""蜘蛛放丝"等等,无不如此。

演完男吊,一阵目连嗐头声,随着一团烟火,出来一个披头散发的女吊,她的"三甩头"动作后,露出比男吊更恐怖可怕的脸:一排雪白的牙齿紧咬着血红的舌头(猪肝做),"心"字形亮相,给人以凄厉、阴森、恐怖的感觉,也让人感受到女吊怒不可遏的复仇心态。也有人说,女吊凄苦地泣诉,哀怨地耸肩,愤怒地甩发,其冤苦和愤恨之情,莫可名状,固然有令人不寒而栗之感,但也产生了让人,特别是妇女不敢上吊轻生的效果。女吊,本来给人们留下值得同情又感到害怕的复杂心理和印象。但鲁迅首先一反只怕"吊死鬼"的传统观念,赞扬女吊是一个"带复仇性的,比别的一切鬼更美、更强的鬼魂",因而也不主张把女吊的脸谱恐怖化。更重要的是,鲁迅摒弃了以前"单是'讨替代',忘记了复仇"的利己目的,赋予女吊独立、鲜明和完美的个性和形象。笔者以为,新中国成立后,文化艺术部门对目连戏的整理和利用是成功的。

无常,原是梵语,本意是生命现象变易不定,或说世间一切事物皆无常理,到后来被附会为勾魂使者。往昔绍兴城隍庙和东岳庙有"阴世间",门口必有凶相毕露,手持铁索的无常,令人骇怕,但后来在舞台上人们看到无常却觉得可爱,因为他已是劳动者根据自己的意愿所创造的艺术形象了。无常一亮相,就要打一百零八个嚏,要放一百零八个屁(用目连嚆头拟声)。他的打扮,一出场就有道白:"头戴方巾三尺,身穿麻布一匹;脚踏腾云草鞋两只,手拿蒲扇一把。"无常的这般打扮,据老绍兴说,是标明他原是大孝子的身份。俗话说得好,"百善孝为先",可见人们对他是有好感和敬意的。无常自报家门后,主要是通过"四叹"把贪官污吏、土豪劣绅、刀笔恶讼、色鬼淫棍揭露和痛斥得狗血喷头。一叹贪官污吏"官迷心窍","媚上司胁肩谄笑,纵下属搜刮民膏",导致"无钱的,有冤官难告;有钱的,法外行霸道"。二叹土豪劣绅"财迷心窍,见钱忙捞。数不尽房地钱钞,金银财宝。终日里把本利盘消,死不放一丝半毫","为钱财良心何曾要,为钱财杀人不用刀"!三叹无耻的堕落文人"有笔如刀,法词揽包","舞文墨作好藏刀,拆人家骨肉分抛","丧廉耻,行贪饕","为虎作伥"。四叹"仗父母造孽财宝,遍访窈窕""金屋藏娇""三妻四妾还嫌少"!通过无常之口,把人世间的假、恶、丑揭露无遗,痛斥得体无完肤,无常在自己遭受冤枉事后,吸取教训,唱出了最强音:

难实勿放哉个(现在是再不徇私情了)!
顾不得,爹亲娘眷!

顾不得，嫡亲子侄！
顾不得，知己相好！
哪怕你，拜相封侯！
哪怕你，皇亲国戚！
哪怕你，铜墙铁壁！
哪怕你，三头六臂！
我草鞋脚一踢，
一索吊了就走！

无常这种不徇私情、蔑视权贵、秉公执法的精神确实难能可贵，正反映了广大劳动人民的心声和意愿，为弱势者呐喊，也是为自己发声。无常叹毕，说："出来时肚皮像蜘蛛，现在像白鲞。"到有人做米筛羹饭的长生堂去觅食，却被狗咬了一口。于是，他借题发挥，把那些"只认衣衫不认人"的张家狗、李家狗、黄毛狗、黑毛狗、来路狗、本地狗、拦路狗、把门狗、烂脚瞎眼狗和红毛西洋狗统统骂了一通。指狗骂恶人，无情地鞭挞了那些为虎作伥的压迫者、剥削者、奴役者们的走狗，所以颇受下层社会民众的欢迎。

鲁镇人物谱

王云根

一

鲁镇,是鲁迅先生以如椽之笔描绘的一座江南小镇。

与鲁镇一起,鲁迅的笔下还有未庄和 S 城。

未庄,是乡村的典型;鲁镇,是集镇的典型;S 城则是古城绍兴的典型。

未庄、鲁镇和 S 城构成了一幅层级完整的"鲁迅时代"的绍兴城乡图。

由此,我们可对"鲁镇人物"作这样的界定:

1. 鲁迅先生作品中有明确描述的鲁镇人物。

2. 可能涉足过鲁镇的未庄、S 城人物以及其他重要人物。

3. 现实生活中的鲁迅先生家族中的代表性人物。

二

现在让我们来分析"鲁迅时代"的起讫年限,简述"鲁镇人物"处在一个怎样的历史时期。

1881 年 9 月 25 日,鲁迅先生诞生在绍兴城内。1936 年 10 月 16 日,病逝于上海市区。

鲁迅一生中有三分之一以上的时间生活在家乡绍兴。主要可分两个阶段,一是从出生至 1898 年离开绍兴去南京求学;二是 1910 年回绍兴教书,两年后,赴北京教育部任职。

鲁迅在绍兴学习、生活和工作共20年，对绍兴城乡的直接感受也在这20年。

除了直接感受，对一位作家来说间接感受也很重要。鲁迅一生中的其他时期，诸如求学南京，留学日本，在北京投身新文化运动，任教杭州、厦门、广州和最后定居上海从事专业创作及组织进步文艺活动等，应该说均与家乡绍兴有某种联系。他一生中的这35个春秋，毫无疑问应列为他对绍兴的间接感受期。

此外，还应上溯于他诞生之前的若干岁月，姑且以10年而论。

在他诞生之前所发生的那些社会重大事件和久已形成的世情民俗，无论他愿意不愿意，都会在他的成长过程中和以后的人生岁月里发生影响。

由此有限的"鲁迅时代"当指1881年至1936年间，上溯10年则为1871年至1936年。

这66年间中国社会是怎样的一个社会呢？

其时中国正处于清朝末年民国初期。延续数千年的封建专制制度趋向全面崩溃。推翻封建帝制的辛亥革命爆发了，但"共和"并不完全彻底，半封建半殖民地的社会明显形成。

当时的人，有的留着长辫子，有的辫子已被强行剪去，有的则采取折中的办法，将辫子盘起来。所穿服饰自然也是新旧夹杂，既有穿长衫马褂，亦有穿对襟短衣的。在下层劳动者中，头戴乌毡帽，脚着箬壳鞋或稻草鞋，是很普遍的现象。

三

我们不是不知道鲁迅曾指出，他所描写的小说人物往往"嘴在浙江，脸在北京，衣服在山西"，是一个"拼凑角色"，但当"鲁镇"作为一项重要文化旅游资源来加以开发时，与"鲁镇"相关的人物名正言顺地成为"鲁镇人物"，应该不会受到有识之士的非议。

现在我们分三类来介绍"鲁镇人物"。

(一)"鲁镇"作品中的"鲁镇人物"。

1.祥林嫂——头发全白,全不像40岁上下的人;脸上瘦削不堪,黄中带黑,削尽了悲哀的神色,仿佛木刻似的;只有那眼珠间或一轮,还似一个活物。手提竹篮,内中一个空碗;一手拄一支比她更长的竹竿,下端开了裂,分明已经是一个乞丐了。

2.鲁四爷——雇得起短工的鲁镇富户,是一个讲理学的老监生。爱大骂新党。

3.四婶——鲁四老爷的妻子。

4.卫老婆子——其母亲与祥林嫂是邻居,是介绍祥林嫂到鲁四老爷家帮工的中人。

5.柳妈——鲁四老爷家的短工,是帮祥林嫂出主意"捐一条门槛"的人。

6.庙祝——鲁镇西头土地庙中管理香火的人。

以上人物出自《祝福》,其服饰穿戴可参考影片《祥林嫂》。

7.孔乙己——是站着喝酒而长衫的唯一的人。身材很高大;脸色青白,一部乱蓬蓬的花白的胡子。对人说话,总是满口之乎者也,教人半懂不懂的。欠账牌上虽有他的名字,但不出一月定然还清。人家说他偷书,他争辩:"窃书不能算偷……"

8.掌柜——店老板,小本买卖者。有时也爱跟孔乙己打趣。

9.小伙计——忠厚老实的童工。

此外,还有酒家、小孩若干。

以上人物出自《孔乙己》,其服饰穿戴可参考笔者编剧之绍剧《阿Q正传》。

10.单四嫂子——青年寡妇,靠纺织棉纱为生,以养活3岁的孩子。常深更半夜还在劳作。

11.宝儿——单四嫂子相依为命的病孩。

12.何小仙——镇上的郎中。

13. 济世药店伙计——"翘了长指甲慢慢的看方,慢慢的包药",此人既属恪尽职守者,又是冷淡待人者。

14. 王九妈——单四嫂子家的对门邻居,是一位富有爱心的妇女。

15. 红鼻子老拱——咸亨酒店的酒客。

16. 蓝皮阿五——咸亨酒店的酒客。

以上人物出自《明天》,其服饰穿戴亦可参考笔者所编之绍剧《阿Q正传》。

17. 九斤老太——是年79岁,常爱说:"真是一代不如一代!"

18. 六斤——九斤老太的曾孙女,梳羊角辫子,爱跟老人顶嘴。

19. 七斤——九斤老太的孙子,航船工,早晨从鲁镇进城,傍晚又回到鲁镇,是镇上的消息灵通人士,爱拿着6尺多长的湘妃竹烟管讲新闻,只因早早被城里人剪了辫子,得知皇上又坐了龙廷,不但自己着急,还引起家中风波。

20. 赵七爷——模样又矮又胖,穿宝蓝色竹布长衫。他是邻村茂源酒店店主,是方圆30里以内的出色人物兼学问家,有些遗老的臭味。其时,原盘起的辫子又放下。他见了七斤嫂,就会厉声责问:"你家七斤的辫子呢,辫子?这倒是要紧的事。你们知道:长毛时候,留发不留头,留头不留发……"

21. 七斤嫂——九斤老太的孙媳妇。因丈夫剪了辫子,怕天下又发生变化而心神不安,不过她具有敢说敢怒的外向个性。

22. 八一嫂——是一位爱"多事"的村妇。

以上人物出自《风波》。

(二)鲁迅作品及鲁迅家世著述中涉足过鲁镇的其他人物

23. 阿Q——流寓未庄的穷苦短工,30多岁年纪,样子瘦削。虽生性质朴,落后愚昧,却也沾有游手好闲之徒的狡猾。不过没有流氓样,也不是瘪三。"他虽多住未庄,然而也常常宿在别处",说明他偶宿鲁镇和进出咸亨酒店非常可能。

24. 赵太爷——未庄的头面人物,封建绅士。

25. 假洋鬼子——未庄钱太爷的儿子,曾留学东洋。穿西服,戴铜盘帽,装假辫子,使用文明棍,是一个投机革命者。

26. 吴妈——赵太爷家的佣人,青年寡妇。

27. 小尼姑——未庄村外静修庵的青年尼姑。静修庵,一般认为位于未庄和鲁镇之间的水田中。

28. 老尼姑——静修庵的当家,小尼姑的师父。

29. 王胡——未庄游民,中年。

30. 小 D——未庄青年游民。

31. 秀才——赵太爷的儿子。

32. 秀才娘子——少妇。

33. 赵太太——老妇。

34. 赵白眼——赵府本家人,帮闲。

35. 邹七嫂——赵府紧邻,搬弄口舌的半老寡妇。

36. 邹七嫂的女儿——11 岁。

37. 土谷祠庙祝——年过六旬。未庄土谷祠的庙祝与鲁镇土地庙的庙祝之间相互走动当为常事。

38. 把总——县衙门封建官僚,摇身成为新政权的头头。他既然能在未庄出现,自然也会出现在鲁镇。

此外还应有穿长衫的政客、官兵、差役、团丁和男女乡民、市民。

以上人物出自《阿Q正传》,其服饰穿戴可参考笔者所编之绍剧《阿Q正传》。

39. 俞凤岗——绍兴知府,周福清科场案发,是他派兵搜捕周家。

40. 捕快。

以上人物出自《鲁迅故家的败落》。

41. 吕维甫——回故乡 S 城办事的塾师。

42. 老发奶奶——S 城柴店店主的母亲。

43. 顺姑——穷船户长富的女儿。

44. 阿昭——顺姑的妹妹。

以上人物出自《在酒楼上》。

45. 华老栓——城内小茶店店主。因儿子患病,愚昧地听信他人言而奔波买"血馒头"者。

46. 华大妈——老栓之妻。

47. 康大叔——这个满脸横肉的人,披一件玄色衣衫,散着纽扣,用很宽的玄色腰带,胡乱捆在腰间。是他提供华老栓"血馒头"。

48. 红眼睛阿义——管押革命者夏瑜的狱卒。

49. 驼背五少爷——茶客。"这人每天总在茶馆里过日,来得最早,去得最迟。"

50. 夏瑜的母亲——这位母亲在上坟时意外地发现有人在她儿子的坟前献花。

以上人物出自《药》。

51. 庄木三——木莲桥头人。陪女儿去庞庄处理婚姻纠葛,胆小而终于顾不及女儿之根本利益。

52. 爱姑——庄木三的女儿,是一个不幸婚姻的受害者。

53. 八三——爱姑在船上称呼他为八三哥。航船上的老乘客。

54. 汪得贵——胖子。航船乘客之一。

55. 慰老爷——庞庄的权势门户。

56. 七大人——居住在城里,而作品中则是在庞庄会亲戚,并协同慰老爷处理爱姑的婚姻纠葛。

以上人物出自《离婚》。

57. 杨二嫂——其人年轻时人称"豆腐西施",时已是"凸颧骨,薄嘴唇,五十岁上下的女人,两手搭在髀间,没有系长裙,张着两脚,正像一个画图仪器里细脚伶仃的圆规"。她在"鲁镇"出现,可以对游客做这样的自我介绍:"我年轻时很漂亮的,人人叫我豆腐西施呢!"

58.闰土——"少年鲁迅"的朋友。在"鲁镇"上分别以两个形象出现:一是少年闰土,紫色圆脸,头戴一顶小毡帽,颈上套一个明晃晃的银项圈。一是成年闰土,灰黄的脸色,很深的皱纹,眼睛肿得通红,头上是一顶破毡帽,身上一件薄棉衣;手里提着一个纸包和一支长烟管。在"鲁镇",他碰见游客就说:"我小时候也很讨人喜欢的。唉,负担重,老啦。鲁老爷同我说过:将来我的孩子们再也不会像我这个样子了!"

59.宏儿——"鲁迅先生"的侄儿。

60.水生——成年闰土的第五个儿子。

以上人物出自《故乡》。

61.双喜——"少年鲁迅"在平桥村的朋友,曾出"聪敏"点子陪同"少年鲁迅"去赵庄看社戏。

62.桂生——看社戏回来,提议偷一点罗汉豆煮吃的就是他。

63.阿发——这个可爱的少年提议"偷"他家种的罗汉豆:"偷我们的罢,我们的大得多呢。"

64.六一公公——村中一位摇小船的宽厚长者,以种豆卖豆为乐,称赞"少年鲁迅":"小小年纪便有见识。"

以上人物出自《社戏》。

65.长妈妈——即阿长,"少年鲁迅"的保姆。她在"鲁镇"出现,可到处向碰到的游人打听:"喂,绘图的《山海经》哪里有得买?"

66.行政司长——军政府行政司长,辛亥革命前就是铁路股东。

67.军械司长——军政府军械司长,辛亥革命前就是店掌柜。

68.王都督——即王金发。由陶成章介绍加入光复会,1911年11月10日率领光复会进入绍兴,11日成立绍兴军政分府,自任都督。

以上人物出自《范爱农》。

69.福庆师傅——农民兼竹匠,闰土(章运水)的父亲。常在鲁迅家做短工,自然也可以出现在"鲁镇",替人编竹席、劈筅帚、缚扫帚。

70. 寿镜吾——秀才,三味书屋塾师,鲁迅所敬重的人物。

以上人物出自《从百草园到三味书屋》。

71. 陈莲河——S城的中医。鲁迅视他为庸医。时可看见他坐在3名轿夫抬的快轿里飞一般过。

以上人物出自《父亲的病》。

72. 衍太太——鲁迅的叔祖周子传的妻子,一个给鲁迅留下不好印象的女人。

以上人物出自《琐记》。

73. 魏连殳——早年居住在相距S城水道70里的寒石山小村,后进城到中学堂做历史教员,爱发表关于社会和历史的议论,被世人视为脾气古怪的人。

以上人物出自《孤独者》。

(三)现实生活中鲁迅家族里的代表性人物

74. 周福清——鲁迅的祖父。身材魁梧,30岁时考中浙江乡试第三十六名举人,4年后中进士,点翰林,但一生仕途坎坷。光绪十九年(1893),因科场舞弊案,曾回家乡一次。科场舞弊案对鲁迅一家人的命运产生了重大影响。

75. 潘氏大凤——周福清的小妾。

76. 孙氏月仙——鲁迅的亲祖母。

77. 蒋氏——鲁迅的继祖母。给鲁迅留下极为美好的印象。《狗·猫·鼠》一文中有描写。

78. 鲁希曾——鲁迅的外公,曾考中举人。

79. 何氏——鲁迅的外婆,具有传统美德的水乡妇女。

80. 周伯宜——鲁迅的父亲,因病而使鲁迅从小出入药店、当铺之间。

81. 鲁瑞——鲁迅的母亲,娘家在绍兴安桥头。具有贤惠能干、忍辱负重的品性。

82. 樟寿——鲁迅本人。樟寿是小名,学名为周树人,"鲁迅"是采用母姓的笔名。在鲁迅作品中,多出现"我"这个第一人称的角色,应分为3种类型:其一,这个"我"跟鲁迅本人毫无关系,只是虚构作品中的第一人称的人物。其二,这个"我"带有作者的某些影子,但不全代表作者。其三,这个"我"确指作者。由此,笔者认为如果"鲁镇"景区中出现鲁迅形象,应以"少年鲁迅"为妥当。同时,"少年鲁迅"这一人物可以与游客对话,介绍上述关于"我"的知识。

83. 魁寿——即周作人,鲁迅的二弟,比鲁迅小4岁。

84. 松寿——即周建人,鲁迅的三弟,比鲁迅小8岁。

85. 周子京——鲁迅的堂祖父。"赶考一辈子,还是个老童生,年年县考的榜上,看不到自己的姓名,就发呆病。"

86. 周子传——鲁迅的堂祖父。鲁迅祖父科场案发,他曾几次到衙门奔走,受惊吓而死。

87. 周玉田——鲁迅的启蒙塾师。

88. 周伯升——鲁迅的叔祖。鲁迅18岁去南京,跟他帮助有关。

89. 周德——鲁迅的大姑妈。鲁迅祖父出狱回绍兴,她曾回娘家照顾。

90. 马凤郊——鲁迅的大姑父。鲁迅的祖父在狱中时,曾捎信托其做寿材。

91. 周康——鲁迅的小姑妈。嫁到东关后,马上就来邀请侄儿鲁迅到东关看会。对这次盛情的邀请,鲁迅专门写了一篇文章,就是《五猖会》。

92. 金雨晨——鲁迅的小姑父。秀才。

93. 鲁秀山——鲁迅的堂舅,又称二舅舅,曾住皇甫庄。

94. 鲁怡堂——鲁迅的大舅父,曾住皇甫庄。早年读书用功,成为秀才,后被鸦片所害。少年鲁迅避难时住在他家。

95. 鲁寄湘——鲁迅的小舅父,曾住皇甫庄,擅长中医。

96. 鲁佩绅——鲁迅的舅表兄。大舅父鲁怡堂之子。少年鲁迅避难皇甫庄,后又迁小皋埠,与这位舅表兄几乎朝夕相处。

97. 鲁佩纹——鲁迅的舅表弟,小舅父鲁寄湘的独子。

98. 鲁佩紫——鲁迅的舅表弟,堂舅鲁秀山的长子。少年鲁迅避难皇甫庄外婆家时,与其朝夕相处。

99. 阮罗林——鲁迅的姨表兄,曾以师爷为职。1899年冬回绍,《鲁迅日记》中两次提到他。

100. 寿洢邻——三味书屋塾师寿镜吾的长子,亦系少年鲁迅的塾师。

以上人物出自《鲁迅家世》,部分人物的服饰穿戴和造型可参考笔者所编剧的影片《风雨故事》。

四

以上列出"鲁镇人物"100名。根据需要还可以列出第二批名单。这些"鲁镇人物",若能在"鲁镇"景区再现,这将是一番何等景象?

笔者认为起码能产生如下效果:

1. 普及关于鲁迅的知识。
2. 使凝固的"鲁镇"建筑充满生气,激活游客雅兴。
3. 至少创造100个就业岗位。

三、越地名人

范蠡的"共同富裕"思想及其当代鉴示

刘孟达

范蠡(前536—前448)是春秋战国时期一位文韬武略、深图远虑的政治家,也是一位农商并重、义利并举的实业家。在越地,范蠡辅佐越王句践实施一系列富民强国战略,堪称越国灭吴称霸的头号功臣。但之后,范蠡却毅然决然地急流勇退、弃政从商。他"乘扁舟浮海"北上,先后在齐、宋等国垦荒耕作、治产经商,继而富甲天下。更难能可贵的是,"先富起来"的范蠡"三散千金",仗义疏财,施善桑梓,被后世奉为"富好行其德"的中华商祖。

一

从历史文献分析,范蠡不仅是中国古代历史上第一位辞职"下海"的高官,也是"共同富裕"思想的首倡者和实践者,更是"先富带后富、帮后富"的杰出典范。

(一)范蠡"共同富裕"思想的逻辑起点,是辅佐越王句践时所实施的"富民强国"治国方略

"治国之道,富民为始。"范蠡认为,治理国家要"左道右术,去末取实"。所谓道者,"天地先生,不知老,曲成万物,不知巧";所谓术者,"天意也";所谓末者,"名也";所谓实者,"谷□也,得人心,任贤士也"。在范蠡看来,要实现富民强国,不仅要顺应天道,还要效法人道,重中之重是富民。越王句践听从范蠡、文种的建议,实行了一系列的富民之策。据《越绝书》卷十三载:

越王曰:"多贮谷,富百姓,此乃天时水旱,宁在一人耶?何以备之?"……范子曰:"天生万物而教之而生。人得谷即不死,谷能生人,能杀人。"

范蠡还引用他老师计然的话说:"兴师者必先蓄积食、钱、布、帛。""(国家)必先省赋敛,劝农桑;饥馑在问,或水或塘,因孰积以备四方。"(《越绝书》卷四)

为了实现富民强越、灭吴称霸的战略目标,范蠡将"计然之策"的商业智慧融入治国理念。他既主张"劝农桑,务积谷",又倡导"农末兼营"。最关键的是,粮食不能过贵,亦不能过贱。过贵伤末(工商业),过贱伤农。他援引计然所说:"籴石二十则伤农,九十则病末。农伤则草不辟,末病则货不出。故籴高不过八十,下不过三十,农末俱利矣。故古之治邦者本之,货物官市开而至。"(《越绝书》卷四)越王曰:"越国之中,富者吾安之,贫者吾与之,救其不足,损其有余,使贫富不失其利。"(《吴越春秋》卷十)

范蠡认为,要保障老百姓的生命安全,就要"顺于四时",重视粮食生产。"物之生,谷为贵,以生人,与魂魄无异,可得豫知也","兵之要在于人,人之要在于谷。故民众则主安,谷多则兵疆。王而备此二者,然后可以图之也"(《越绝书》卷十三)。他强调,"田野开辟,府仓实,民众殷"是最大的政治事务。他还派人在山阴城南坡塘筑塘养鱼,开创了中国堰塘养鱼历史。据南宋《(嘉泰)会稽志》载:"在县东南二十六里会稽山,池有上下二所。旧经云范蠡养鱼于此……今上破(坡)塘村乃上池。"按照《养鱼经》"畜鱼三年,其利可以至千万,越国当盈"推断,范蠡的堰塘养鱼是当时越国重要的经济命脉,对恢复和增强越国国力起到了助推作用。经过"十年生聚,十年教训",越国呈现出"国富,厚赂战士,士赴矢石,如渴得饮"(《史记·货殖列传》)的景象。

(二)范蠡是中国古代"共同富裕"的首倡者和实践者

范蠡认为,如果财富过度聚集到少数人手里,就会成为社会不稳定的因素。"物聚必散""损有余而补不足",乃天道使然。先富者只有主动散财,取之于民,用之于民,社会才能和谐稳定。商人要"不贪天下之财,而天下共富之"(《越绝书》卷十三),天下人都富了,购买力才会强,商人才更有赚钱的机会。为此,商人应该施善乡梓,兼济天下。这是中国古代"共同富裕"思想的萌芽。

在范蠡看来,"能与人共之者,仁也","免人之死,救人之患,济人之急者,德也"(《六韬·文韬·文师》)。他三次"裸捐",正是这一思想最具说服力的例证。第一次是公元前 468 年,范蠡辞官经商。他"装其轻宝珠玉,自与其私徒属乘舟浮海以行,终不反"(《史记·越王句践世家》)。第二次是范蠡来到齐国,"耕于海畔,父子治产。居无几何,致产数十万"(《史记·越王句践世家》)。不久,"齐人闻其贤,以为相"。范蠡盛情难却,干了三年,颇有政绩,却又"归相印,尽散其财,以分与知友乡党"(《史记·货殖列传》)。第三次是范蠡定居宋国陶邑后,"十九年之中三致千金,再分散与贫交疏昆弟"(《史记·货殖列传》)。遇到歉收灾荒,他便开仓赈灾,千里之外的灾民都来投奔。"先富起来"的范蠡乐善好施,扶贫济困,是中国最早的慈善家。而且,未分得家产的范蠡子孙靠自己挣钱、省钱,家业不仅没有衰落,反而犹胜范蠡之时。

(三)范蠡是中国古代"先富带后富"的杰出典范

范蠡除了慷慨解囊,无偿捐助以外,还毫无保留地传授他的生财之道。不管是王公贵族,还是平民百姓都一视同仁。在齐国为相时,齐威王曾问范蠡:"公任足千万,家累亿金,何术乎?"范蠡答:"夫治生之法有五,水畜第一。水畜,所谓鱼池也。"(《齐民要术》)他详细地讲授了养鱼技法和经验。齐威王依样画葫芦,在官院内挖鱼池养鱼,一年得钱三十余万。到定陶后,为了帮助百姓发家致富,他利用陶地低洼多水的地势,大力倡导和发展养鱼(主要是鲤鱼)业,并亲自教导百姓凿池养鱼。

范蠡的"致富"经验据传被编撰为《养鱼经》《致富奇术》《陶朱公商训》等,毫无保留地传播推介。《养鱼经》虽然仅有寥寥 243 字,却开创了我国科学养鱼的纪录。《养鱼经》记载了鱼池构造、雌雄鱼搭配比例、适宜放养的时间以及密养、轮捕等,可以说是古时人工养鲤技术经验总结。不管该书是范蠡所著,还是后世托名,它对发展中国古代淡水养殖业并带动养殖户发财致富,功不可没。相对于传统的种植业,养殖鲤鱼属于高附加值的副业,故范蠡确实有可能靠养殖鲤鱼而迅速成为当地"首富"。

另据《孔丛子》载:"猗顿,鲁之穷士也……闻陶朱公富,往而问术焉。朱公告之曰:'子欲速富,当畜五牸。'"鲁国有个穷书生名叫猗顿,"耕则常饥,桑则常寒",听说范蠡很富有,就去讨教致富的方法。范蠡教授他饲养技术。猗顿到西河(今山西晋南),在猗氏之南搞畜牧养殖,又兼营盐业。"十年之间,其滋息不可计,赀拟王公,驰名天下"。为了表达对范蠡的感恩之情,猗顿在当地修建了陶朱公庙,至今犹存。

二

范蠡生活在周室衰微、诸侯争霸、学派林立的春秋时期。毋庸讳言,在社会大动荡大变革背景下,范蠡的"共同富裕"思想带有时代局限性,比如,他"散财"的覆盖面小、缺乏长效机制等。但是,在推进"共同富裕"的时代语境下,范蠡"共同富裕"思想中所蕴含的富民、行善、疏财、济贫等文化基因,对构建与社会主义现代化相适应的财富伦理体系,仍然有着极强的鉴示意义。

(一)传承范蠡"善为国者,必先富民"的治国观,致力于勤劳致富、创新致富、守法致富

范蠡来到越国时,越国正处于低谷期。面对百废待举的局面,他认为,只有真正让人民富裕起来,才能安民心、聚民力、施王道。他建议越王句践"劝农桑、务积谷",减刑罚、轻赋税,鼓励生育,宽恤民力。通过二十年艰苦努力,越国终于实现了"田野开辟,府仓实,民众殷","虚设八仓,从阴收著,望阳出粜,策其极计,三年五倍,越国炽富"。越王对范蠡及其"计然之策"赞叹不已,说:"吾之霸矣。善!计研之谋也。"(《吴越春秋》卷五)说明在范蠡、文种等人的襄助下,当时的越国呈现出民富国强的局面。

由此,不难领悟:第一,"善为国者,必先富民",既蕴含着对以统治阶层为代表的整体国家利益的关照,也涵盖着对于老百姓个体生活的关切。"一切以往的道德论归根到底都是当时的社会经济状况的产物"(《马克思恩格斯文集》),在奴隶制向封建制过渡转型的诸多因素中,以物质财富为

标志的经济实力是凌驾于其他领域之上最重要的中坚力量。在当时,富国强兵、灭吴称霸是越国最鲜明的时代主题。从治国策略上来讲,老百姓只有先满足了其物质欲望,才会拥戴君主,归若流水,"先富民"也是凝聚人心、国治民安的有效手段。在当今社会,社会主义核心价值观中的"富强",即是"民富国强",这是国家实现富强的必由之路。只有"民富",市场经济才能良性运行,才能实现"诸侯富庶,国库富足"。第二,民富国强"不是靠幻想、不是靠等靠要得来的,而是用勤劳的双手、智慧的脑袋创造出来的"(习近平《在中南海党外人士座谈会上的讲话》),要在遵纪守法前提下,坚定勤劳智慧致富信念,坚持在发展中保障和改善民生,为人民增强发展能力创造更加普惠公平的条件,提升全社会人力资本和专业技能,提高就业创业能力,增强致富本领。

(二)传承范蠡"不贪天下之财,而天下共富之"的财富观,致力于帮困扶危、博施济众、回报社会

一个时代的财富观,是其社会生产本质和利益关系的集中体现。如前所述,春秋战国时期,身处世事纷乱的"士"即知识分子,无不希望投靠一方诸侯,求得高官厚禄。以老聃为代表的道家鄙视财富,憎恶经商;以孔子为代表的儒家主张重义轻利,重农抑商。但是,与他们同时代的范蠡却是个例外。他放弃在越国的高爵丰禄,"下海"到齐国、宋国置业经商并大获成功。他"三散千金"的做法,不论其主观意图如何,客观上起到带动大家共同致富的作用。在贪财慕势的当世,范蠡"为富而仁""富好行善",是极其难能可贵的。他为后世富民殷商乃至当代企业家树立了热衷慈善、济世疏财、博施济众的榜样,不愧为"中华慈善第一人"。

当今时代,在推进"共同富裕"的视域下,大力弘扬范蠡"天下共富之"的崇高精神,尤为重要。当下,就国家顶层设计层面看,要以打造浙江"共同富裕示范区"为引领,率先探索先富带动后富、推动共同富裕的体制机制,在"让一部分人先富起来"的基础上,探索更平衡更充分的发展,逐渐"让更多人富起来"。同时,要发挥"第三次分配"的社会效能,以"人性温暖"为内核的伦理道德为驱动力,促进社会资源在不同群体之间均衡流动。建立健全回报社会的激励机制,实施"崇善行善、扶危济困"公益慈善

先行计划；鼓励引导高收入群体和企业家向上向善、关爱社会，兴办社会公益实体，参与公益慈善事业；发扬"人人慈善"的现代慈善理念，打造全民性慈善活动等。

(三)传承范蠡"授人以鱼，不如授之以渔"的帮扶观，致力于分配调节、社会保障、精准扶贫

纵观史籍记载，"先富起来"的范蠡并非总把眼睛盯在"散财"上。其实，他在"三散千金"的同时，还会因地、因时制宜，主动提供技术支持，即指导别人掌握致富门路。无论是帮助寒士猗顿"畜五牸"致富，还是向齐威王传授养鱼技能"得钱三十余万"，都说明"先富起来"的范蠡以关注社会民生为出发点，其帮扶行为带有朴素的科技扶贫、教育扶贫因素。

当今时代，消除贫困、改善民生、逐步实现共同富裕，是社会主义的本质要求。当下，就操作性层面来看，对低收入群体的帮扶，除了完善社会保障机制以外，重点要把握精准扶贫方略，坚持"扶志、扶智、扶学"三位一体，即从思想观念入手，将自强、自律和自立的观念根植于低收入群体的内心；因地制宜强化适合当地农民素质的技能培训，为他们输送先进技术和经营理念。加大"造血式"扶贫力度，以科教创新赋能为支点，积极探索创新产业扶贫模式，带动当地一批懂技术懂经营的能手，激发低收入群体的内生动力。

吴孜舍宅为学始末考

屠剑虹　许珊珊

绍兴作为禹会诸侯之地,向有东南方国之称,教育发端甚早。春秋越国时期,越王勾践"十年生聚,十年教训",已有积物育人,开展教育的举措。东汉时,江夏太守宋辅弃官居山阴,于卧龙山(今府山)南白楼亭立学教授,开山阴私人传经之先河。六朝时期,时局动荡,王朝更迭频繁,统治者无心致力于官学的办理,江南一带包括会稽境域内的官学几乎处于空白的状态。而以家学为代表的私学的兴起,弥补了官学的缺失。

唐高祖武德七年(624),诏诸州县并令置学。唐玄宗开元二十六年(736),再令州县置学。越州建学宫于城北隅,至五代废,仅有司庙祭先圣而已。

北宋初期,统治者的主要精力是加强中央集权和防范地方割据势力,虽然采取了兴文教、抑武事的国策,但主要还是重视科举而非教育。当时地方官学的兴办被忽视,即使在中央也只是继承了原来的国子监。到北宋中叶,随着统治政权的稳定,教育在一些官员的推动下为朝廷所重视,尤其是范仲淹推动的"庆历兴学",使兴建官学有了开端,对宋代学校的兴起产生了重大影响。范仲淹在知越州期间,重视教育,创建稽山书院,使越州的教育事业出现了新面貌。此后,在有识之士和地方官员的推动下,越州官学得以恢复,越州监簿吴孜舍宅建学宫之举更是在绍兴教育史上写下了浓墨重彩的篇章。

一、师从胡瑗,热爱教育

吴孜,越州会稽(今浙江绍兴)人。嘉祐、治平间,闻名经苑,著有《尚书大义》三卷。吴孜曾任越州监簿,是掌管文书的佐吏。他师从胡瑗,颇得安定之学,是北宋时期的教育家。

胡瑗,字翼之,泰州海陵(今江苏泰州)人,因世居安定,故世称安定先生。胡瑗是理学先驱,他的"明体达用之学"对宋代理学有较大影响,与孙复、石介并称"宋初三先生"。胡瑗毕生从事教育,先后在泰州、苏州、湖州和京师太学执教三十年左右,受教者众多,可谓桃李满天下。他提出"致天下之治者在人才,成天下之才者在教化,教化之所本在学校"的观点,阐述了人才、教化与学校之间的内在联系。景祐二年(1035),胡瑗在苏州一带设学讲授儒家经术。当时,范仲淹因反对废后,被贬往该地任知府,而在南园开办郡学,遂聘胡瑗为首任教席。在范仲淹和胡瑗的合力下,郡学很快就成为全城各地学府的楷模。此后,胡瑗在湖州任教,同样实行了自己独特的教学方法,史称"苏湖教法"。胡瑗在苏、湖执教期间,亲手制定了一系列教育规章制度,对端正校风、规范学生行为举止和道德礼仪都起到了积极作用。宋仁宗庆历中,"朝廷兴太学,下湖州取其法,若为令"。

彼时,越州官学不及苏州、湖州等地,求师困难,求名师更为不易。为了学到更多知识,吴孜赴湖州求学,师从胡瑗。吴孜学习刻苦,深得胡瑗喜爱。胡瑗的教育思想对吴孜影响很大,尤其是胡瑗分科教育、严格校规、言传身教等方法,吴孜日后在越州办学中都有所使用。

二、见贤思齐,舍宅为学

北宋初,全国各地的官学几乎名存实亡。"方是时,越州官学学宫虽不废,其陋已甚",且学校管理上存在诸多漏洞。作为浙东之冠的越州,每年参加科举考试的却仅百余人而已,这引起了越州乡贤的不满和担忧。于是,他们或募集资金助学,或向上表达修建学宫的诉求。如齐唐上书建学宫就为历史文献所记载。

齐唐(987—1074),山阴人,字祖之,唐开元中浙西观察使齐澣之后,齐廓弟。少贫苦学,过目不忘,学识之博,人罕过之。当时,郡从事魏庭坚听闻齐唐是豪门士族的子弟,就对唐不屑地说:"今士子多不读书。"齐唐回答说:"请您拿书桌上的任何一本书来考我,如何?"魏庭坚于是以一帙开示,乃是《文选·头陀寺记》,齐唐将这篇长文一字不漏背了出来,魏庭坚听后大为叹服。齐唐于仁宗天圣八年(1030)中进士。两次应制科、秘阁,皆首选;两次对策,皆在第一。因言论切直遭排去。后以著作佐郎知杭州富阳,改秘书丞、太常博士,为南雄州签判,"会交趾进麒麟,唐据史传非之,斥蛮人绐中国,众服其博物。以职方员外郎致仕。初,鉴湖东北有山,岿然与会稽山禹庙相望,最为山水奇伟之处,唐命其山曰少微而卜筑焉。熙宁七年卒,年七十八。有《学苑精英》三十卷、《少微集》三十卷"。

宋仁宗天圣六年(1028),成悦以度支郎中知越州。其时,齐唐上书成悦云:"东南方国,禹会为大,学籍贡举,仅百余人,学校不修,生徒挑闼。比年二千石未遑斯制。诚因农隙,考制度,庀工徒,新先儒之宫,东南士子岂不佩执事训以风乡党乎?"齐唐对越州学校不修,岁籍贡举人才短缺的现象表示担忧,对几任太守均未重视兴学之制表达了不满。

齐唐上书成悦时,尚未中进士。其时,为了助学,他"首率其里人,哀缗钱得二十余万,欲市书入学,以讲肆之所未完,故以此书讽之"。从齐唐开始筹钱助学,一直到天圣六年上书成悦,九年间,学校讲堂始终没有修缮完成。由此可知,当时越州官学并未真正引起当局的重视,学宫呈现荒凉破败的景象。所幸越州知州成悦收到齐唐的上书后,即下令恢复州学,修缮学宫,越州学宫重新恢复了教学。

齐唐等地方乡贤和官宦重视教育的所作所为,在越地被传为佳话,也令吴孜十分敬佩,他立志以先贤为榜样,为教育事业作奉献。

嘉祐五年(1060),刁约出任越州知州。他上任后关心地方官学,对越州学宫进行考察。刁约(994—1077),字景纯,润州丹徒(今江苏)人。仁宗天圣八年(1030)进士,历诸王宫教授。庆历初,与欧阳修同知太常礼院。庆历四年(1044),坐苏舜钦进奏院祠神饮酒事,出通判海州。嘉祐初,使契丹。嘉祐四年(1059),出为两浙转运使。五年正月,以兵部员外郎、集贤校理出知绍兴府,六年十二月替。刁约为人忠厚,在朝中任官时,宾客无少长,均热情接待,却从不登权要之门。他工诗善文,为官四十年,曾担任过皇族子弟的教授,在京城和各地任职时,均周旋馆学,时人称他为刁学士。其文章品行,得到了范仲淹、欧阳修、司马光、王安石、王存、苏轼等人的敬爱。刁约出任越州知州后，即关注越州学宫的建设。其时"学舍近市，隘嚣靡宁厥居"，刁约认为学校处于喧嚣的闹市中，生徒难以静心读书，且居室狭小，使人逆气不舒心，于是就和当地官员、乡绅们商议，重新选址建造学宫。这一建议得到了众人拥护，但经多方踏勘选址，却仍未找到一处理想的校址。眼见择址重建学校的方案即将被搁置，这个时候，有一个人挺身而出，提出了建议："舍吾宅建学宫！"此人乃是吴孜。

三、越州学宫壮丽恢宏

吴孜所舍宅基位于越州城东南隅（今稽山中学址），交通便捷，宁静爽垲，"平衍高古，敞然一方，乔木渟水，有泮林之象焉"（张伯玉《越州新学记》），众人看后十分满意。于是，刁约便着手移建学宫。嘉祐六年（1061）十二月，刁约离任，沈遘以右正言、知制诰知越州。沈遘，字文通，钱塘（今浙江杭州）人。沈括为其从叔。仁宗皇祐元年（1049）进士。他到任后"大治学宫，取宝积旧殿为孔子殿"。然翌年七月，沈遘便调任扬州。嘉祐八年（1063）四月，张伯玉以度支郎官知越州。张伯玉，字公达，建安（今福建建瓯）人。早年登进士第，又举书判拔萃科。张伯玉接任后，继续扩建学宫，终于在治平元年（1064）落成。

北宋时期，地方官学的建置，一般有大成殿、讲堂、藏书阁、先贤祠、斋宫、学生斋舍等。孔庙成为官学的组成部分，称作"文宣王殿"或"大成殿"，师生定期举行祭孔等礼仪活动。越州学宫的建置亦大致如此。

经三任知州、历时四年完工的越州新学宫，其建筑布局为："大殿直庠门岿然，徙夫子旧像南面，颜兖公西向配坐。东西两庑，图画七十二子，洎二十有二先儒，孟、荀、扬、文中四子之像。其东庑之后，别为祠堂、斋宫一区，藏镐祭器益严。由殿后越敞庭，夏屋言言，环坐重席可三四，揭之曰公堂，旦夕讲劝、岁时乡射之宅也。由堂东西，翼于庠门，列为斋舍，甲乙以次，各有名版，学者居多。益宁堂东、学鼓之南，书大榜，条其篇目，皆学中规为之法也。"

治平元年（1064）四月四日，越州新学宫落成。当日傍晚，知州张伯玉率领属吏一起来到学宫，"宿予斋宫"。次日天刚亮，"用牢体将币，奉成于先圣生师",祭祀礼毕,遂升于公堂,与祭者同坐。当时,越州有很多老人看到学宫的新气象,甚为感叹:"我们年轻时从未见到过如此壮丽的学宫,想不到老了还有幸见到。"宾客们依次而进,皆赞扬越州为东南大州,学宫为东南最始,又赞扬越州几任太守以职学为己任,同时恳请张伯玉为越州新学宫撰文以刻于金石。张伯玉认为自己才疏学浅,不敢接受。一个月后,因众人盛情难却,张伯玉遂撰写了《越州新学记》,刻石立碑于学宫。碑高六尺七寸,广三尺四寸,额楷书"越州新学之碑"六字。额三行,径五寸,文二十三行,行书,径一寸。

新学宫落成后,聘请名师讲学,吴孜亲自为学生讲课。为规范学校制度,树立东南一流学堂之风气,吴孜为学校制订了规章制度,张贴于公堂学鼓之南,使诸生都能铭记在心,严格遵守。

开学那天,越州知州张伯玉穿着便服高坐堂上。吴孜鸣鼓以示开学,并宣布学规,其中即有:为人懂道理,识礼数;在家事父母,入学堂事先生;无论出身贵贱,在学校当以师者为尊,否则将受到校规处罚。按照学规,只有师者才可高坐堂上,接受学生行礼。吴孜看到张伯玉坐在堂上,便说:"虽然你贵为知州,但你身穿便服,不是以知州的身份参加典礼,你也不是学堂的老师,不能随意坐在堂上,你要按学规接受处罚。"张伯玉听后,欣然接受了处罚。从此,不仅越州学宫之恢宏名传四方,且学宫学规之严格亦被人传颂。

四、引领重教尚学风尚

吴孜舍宅办学在当时无疑是惊世骇俗之举。这是因为长久以来,办学并未得到历代朝廷的真正重视。且越地向有淫祀之俗,士人望族们也随波逐流。陆游在《绍兴府修学记》中曾言:"不幸自周季以来,世衰道微,俗流而不返,士散而无统。"社会热衷于花大量钱财添置"黄金、珂璧、怪珍之物"作为死者陪葬的名器,结果是"诱骇愚稚,而六经寖微"。宫观、寺院大兴,十分奢华,"穹阁杰屋,上摩霄汉,黝垩髹丹,穷极工技,其费以数万计,而学校弗治"。会稽郡城内舍宅为寺、舍宅为观成风,而这一风气又往往是达官贵人或望族士人所引领的。东晋时,会稽内史、右军将军王羲之在政务之暇,常结交雅士名流,互为游乐唱和,又结交高僧,研究佛法,后舍宅为寺,初名昌安寺,后改名戒珠寺。又有东晋名士许询,不愿为官,却喜与谢安、王羲之一起渔弋山水,言咏属文,又与高僧一起研究佛学,舍宅建寺,初名祇园寺,宋政和七年(1117)改名能仁寺,后又改名大能仁禅寺。光相寺由汉代会稽太守沈勋之后人于东晋时舍宅而建。陈霸先信奉道教,他于太平二年(557)称帝建立陈朝后,将位于会稽府城东南的宅第舍为道观,名思真观。唐代名士贺知章诗文俱佳,天宝三年(744)正月初五,时年八十五岁的贺知章告老还乡后为道士,居五云门外道士庄,以宅为千秋观,以奉道教。舍宅为寺、舍宅为观的风气是当时社会政治不稳,禅宗发展以及儒、释、道逐渐融合的大社会背景下发生的特殊历史现象,同时也反映了当时士大夫们护佑国祚、荫产传宗、逃逸栖隐、寄归信仰的多重心理,最终目的是为个人的灵性生命祈求福寿,寻找到安顿之处的一种慰藉。这一风气已成为当时社会的主流。

到了北宋初期,依然教化不兴,风俗浅薄,虽经"庆历兴学"改革,有诏令各地州县皆立学,但由于这次改革持续时间短暂,并未真正有大的变化,对于越州来讲也是如此。《(嘉泰)会稽志》记载,当时越州奉承诏令兴学,是"验诸故府载籍文书,则无所见"。可见,办学之举并未真正得以实施。吴孜针对释、道兴盛而学校未治的"世道衰微"现象,毅然将宅第献出来办学,将国家之振兴、民族之希望寄托在对后人的培养和教育上,这在当时的社会风气下,确实是一种难能可贵之举。吴孜的远见卓识和崇高品德不仅深受人们赞赏,而且对引领和提倡重教尚学的社会风气也产生了积极的影响。

吴孜去世后,他的功绩一直为后人所铭记。人们在学宫内建了一座吴孜祠,祭祀吴孜。南宋状元王十朋为吴孜祠题诗云:"右军宅化空王寺,秘监家为羽士宫。惟有先生旧池馆,春风归在杏坛中。"把吴孜视为一等贤人,可见其功德非同一般。

自吴孜舍宅办学后,越州学宫为历代所重视。南宋为绍兴府学宫,有多任绍兴知府修学宫。隆兴二年(1164),吴芾修之;绍熙二年(1191),王信增修,陆游为之撰写《绍兴府修学记》,刻石立碑于府学宫内;嘉定十六年(1223),绍兴知府汪纲又增葺之,使绍兴府学宫更具规模。明、清时均大修学宫,使学宫壮丽完整,遂称浙中诸庠第一。清末,罢科举,府学废。民国二十一年(1932)秋,在府学宫址上建立了私立绍兴中学,次年改名为绍兴稽山中学。自吴孜舍宅为学以来,历经千年,这里依然弦诵不绝,文脉绵长。

注:本文为绍兴文化研究工程2022年度重大项目"绍兴宋韵文化研究·宋代绍兴古城研究》(22WHZD01-13Z)"成果。

王阳明"亲民"思想及其实践研究

李永鑫

在王阳明良知心学体系里,有丰富的"亲民"思想。"大学之道,在明明德,在亲民,在止于至善"一语,是古本《大学》之首句。程颐、朱熹将"在亲民"改为"在新民"。而王阳明则反对这样的修改,坚持《大学》古本的"在亲民"之说。王阳明说:"孔子言'修己以安百姓','修己'便是'明明德','安百姓'便是'亲民'便是兼教养意,说'新民'便觉偏了。"王阳明的"亲民"思想,充分体现了儒家"以民为本"的政治思想传统及其人文精神,不仅具有历史价值,而且具有重要的现实意义。

一、王阳明"亲民"思想的本质:以民为本,修己安民

王阳明的亲民观来源于孔子的"修己以安百姓"思想。

《传习录》载,王阳明在回答弟子徐爱的问题时,批评朱熹的"在新民"之说,而坚持《大学》古本的"在亲民"之说。他说:

> 如孔子言"修己以安百姓","修己"便是"明明德","安百姓"便是"亲民"。古之人明明德以亲民,亲民所以明其明德也。是故"明明德",体也;"亲民",用也;而"止至善"其要矣。

王阳明关于体、用、要的解说,是对孔子核心思想的精辟阐明。

如何理解"修己以安百姓"呢?王阳明认为,首先,要提高自己的修养,成就高尚人格,具有崇高道德。这是立身处世的关键所在,只有这样做,才能安定周围的人,进而使所有人都得到平安快乐。换言之,"修身立德"与"治国安民"的关系是确立根本之道与在政治实践中应用、践行根本

之道的关系。这也是儒家一贯倡导的"内圣外王""修己治人"之道。内圣成德之道是"仁",外王"安百姓"之政就是"仁政"。以"安百姓"为最高政治理想的精神,也正是儒家人文精神的生动体现。

第二,王阳明认为"修己"就是"明德""亲民"。"明德""亲民"要有"止于至善"的境界。"至善"来源于《大学》三纲领之"止于至善"。王阳明在《大学问》里系统解释了《大学》三纲领的内容及其关系,指出:

> 至善者,明德、亲民之极则也。天命之性,粹然至善,其灵昭不昧者,此其至善之发见,是乃明德之本体,而即所谓良知也。至善之发见,是而是焉,非而非焉,轻重厚薄,随感随应,变动不居,而亦莫不自有天然之中,是乃民彝物则之极,而不容少有议拟增损于其间也。少有拟议增损于其间,则是私意小智,而非至善之谓矣。

王阳明所谓的"至善",是指道德修养所能达到的最高境界,是明德的终极准则,同时也是亲民的终极准则。这个"至善"其实与王阳明的"良知"是一个意思,即是道德本体。王阳明在《传习录》里说:"至善也者,心之本体。本体上才过当些子,便是恶了。"可以说,达到"至善"必然要求"明德""亲民",而"明德""亲民"的终极目标是"至善"。"至善"是实现"明德""亲民"的内在依据,"明德""亲民"是"至善"外化于形。"至善"作为一种价值观和方法论的高度统一,内含知善行善,是知行合一的体现,从而发善念、起善心、行善事、植善德,达到时时为善,事事为善,念念皆善的境界。从这个意义说,"至善"不仅是一种价值要求,更是一种修身方法、一种道德修养的至高境界,是"明德""亲民"的终极归宿。

第三,王阳明认为,要做到"明德""亲民",还必须有能以天地万物为一体的情怀。王阳明在《大学问》里说:

> 明明德者,立其天地万物一体之体也。亲民者,达其天地万物一体之用也。故明明德必在于亲民,而亲民乃所以明其明德也。是故亲吾之父,以及人之父,以及天下人之父,而后吾之仁实与吾之父、人之父与天下人之父而为一体矣;实与之为一体,而后孝之明德始明矣!亲吾之兄,以及人之兄,以及天下人之兄,而后吾之仁实与吾之

兄、人之兄与天下人之兄而为一体矣；实与之为一体，而后弟之明德始明矣！君臣也，夫妇也，朋友也，以至于山川鬼神鸟兽草木也，莫不实有以亲之，以达吾一体之仁，然后吾之明德始无不明，而真能以天地万物为一体矣。夫是之谓明明德于天下，是之谓家齐国治而天下平，是之谓尽性。

王阳明所说的"大人"之所以能以天地万物为一体，是因为他的仁爱之心如此，在这一点上是与天地万物为一体的。如见孺子之入井，必有怵惕恻隐之心，就是因为他的仁心与孺子之心为一体的缘故。"是故亲吾之父，以及人之父，以及天下人之父，而后吾之仁实与吾之父、人之父与天下人之父而为一体矣；实与之为一体，而后孝之明德始明矣！"这就是万物一体之仁的体现。小人却因为"动于欲，蔽于私"而丧失了万物一体之仁。

王阳明在《书王嘉秀请益卷》中指出：

仁者以天地万物为一体，莫非己也，故曰："己欲立而立人，己欲达而达人。"古之人所以能见人之善若己有之，见人之不善则恻然若己推而纳诸沟中者，亦仁而已矣。

这里，王阳明所说的"亲民"，本质上就是儒学传统"推己及人"精神的具体体现，是"老吾老以及人之老"之类的政治实践。

从"良知心学"的角度看，仁者能以万物为一体，不能一体，只是己私未忘，"良知"未明，所以也做不到亲民。王阳明的"亲民"思想其实是良知心学在政治管理中的运用。在王阳明看来，"亲民"是国家治理、社会安定的保障，"亲民之学不明，而天下无善治矣"。

王阳明的"亲民"思想不只是一个观念形态的东西，而是可以指导实践的为政法宝。王阳明通过对南大吉等人治理绍兴行为的指导，传播普及了他的"亲民"思想。

南大吉知绍兴府后，拜王阳明为师，还扩建了稽山书院，请王阳明在书院讲学。他还对薛侃早年在江西编纂的《初刻传习录》爱不释手，但以收录未全为憾，遂搜集整理王阳明致周道通、陆元静、聂文蔚等人的书信，刊刻成书，是为《续刻传习录》。南大吉在绍兴为政期间大力践行致良知，把自己的莅政之堂称为"亲民堂",还请王阳明写了《亲民堂记》。

《亲民堂记》这篇文章记录了绍兴知府南大吉将官衙命名为"亲民堂"的过程,解说了"亲民"的意义。不仅如此,还叙述了《大学》中"明明德""亲民""止于至善"三大纲领的关系。当然,其根本在于致良知之道。

一天,南大吉向王阳明问政。王阳明说,无欲便可感知明德,人伦道德的具体化就在于"亲民"。因此,"明明德"与"亲民"是一体的。既不能堕入佛老的虚无,也不能只重"亲民",不知"明明德",而陷入霸者的功利之道。

王阳明针对南大吉的提问,从"良知"说的角度明快地解说了《大学》的三纲领,由此才能完成以天地万物为一体的大人之学、圣人之学。他不仅尖锐地批判了佛老二氏的空寂学说、霸者的功利之心,也暗中批了朱子学陷入的外求之弊端。

王阳明的"亲民"思想,是本着孔子"修己以安百姓"和孟子"亲亲而仁民,仁民而爱物"的思想,阐述了"仁者与天地万物一体"的观点。所谓"亲民",就是亲天地万物以至于鸟兽草木,内含着丰富的人与自然和谐相处、人与人和谐相处的思想。正因为如此,所以只要做到"亲吾之父以及人之父,而天下之父莫不亲矣;亲吾之兄以及人之兄,而天下之兄弟莫不亲矣","君臣也,夫妇也,朋友也,推而至于鸟兽草木也,而皆有以亲之"。

王阳明的"政在亲民"思想,不仅是为政的要求,也是为政者的追求。"天地人三才之道"深入中华民族道德伦理之中,培育了中华民族"天人合一、万物一体"的博大精神。今天,王阳明的"政在亲民"理论对于我们改进、调整、协调人与天地自然的平衡发展,以及人与社会、人心与人身的平衡和谐发展,推动心态、生态、世态"三态"平衡协调,都具有借鉴意义。

二、王阳明"亲民"思想的践行方略:爱民保民、顺应民心、安民富民

如何做到"亲民"? 王阳明在多篇文章中有论述,总起来说是要求做到三个方面:一是爱民保民。王阳明说:"君子贤其贤而亲其亲。""如保赤子。"就是说,应像君子尊贤爱亲那样爱护人民,应像父母爱护婴儿那样爱

护人民。二是顺应民心。王阳明说:"民之所好好之,民之所恶恶之,此之谓民之父母。"将统治者视作民之父母,而将被统治者视为君之子民。三是安民富民。不但要使人民安居乐业,而且要使人民日益富足。

首先,要爱民保民。王阳明在《传习录》中与徐爱讨论怎么做"父母官"的问题。王阳明说:"民之所好好之,民之所恶恶之,此之谓民之父母。"意思是说,百姓所喜欢、满意的事物我们同样喜欢,百姓所厌恶的事我们一起憎恶,这才称得上是百姓的"父母官"。

在赣州剿匪的时候,王阳明践行了"父母官"的典型。王阳明在《疏通盐法疏》中说:"不加赋而财足,不扰民而事办。"

王阳明来到赣州以后,觉得剿匪除了军事安排外,还有一个财政问题。据估算:以调动官兵三万计算,半年时间里,需要消耗的粮饷折合银子至少应在三万两。而当时赣州府的库存银两却只有二千九百余两,缺口实在太大!

正德十二年(1517)六月十五日,王阳明给朝廷上的《疏通盐法疏》,就能够找到一个参考答案:运用中庸思维,在各个利益主体之间找到一个平衡点!

就当时情形而言,唯有在盐税上想办法。因为明、清两代,盐政已成为第一大政务,盐税已成了朝廷和各地的主要税源。

可当时赣州的盐政,由于政策的错误,已经被折腾得奄奄一息。这个政策的荒唐之处在于:南安、赣州、袁州、临川、吉安五个州地理位置相连,其食盐的主要来源一为广东的"广盐",二为安徽的"淮盐"。由于河道滩石险阻,淮盐基本上进不来。剩下的就只有广盐了。可正德九年(1514)十月,朝廷盐政主管部门却莫名其妙地发了一个告示,只允许广盐在南安、赣州发卖,不允许在袁、临、吉三州发卖。这样一来,就害苦了三州的老百姓,盐价飞涨,中等以下人家吃不起盐;害惨了三州的盐商,没有了货源,买卖还如何做?害穷了地方政府,缺少了一大块税收,更谈不上拿钱来供养剿匪的军队了。

面对如此困局,王阳明在深入调研的基础上,提出了一个"三全其美"的方案,即放开广盐限制,降低盐商税务,从而一举解决老百姓的"无盐之苦",南、赣二州的"军饷之利",商贾的"阻隔之累",公私皆两便。

王阳明在奏疏的最后说道：

> 看得赣、南二府,闽、广喉襟,盗贼渊薮。即今具题夹攻,不日且将命下;粮饷之费,委果缺乏;计无所措,必须仰给他省。但闻广东以府江之师,库藏渐竭;湖广以偏桥之讨,称贷既多;亦皆自给不赡,恐无羡余可推。若不请发内帑,未免重科贫民。然内帑以营建方新,力或不逮;贫民则穷困已极,势难复征。及照前项盐税,商人既已心服,公私又皆两便,庶亦所谓不加赋而财足,不扰民而事办。臣除遵照敕谕,径自区画事理,批行该道,暂且照议施行。候地方平定之日,将抽过税银、支用过数目,另行具奏。

这份奏疏当然很容易说动朝廷。你看,既不用向周边省份借钱,也不用朝廷出钱,商人还很高兴,这样的事何乐而不为？所以奏疏一上,马上获批,剿匪行动也得以立即展开。

第二,要顺应民心。王阳明认为官员光有亲民之心是不够的,要有具体的践行方式,那就是做决策要顺应民情。

明武宗正德十二年(1517),王阳明以都察院左佥都御史身份,负责巡抚南、赣、漳等处。正式至赣州上任后,他仅用一年多时间,迅速平定了闽、赣、湖、广四省边界地区为患多年的寇乱。平乱之后,他陆续上《添设清平县治疏》《添设和平县治疏》《立崇义县治疏》等,奏请朝廷,在匪患严重、经济落后的福建漳州府河头地区,江西赣南横水、桶冈地区,广东浰头地区分别设立平和、崇义、和平三县,以安定民生、收长治久安之效。在《立崇义县治疏》中,王阳明提出"但举大事,须顺民情,兵革之后,尤宜存恤"的治理思想。

王阳明在《立崇义县治疏》中,交代设县背景。首先是地理位置特殊,"上犹等县,横水、左溪、长流、桶冈、关田、鸡湖等处,贼巢共计八十余处,界乎三县之中,东西南北相去三百余里,号令不及,人迹罕到"。其次,经调研摸排,"访得各县流来之贼,自闻夹攻消息,陆续逃出颇众。但恐大兵撤后,未免复聚为患"。考虑到横水原系上犹县崇义里地方,山水合抱,地势平坦,适合在此处设县。如果在此建立县治,可尽将三县贼人占据阻荒田地,通行割出。经过调研,百姓对设县也"各交口欢欣,鼓舞趋事,别无民情不便"。王阳明了解到这些情况后,认为"今议立县治并巡司等衙门,惩前虑后,杜渐防微,实皆地方至计"。同时,考虑到横水议建县治处所,原系上犹县崇义里,因地名县,亦为相应。因此,上疏朝廷,希望顺应民情,早赐施行。并儒学巡司等衙门一起铨选官员,铸给印信。这样,则三省残孽,有控制的地方而不敢聚;三省奸民,没有潜匿的地方而不敢逃。从而"变盗贼强梁之区为礼义冠裳之地,久安长治,无出于此"。

王阳明在《立崇义县治疏》的一段话便可明白:

> 但举大事,须顺民情,兵革之后,尤宜存恤。仰该道会同分守等官,再行拘集地方父老子弟,多方询访,必须各县人民踊跃鼓舞,争先趋事,然后兴工,庶几事举而人有子来之美,工成而民享偕乐之休。

这里,王阳明要求做好"拘集询访"的工作,就是在办大事、上大工程之前,要广泛、充分地听取父老乡亲的意见,万不可以一官之意替代万民之意。要做好"鼓舞趋事"的工作,在决定工程上马以后,一定要通过广泛、深入的宣传发动,使人民踊跃参加,让他们真正地在内心里把这些大事当作自己的事,力争先进,力争上游。要做好"民享偕乐"的工作,凡所办大事,所建大工程等,都要让群众得到大好处、大实惠,让他们"交口欢欣",让地方"久安长治"。

王阳明在江西,剿灭四省山匪,设立崇义、和平、平和三个县,兴建书院大办教育,推行良知思想,取得了实实在在的治理成效。

第三,要安民富民。在巡抚南赣任上,王阳明主要抓了两大民生工程:一是荡平了延续几十年的匪患,二是纠正了盐政上的错误政策。在他的据理力争下,朝廷同意废止"广盐不许到袁州、吉安、临川发卖"的规定,从而收到了"三全其美"的效果。即老百姓得了实惠,吃到了便利盐;盐商得了机会,生意重新红火;地方政府得了实利,增加了税收,充实了军饷。

王阳明在正德十三年(1518)十月呈报朝廷的《再请疏通盐法疏》中说:"夫聚敛以为功,臣之所素耻也;掊克以招怨,臣之所不忍也。"这句话充分体现了王阳明忧国忧民的情怀。

王阳明把百姓的利益放在第一位。每当百姓利益受到损害时,他都会置个人利益、个人仕途于不顾,挺身而出,据理力争,不达目的不罢休。他也不给后来者留下难题。他认为:"若已毕而复举,是遗后人以所难,而于职守为不忠矣。"也就是说,假如有些难题在解决以后不久又出现了,这是把难题丢给了后任,是一种对职责不忠的表现。事实上,在阳明先生的为官生涯中,对每一件事情的谋划和处置,他都是既重视现实问题的解决,又重视长治久安的建设,从不把矛盾和负担留给后任。

为民办事、为民争利也要讲究方法。当民众的近期利益与长远利益矛盾时,要做到两者兼顾,不能满足近期而牺牲长远利益。王阳明在《批吉安府救荒申》中说:

> 据吉安府申,备庐陵县申,看得所申要将陈腐仓谷,赈给贫民。此本有司之事,当兹灾患,正宜举行。但诚于爱民者,不徒虚文之举,忠于谋国者,必有深长之思,故目前之灾,虽所宜恤,而日后之患,尤所当防,以今事势而观后患,决有难测。近据崇义县知县祝鳌申,要将预备仓谷,凶荒之时则倍数借给,以济贫民;收成之日则减半还官,以实储蓄;颇有官民两便,已经本院批准照议施行。看各县事体,不甚相远,此议或可通行,仰布政司再加裁酌议处施行。各属遇灾地方,凡积有稻谷者,俱查照此议而行。仍仰各该掌印官务要身亲给散,使贫民得实惠之沾,官府无虚出之弊乃可。

在这份报告中,王阳明特别介绍了崇义县知县祝鳌申救灾防灾的做法经验。县里建立储备仓库,并设立严格的制度规范。每逢灾荒之年,则开仓放粮,以"倍数"借给受灾的贫苦民众,帮助度过饥荒。反之,在丰收之年,以"减半"收回借出的粮食,以继续充实储备仓库。

对崇义县的这一做法,王阳明不仅立即批准执行,还要求其他各县,也要结合实际,尽快参照落实。最终,一定要达到"贫民得实惠之沾,官府无虚出之弊"的目的。用今天的话讲,就是既让群众得到实惠,又让政府不难以为继。

三、王阳明"亲民"思想的践行途径：窒己之欲，舍己之利，惕己之易，去己之蠹，明己之性

亲民是一个理论问题，也是个实践问题，王阳明事功的实践就是亲民的实践。

嘉靖三年（1524），王阳明在越讲学。时任诸暨县宰的朱子礼向他请教如何为政。王阳明只是跟他讲学，不提为政之事。朱子礼退而自省其身。怎么自省呢？就是努力做到"惩己之忿，而因以得民之所恶也；窒己之欲，而因以得民之所好也；舍己之利，而因以得民之所趋也；惕己之易，而因以得民之所忽也；去己之蠹，而因以得民之所患也；明己之性，而因以得民之所同也"。三月而政举。因此，他感叹道："我现在才知道学之可以为政了！"

接着，朱子礼又向王阳明请教如何为学。王阳明与之言政，而不及学。朱子礼回到诸暨，用心做好治理工作，通过实践修炼内心。努力做到"平民之所恶，而因以惩己之忿也；从民之所好，而因以窒己之欲也；顺民之所趋，而因以舍己之利也；警民之所忽，而因以惕己之易也；拯民之所患，而因以去己之蠹也；复民之所同，而因以明己之性也"。一年时间，他觉得内心修炼取得了很大成就，感叹道："我现在知道通过为政的实践来提升心学的途径了！"

接下来，朱子礼又向王阳明请教为政与为学的关键是什么？王阳明说："明德、亲民，一也。古之人明明德以亲其民，亲民所以明其明德也。是故明明德，体也；亲民，用也。而止至善，其要矣。"朱子礼回去后体会阳明先生关于"至善"的话，原来"至善"就是良知，为政、为学都离不开良知。

在这则故事里，王阳明从爱民情怀出发，表述的最核心的意思就是为政要"以百姓之心为心"，在制定和实行政治举措和治理政策时，要高度重视民心民意。可以说，取得"民心"不仅是手段，更是"以百姓之心为心"，必须"惟民欲是从""惟民愿是顺"，这样的民本思想、民本理念为现代国家治理提供了宝贵的精神遗产。

在南征广西思恩的时候，也是王阳明践行"亲民"思想的最佳时期。

王阳明在嘉靖六年(1527)七月十日上呈朝廷的《八寨断藤峡捷音疏》中写道:"惟国是谋,与人为善。"其实也是他一生事功的写照和准则。

正德十二年(1517)春夏之交,成功平定福建匪乱后,王阳明于五月八日给朝廷上了《闽广捷音疏》。紧接着,五月二十八日,他又上了《添设清平县治疏》,请求皇上"俯念一方荼毒之久,深惟百姓永远之图,下臣等所议于该部,采而行之。设县之后,有不如议,臣无所逃其责。今新抚之民,群聚于河头者二千有余,皆待此以息其反侧。若失今不图,众心一散,不可以复合;事机一去,不可以复追。后有噬脐之悔,徒使臣等得以为辞,然已无救于事矣。缘系添设县治永保地方事理,为此具本请旨"。消灭了土匪,但还有一个长治久安的问题,王阳明认为建县是最好的治安办法,平和县就此设立了。

正德十二年(1517)冬,成功平定江西南安府、赣州府的匪乱后,王阳明于十二月二日给朝廷上了《横水桶冈捷音疏》。紧接着,十二月五日,他又上了《立崇义县治疏》,请求皇上"惩前虑后,杜渐防微……俯顺民情,从长议处……变盗贼强梁之区为礼义冠裳之地,久安长治"。崇义县自此设立。

正德十三年(1518)四月,成功平定广东三浰的匪乱后,王阳明于四月二十日给朝廷上了《浰头捷音疏》。紧接着,五月一日,他又上了《添设和平县治疏》,请求皇上"鉴往事之明验,为将来之永图;念事机之不可失,哀民困之不可再;俯采臣等所议",及早批准建立和平县,让"百姓永享太平之乐"。不久,和平县设立。

正德十四年(1519)夏,成功平定宁王叛乱后,王阳明于七月三十日给朝廷上了《江西捷音疏》。紧接着,同一天,他又上了《旱灾疏》,请求朝廷"暂将江西正德十四年分税粮通行优免,以救残伤之民,以防变乱之阶"。接下来,又上了《计处地方疏》等十多道奏疏,为治理战后的江西出谋划策。

嘉靖七年(1528)春,成功招抚了思恩、田州叛乱后,王阳明于二月十三日给朝廷上了《奏报田州思恩平复疏》。不久,他于四月六日又上了《处置平复地方以图久安疏》,从久安长治出发,向朝廷提出了一条极富创意、极具特色的"土流共存、相互监督"策略。具体办法是,思恩、田州两个地区仍以土官任知州,以顺应土著民族之风俗习惯;但以流官任知府,对其进行节制监督。在具体分工上,知州相当于今天的县长,以管民事为主;知府相当于今天的党委书记兼军区司令,以管兵、管全面工作为主。如此制度设计,不可谓不周全矣!

嘉靖七年(1528)夏,成功平定了八寨断藤峡的匪乱后,王阳明于七月十日给朝廷上了《八寨断藤峡捷音疏》。紧接着,他于七月十二日又上了《处置八寨断藤峡以图永安疏》,请求皇上采纳其提出的"移筑南丹卫城于八寨、改筑思恩府城于荒田、改凤化县治于三里、添设流官县治于思龙、增筑守镇城堡于五屯"五条建议,以期收到"谋成而敌自败,城完而寇自解,险设而敌自摧,威霸而奸自伏"的效果。

由此我们可以看出,王阳明每完成朝廷交办的一件大任务,首先想到的不是如何请功请赏,而是如何为生民立命、为百姓造福、为国家享太平、为天下图永久!

王阳明的"亲民"思想要求为民办事要有不惜代价、不计得失的精神。他在《批漳南道教练民兵呈》中说:

事苟庇民,岂吝小费;功有实效,何恤浮言! ……兵不在多,惟贵精练。事欲可久,尤须简严。

前一句"事苟庇民,岂吝小费",充分体现了王阳明"仁爱自足以沦人心髓"的大情怀。而"兵不在多,唯贵精练;事欲可久,尤须简严"这句话,则展现了王阳明"思虑自足以彻人机智"的大智慧。

王阳明以民生为重,他的"亲民"思想的流露多在一些日常公文中。钱德洪在《三征公移逸稿》的序中说得很明白:阳明先生的这些公文,尽管言语平常,但都是在处理具体工作时不经意间流露的,并不是刻意雕琢的。因而,其所发之感慨,往往是真实的;其所提的观点,往往是管用的。

说明:本文所引王阳明原文,出自吴光等编校《王阳明全集》,上海古籍出版社2017年版。

李慈铭、谭献交游论学考略

张桂丽

李慈铭生于道光九年(1829),长谭献三岁,属浙东之会稽,谭属浙西之仁和,同道交好,学林也常将二人相提并论,如钱仲联论浙派诗时云:"慈铭不出清中叶之浙派范围,而谭则步趋七子、渔洋,亦不似王、邓之宗选体,要之皆无创新处。"张舜徽论谭献文:"极其所诣,故贤于李慈铭、樊增祥,以二家之文四六格调太多,而献犹能免于斯累耳。"

钱穆《中国近三百年中国学术史》论晚清浙籍学者朱一新时,附带提及李慈铭、谭献,切中二人学术成绩得失,可谓的论:

> 故《(无邪堂)答问》一书,遂若抨弹之高,过于建树,泛滥之广,胜其持平,徘徊汉宋,出入经史,博而无统,杂而寡要,旧辙已迷,新辂尚远,终于为一过渡之学者。同时两浙学人如李慈铭恧伯、谭献复堂之流,皆不免也。

钱锺书序谭献自订本《复堂日记》及其《续录》,专意谭、李二人日记之比较,且极赞谭献日记内容之雅、心气之平,而鄙夷李氏:

> 李书矜心好诋,妄人俗学,横被先贤。谭书多褒少贬,微词申旨,未尝逸口,虽或见理有殊,而此亦德宇广狭之大异者焉。至于文字,虽同归雅令,而李则祈向齐梁,虑周藻密,谭则志尚魏晋,辞隐情繁。亦貌同心异之一端也。

近代学者于谭献、李慈铭之文学、学术以及著述、性情等,常常论此即彼,这是极有意思的想象,也佐证二人不乏相同之处。

谭、李二人处于同一生活场景。太平军陷浙,谭献在福建,李慈铭在京师,两人都不得通家书,魂穿故里,日记中屡有记述。其后,李官京师,谭多年在皖任县令,都潜心治学,以文人自居。两人早年皆措意于诗,性情亦相近,喜高自标置,自视甚高,如《谭献日记》同治元年(1862)九月廿九日:"得赵㧑叔笺,见赠胡澍篆书楹帖十四字,曰:'为著作材天不禁,除功利念世无争。'盖㧑叔集《峄山碑》字,意欲以风予,予直受之而已。"李慈铭自称:"李生人材,虽未若髯之绝伦超群,要亦《英雄记》中所不容见没者也。"谭献的精神世界与李慈铭基本相同。

谭献中举后,会试屡不中,遂捐资为县尹,"甲戌三赴计偕,自顾渐老,稍欲以民事自试,假贷戚友,入赀以县尹官皖,非素心也"(《谭献日记》)。谭献好谈微言大义,重经世致用之学,故甘为地方官,辗转于安徽歙县、全椒、怀宁、合肥、宿松、含山等地。光绪三年(1877)二月,官歙县令,十七日抵县境,十八日即升堂治事,十九日巡城,二十日点吏役名簿,二十三日即审积压案件。九月十七日,前任县令夫妇同病逝,他不禁于日记中感叹:"地方瘠苦,善病忧贫,竟以此死。宦途至此,真苦海也!予正受代,绌至二千金,后顾不知所届。若杜门作老学究,岂有此苦邪!为气短久之。""此邑(全椒)贫而惰,民气不易昌而易抑。尝与土人言,上因少培养元气之吏,下实无兴起恒心之民,而窳薄之士夫从而蚀之,生殖教训有难言者。不才治此阅两年矣,烛弊益瞭,措手益拙,急图释手,以待贤哲与之更始。"他有经世之志,能任繁职。

李慈铭年三十尚未中举,也谋异途,捐资做京官,以其闲逸,且可广泛接触士子文人以广见闻。谭献二十二岁由浙江学使万青藜携至京,虽然李慈铭鄙视万青藜无学问,谭献却因随万氏至京而结识众友:"予之略通古今,有志于微言大义,皆此二年师友所贶也,至今不敢忘。"(《谭献日记》)李慈铭至京师后,也开始食贫力学,潜心经史。

晚清戏曲兴盛,二人为时风所染,同好戏曲,且能尊重、欣赏优伶,并真心用文字记录。谭献喜搜集、编刻伶人资料。《谭献日记》中不乏如下的记载:"检《怀芳记》,此书乔河帅为鞠部作也。""寄洲以《燕兰小谱》见示,二三十年未见之书,甚喜。作者题西湖安乐山樵,盖仁和余秋室先生集所撰。"他所作品题虽不乏游戏,但文词雅洁,对戏曲、伶人的喜爱之情呼之欲出。李慈铭也为优伶写诗赋词撰文，乐此不疲，留下大量梨园史料，是为士大夫娴雅生活之一斑。

一、早岁自居诗人

李、谭二人交谊较早，以诗相切磋。《谭献日记》之《谕子书》云："甲寅年，馆山阴村社，始填词。"时谭二十二岁，颇喜《选》学，作诗千余首，素有才名，亦颇轻狂。他坐馆山阴，与周星诒交好。周请李慈铭点评谭诗，李称其有杰句，惜少完善之作：

> 阅仁和谭献秀才诗集，摘数则于左。《渡江》云："大江浮白日，客子去何之。万古滔滔意，愁心共此时。长天乱春色，无处寄相思。帆拂西陵树，兵戈泪暗滋。"《遣兴》云："深竹有人语，野花随径香。"《杂感》云："临危思猛士，横议起书生。"又："空谈知误国，未敢请长缨。"《题刘太守祠》云："一钱留宦橐，十里寄高名。"《赠周葆昌》云："秦宫悬明镜，光夺月与星。愿身化作镜，照子婉娈形。龙门思素琴，宫商五弦起。愿子作琴弦，哀声绕余指。宝镜有昏日，朱弦有断时。寸心泰山重，力士不能移。"《山行》云："夕阳绣层峦，余辉乱林木。"《夜行》云："流萤点疏竹，欲堕忽复起。"《赠钱唐王汝霖》云："四海干戈日，蓬蒿尚有人。壮心托文字，知己慰风尘。"《怀友》云："前辈爱才当世少，穷途仗友古来难。"（《日记》咸丰四年三月二十一日）

以上所录早已被谭献删尽，诗集、日记中均未有保存，李慈铭的记录尤为珍贵。

李慈铭时隶籍言社，自居诗人，虽偶亦逞才恣肆，故为高言，但总体风貌能萧然尘外，清丽可诵，与其日记中反复哭贫忏愁截然不同，是诗人本色，同人誉为"词高姜白石，才压李青莲"：

> 楼莲舫秀才遣僧人奉书来，还《越缦堂壬癸诗词集》及沈寄帆词集、素庭秀才诗集，并惠赠七律五首、五律二首……题拙集云："笑我成伧父，如君洵谪仙。词高姜白石，才压李青莲。文社联时彦，骚坛让少年。焚香花下读，绮语不须捐。"（《日记》咸丰四年五月十三日）

楼允占字莲舫,沈昉字寄帆,沈玉书字素庭,皆能诗,他们互相借阅诗集,李慈铭对谭献之诗颇欣赏。彼时,李慈铭亦轻狂,于时人不轻许可。次年八月,谭献来访,二人皆沉迷于词章,似亦谈诗为主。谭献自称:"文章嗜汪容甫、龚定庵二先生,骈俪尤喜孔㧑轩,诗歌嗜吴野人、黄春谷,填词嗜成容若、项莲生。"(《谭献日记》)李慈铭对汪中、纳兰容若、龚自珍亦极为欣赏。

同治五年(1866),李慈铭在杭州参加浙江巡抚马新贻的宴饮,谭献也在座。两人同被延入浙江书局任总校勘,其间往还较为频繁、亲密,互相借阅书籍,同嗜本朝学术:

> 作片致谭仲修,属其转借王西庄《蛾术编》。(《日记》同治六年六月初二日)

> 偕松溪诣谭仲修谈,从仲修借得乌程严铁桥氏可均《四录堂类集》三种:一《说文声类》上下篇,一《说文校议》三十篇,一《唐石经校文》十卷。(《日记》同治六年六月初二日)

> 晴后仲修来,傍晚偕仲修、玉珊、松溪步至丰乐坊书坊阅书。(《日记》同治六年八月初二日)

> 仲修持示《说文解字注匡谬》,元和徐承庆谢山著,匡金坛段氏注之缪者也。(《日记》同治六年八月初七日)

> 作书致谭仲修,与辨章实斋氏言部录、言义法之缪。(《日记》同治八年二月二十五日)

> 谭仲修赠独山莫子偲所著《唐本说文木部笺异》一册,湘乡相国为之刊行者。(《日记》同治六年九月二十七日)

> 诣仲修晤谈,仲修赠予高伯平所钞郝氏《尔雅义疏》足稿本一部、江宁汪氏士铎《水经注图》一册。(《日记》同治九年八月二十二日)

> 作书致谭仲修,赠以《大吉买地碑》拓本一通。(《日记》同治九年九月初十日)

同治六年(1867),谭献中举,李慈铭为之欣喜:"是日,浙江乡试揭榜……所喜王子庄、谭仲修俱得隽,亦足为学者劝。"(《日记》同治六年九

月十五日)同治九年八月,李慈铭应乡试。从李慈铭日记中,亦可见谭献对其的鼓励与帮助:

> 作片致仲修,借入闱用物。得恒农书,馈肉饺、鱼松。仲修为料检考具,蓝洲为添买帷帐,皆遣人送来。予于科名绝意已久,今年以梅卿、仲修、蓝洲三君极意劝勉,重违其意,再效登场,炫嫁诊痴,必无所当,然如三君之周旋友谊,亦可谓有古人之风矣。(《日记》同治九年八月初七日)

同治十年(1871),二人赴京应会试,皆报罢。十一月,谭献南归,李慈铭画纨扇赠之,又寄之以书:

> 自傔从出都,经秋历冬,忽将逾岁,微言莫共,谈燕阒然。维勤味道腴,研综述作,里多英绝,素业益充。官事何如?黄绶累累,得之匪易。吾曹面目,尤非所宜。鄙意不如并力校官,得一真补,弦诵既暇,仍与计偕,似尚胜局促趋辕、需次百里也。
>
> 人生饿死,自有分定,与其干乞残炙,觊幸肠肥,不如从容皋比,饱啖斋粥,况凌杂千古,储臧名山,较之一官,岂非霄汉?仆缘此自处,敢以相绳。轻重之间,所贵审度。如以朝华恐失,绛树工颦,将欲偿竹钗以珠冠,易萝帷以金帐,则雅人深致,非所敢知耳。(《日记》同治十年十二月三十日)

谭献出京前似与李慈铭谈到捐资入官之计,故李慈铭劝其"不如并力校官,得一真补",在浙江书局边校书,边参加科考,此为上策。非相知之深,不能为此言。同治十三年(1874)春,谭献再赴京应试,两人复落榜,但都门诗酒文会颇相契:

> 仲修来,为仆辈辞去,以《章氏遗书》一部为赠。凡《文史通义内篇》五卷、《外篇》三卷、《校雠通义》三卷,共五册。道光壬辰,其子华绂所刻,不知何时板归于郡绅周以均,故印行绝少。近年以均死后,其子某及其从子福清谋铲去章氏之文,更刻以均所著制艺。仲修、子缜等知之,力向福清阻止,遂以闻当事,购归浙江书局,为之补刻印

行,此亦实斋之厚幸也。(《日记》同治十三年四月二十七日)

谭献好搜辑浙中学人龚自珍、章学诚遗稿。李慈铭在日记中便曾提道:"阅《龚定庵集外文》一卷,杭人谭献所传录者。"(《日记》同治二年五月十六日)表达了肯定之意。

谭献最让李慈铭折服之处,即其工词,深婉而蕴藉。在京期间,谭献为李慈铭填词二阕,其中《绮罗香·题李爱伯户部〈沅江秋思图〉用梅溪韵》云:

> 草瘦芳心,柳迷倦眼,回首佳人迟莫。一片愁魂、还被水云留住。思故国、不隔西风,奈离绪、尚萦南浦。最怜他、松柏同心,往来寂寞钿车路。　　清秋江上望远,只恐回帆浪急。公今无渡。雾失峰青,蕉萃镜中眉妩,垂翠袖、人忆当年,倚箪床、梦醒何处。恁禁得、弹冷筝丝,潇湘和雁语。

李慈铭赞赏道:"承题《秋思图》,空灵宛转,信觉白蘋红芷,蝉嫣欲绝矣。《填词图》尚希拨冗题之,海上之琴,非同心不能解也。"(钱基博编《复堂师友手札菁华》)

后三日,谭献又谱《一萼红·题爱伯桃华圣解盦〈填词图〉》:

> 昼阴阴,待题笺昵酒,华发谢冠簪。歌管东风,星霜别梦,前事都付销沈。黛眉浅、厌厌睡损,又唤起、帘外怨春禽。杏子单衫,梨华双屧,愁到而今。　　犹有平生词笔,只空枝细草,日日伤心。木末关河,云中殿阙,风雨无伴登临。愿重倚、如人宝瑟。数弦柱、芳岁共侵寻。记得班骓系门,一寸花深。

李慈铭极为叹赏:"拜书并题词,婉约清深,不负夸赏。扇头此画,便可傲视伽陵。前词已托匡伯写上,称谓悉依原书字样,此词写时,当加'法家教正'等字,特此声明在案。"(《复堂师友手札菁华》)二人不但彼此激励应科举试,也以才子相期许,以诗词相切磋,同心雅好,情谊非虚。

二、论学异同

咸丰五年(1855),李慈铭结识谭献,读其诗集,摘录杰句,后同在浙江书局供职,诗句酬赠,书函往复,但两人在论学上却有较深分歧。谭献更重视经学,但反对宋儒"六经注我",故有排宋倾向,亦婉讽朱子不通经学。李慈铭颇能调和汉宋,他虽然亦步亦趋,谨守汉学家法,凡批评郑玄者皆斥之,但极贬宋儒者亦为其所不取:"尝谓欲学汉儒之治经,当先学宋儒之治心。一生不敢菲薄宋儒,良以此也。"(《日记》光绪元年三月初七日)

有清一代,常州人文鼎盛,谭献心仪《春秋》公羊之微言大义,神化常州经学,其《师儒表》"绝学"列庄氏,刘逢禄、宋翔凤附之,"国朝诸儒如惠氏一家、王氏一家、庄氏一家,皆第一流"(《谭献日记》)。他私淑常州经学,更以结交庄棫为知己,但庄棫擅长倚声,二人所切磋者多在词艺。谭献对常州经学的推崇,是带有情怀的感性持论,实际治学中并未能接续,李慈铭称其为标榜、皮傅,正基于此。

李慈铭于常州经学褒多于贬,能客观评判其家法及末流弊端。这是二人论学最大的分歧。李慈铭对常州经学始终敬服:

> 国朝经学,首推徽州、常州,次扬州及苏州,又次吾绍兴及宁波,而太仓州下嘉定一小县,其人物乃与常歙相埒,尤为盛事。常州即以庄氏一家论,方耕侍郎启之,葆琛先生继之,而侍郎有孙曰绶甲,先生有子曰又朔,皆有撰述,而绶甲尤有名。李氏兆洛序《珍艺宦遗书》,称庄氏又有若士、申受两君,皆著公羊学,不知其名,盖皆宗伯之孙。先生集中又有《答族孙大久论说文书》,称其所著有《春秋》及各经小学叙;《刘礼部集》中言其弟子有庄缤澍,邃于经学,足称侁侁或矣。(《日记》咸丰十一年六月十七日)

但他鄙夷魏源自附常州经学:"默深才粗而气浮,心傲而神很,耻于学无所得,乃遁而附于常州庄氏……又本武进庄氏存与之说,力尊公羊,扶翼《解诂》,卑谷梁为舆皂,比左氏于盗贼,盖几于非圣无法,病狂丧心。"(《日记》光绪七年四月初二日)李慈铭批评庄氏解经时有附会、迂曲怪妄、牵强穿凿:"好谈经制而无真诣,其家法固如此也。"(《日记》光绪十八年十一月初八日)

钱锺书序《复堂日记续录》有云:

> 李承浙西乡先生之绪,嬗崇郑、许,诃禁西京之学,以为不过供一二心思才知之士自便空疏。谭则以越人而颠倒于常州庄氏之门,谓可遥承贾、董,作《师儒表》,引冠绝学。鄙陶子珍之流为经生孱守,欲以微言大义相讽谕,此学问径途之大异者一也。

钱锺书的观察极为精准。李慈铭在日记中云:

> 得谭仲修杭州书。中有言陶子珍生咸丰以后,而为嘉庆以前学问,掇拾补缀,勤则勤矣,大义微言,恐不在是。欲挽之以百家专门经师孱守,惜不能与之共学三年云云。其意盖指公羊也。仲修,予旧交,质敏好学,近人中极难得,而心粗气浮,不能研讨。自剽窃阳湖庄氏、武进刘氏、邵阳魏氏一二之书,及其乡邵位西《绪论》,遂以大言自欺欺人。夫学问惟求其是耳,汉宋且不必分,何论嘉庆以前、咸丰以后?吾不知今日之所谓学问者何在,又不知其所得之微言大义,果何在也?……仲修于公羊及庄、刘两家之书实亦无所得,此言本亦不足辨,然英俊后生,喜闻高论,又便于不学,为此等瘭语所误者甚众。予尝谓仲修累于杭人习气,此类是也。(《日记》同治十二年五月初十日)

陶子珍即陶方琦,一字子缜。谭献对陶方琦极为欣赏,交游甚密,但对其潜心古学不以为然。如光绪八年(1882)五月十四日日记载:

> 子珍寄《淮南许注异同诂》至。子珍治《许氏间诂》手稿,予旧为审正,随笔寄卷端,今子缜稍鳃理之,署予名于书后。此类著述徒耗日力,无益于古,亦无资于后,予所不喜。

谭献曾致书李慈铭,称恨不能与陶方琦共学三年,引导其"微言大义"之学。此又见谭、李相知之深、直言之不讳。

陶方琦是李慈铭门弟子,承袭乾嘉诸儒实事求是之学,对许慎尤为倾心,为之编年表,作《淮南许注异同诂》,为李慈铭所推许,师弟二人极相契。谭献批评陶方琦潜心钻研汉学,令李慈铭颇为反感,时以"微言大义"讽刺谭献之标榜、依附,如有云:"得陈蓝洲八月十日武昌书,言谭仲修已调江南闱差，又当出许多小鸿博矣，不务实而好标榜，仲修之所以无成也。"(《日记》光绪元年八月二十六日)李氏所言颇能中谭献治学之失。

谭献《复堂文续》卷四有《章先生家传》，在内藤湖南、胡适发现章学诚的学术思想之前，对章氏学识极力褒扬者当属谭献。他搜辑章氏遗集，"于书客故纸中搜得章实斋先生《文史通义》《校雠通义》残本，狂喜，与得《晋略》同。章氏之识冠绝古今，予服膺最深"(《谭献日记》)，并为之增补校刻，主持浙江书局补刻本《文史通义》。

李慈铭对章学诚这位乡贤不以为意。同治八年(1869)五月，他致书谭献，称章学诚之史学观有不可解者四，云："实斋之学自有独得处，其议论可取者甚多，浙东西中当推一作家。仆非好诋乡先生也，而其立言纰失，亦不能为之讳。"又于同治十二年(1873)七月，作《跋何氏学》称："章氏疏于经学，自蔽而嫉贤，好诋切并时江鲸涛、戴东原、汪容甫、洪北江诸君子，以自矜大，而其言又失之不考。"李慈铭以汉学传人自居，章氏所诋切之江声、戴震、汪中、洪亮吉，都是李慈铭尊崇的汉学家。他对章氏的贬斥不乏门户之见。

谭、李论学之相同点，简而言之，其一，以地域论学，此乃日记体即兴式、印象式论学之不足。如谭献轻视福建学人，有云："闽中学术为李氏兄弟(李光地、光坡)败坏不可挽救。"(《谭献日记》)而李慈铭则轻视湖南学人："盖湖南人总不知学问也。"湖南籍学人张舜徽就极为反感李慈铭此论。

其二，对有掠美、剽窃之嫌的戴望，两人同贬斥之。谭献云："戴子高窃予前年所得陈奂硕父传校《管子》走苏州，咄咄怪事。""阅戴子高《论语注》，取之刘申受、宋于庭者大半，间有鄙说，然皆不言所本，殆欲后世作疏耶？首题戴氏注，可异也。"(《谭献日记》)虽然谭献与戴望私交甚好，都厌薄宋儒，但谭献作《亡友传·戴望》云："好《论语》，成《戴氏注》十卷，用宋先生及刘申受礼部说为多……时方有嗛于献，三年不通问。"并不隐讳戴氏剽窃之举。

李慈铭与戴望素昧平生，潘祖荫赠以戴望注《论语》，李仅就其书而论之，比较平情：

再得伯寅书,以戴望所刻《论语注》一册为赠。言其人为陈硕甫高第弟子,书甚可观,即复。阅戴望《论语注》……望既不识字,妄以公羊家最谬之说强诬圣人,此东汉徐防所谓妄生穿凿、轻侮道术者也。其标题曰《戴氏注论语》二十卷,末有自序,亦仅题戴氏二字,不出其名,狂僭至此,真小人之无忌惮者。此人为湖州之附学生,游丐江湖,夤缘入曾湘乡偏裨之幕,尝冒军功诡称为增广生,改其故名,求保训导。又窃文符,径下湖州学官为其出弟子籍,学官以无其人申报,湘乡大怒,将穷治之,叩头哀乞,乃免。今之匿名,殆为是耳。(《日记》同治十一年五月十六日)

其后,王先谦刻《皇清经解续编》,就去取斟酌致书李慈铭,李称戴望《论语注》不可附,王即去戴注矣。

其三,重视学问的文章观。李慈铭分别才人之文、学人之文,强调以学为文,但他并不以此来衡量如戴震、惠栋等精校勘、有识断的学者。才人之文讲究文章技巧,注重谋篇布局、叙事抒情、辞藻修饰等;学人之文则讲究言之有物,寄托比兴,含蓄蕴藉,准确清晰表达学术见解;能兼善二者则佳。谭献即作此观。但谭献似乎走得更极端一些,以擅长文章与否来定学问优劣,学问、文辞皆佳是完美学者的标准。他们孜孜不倦治学,以学者身份自居,追求文章蕴藉典雅,辞藻倒在其次,以学为文的思想非常明显。

三、日记之异同

关于谭献日记的删改问题,吴钦根先生《谭献稿本日记研究》有详细的分析、叙述。钱锺书称赞谭献日记能刊去细行芜词,示人以雅赡,比李氏略胜一筹:

李生小心精洁,匪唯摭华,颇寻厥根,自负能为本末兼该之学。观其故实纷罗,文词耀艳,洵近世之华士闻人也!其书行世者既至五十一册,阒而弗睹者尚有二十一册之众。多文为富,日记之作,自来无此大观焉。顾犹时时征逐酒色,奔走公卿,……至以自累其书,未若谭先生尽刊以去之,而情思婵媛,首尾自贯,又异乎札记之伦,少以胜多,盖匪徒然。若夫心饫九流,口敝千卷,益之以博,附之以文,庶相齐肩,殆难鼎足。两君同产越中,岂地气邪?(钱锺书《〈复堂日记续录〉序》)

钱氏颇认可李慈铭识见广博精审,但其中"征逐酒色,奔走公卿"文字连篇接章则有失斯文,为全书之累。谭献删润成八卷之《复堂日记》多读书笔记、学林见闻,甚契学者之心。客观来看,谭献日记原稿的确可与李慈铭齐肩。

钱锺书又称:

> 李书矜心好诋,妄人俗学,横被先贤。谭书多褒少贬,微词申旨,未尝逸口。虽或见理有殊,而此亦德宇广狭之大异者焉。至于文字虽同归雅令,而李则祈向齐梁,虑周藻密;谭则志尚魏晋,辞隐情繁。亦貌同心异之一端也。(钱锺书《〈复堂日记续录〉序》)

显然,钱氏并不认可李慈铭率性评论先贤,苛评时人,多是己而非人。而删节版《复堂日记》平和雍容,颇有大家学者气象,在晚清日记中独得钱氏推崇。

蔡长林也对谭献日记独有青睐。他在《文章自可观风色》一书中评价:"尤其评论古今文章流派及学术传衍,诚恳之中别有慧解。与好友李慈铭之肆意谩骂,不可同日而语……进退之际仍温润有余地,展现出学者敦厚的气度。""以心术言之,同为以文字传世,李则矜心好诋,谭乃多褒少贬,其间高下,何止上下床之间。"

但谭献稿本日记研究专家吴钦根有不同的看法:

> 谭献虽出身浙西,但平生服膺以浙东史学相标榜的章学诚,而对于出身浙西的袁枚、俞樾、陆心源等均有不同程度的贬斥。但经过从稿本、清稿本到刻本的不断删润,起初激烈、尖刻的语句已完全消失不见,留下的只是一片平和之音。

吴钦根通读谭献日记手稿全稿得出的结论,更富有说服力。谭献菲薄时人,褒少贬多,如对清代浙江学人全祖望、袁枚、邵懿辰、戴望、陶方琦、陆心源、陈康祺等,皆有厉词驳斥。吴钦根所见谭献日记稿本评价俞樾称:

> 偶阅俞编修所刻书,说经纰缪,涉小学、校雠语,间可取其慧思。小言破道,私智盗名,方当误后生,谬种流传矣。经生有俞樾,犹文士之有袁枚。至俞之诗文,则又袁枚之舆台。浙西水土浮脆,恒生此辈,直可谓之莠稗。

此论颇足以发其覆。李慈铭对俞樾并无恶感,但与谭献一样,不喜袁枚。

再如,谭献于日记中讥讽陈康祺为"辽东豕":

> 阅陈钧堂《郎潜纪闻》初、二笔毕。意在掌故耳,条理殊少,间有主文,亦非妙笔,杂采说部别集,胥抄而已。文人小有规模,即思阑入儒家史才,要之为辽东豕也。

又云:

> 三日来又阅《郎潜纪闻》初、二笔一过。钧堂标高揭己,稗贩复经,不足著录。惟士夫荒陋者众,京曹瞆冗,似此薄有文采,抄纂旧闻,尚不至割裂支离,已可谓朝阳之凤。至于行不顾言,方以诈败,此有吏议,有公论,尤不待贬绝矣。

此论与李慈铭行文语气极其相似。陈康祺为京官期间,与李慈铭时相酒饮,也曾向李借书,李慈铭于其并无恶词,大约李慈铭也不知陈氏著述信息,未曾读《郎潜纪闻》。

于时人多苛评,是谭献、李慈铭两人日记共同点。此外,他们皆以日记为著述,刻意书写。首先,经常给日记更换名称。谭献的命名尤其多而随意。据吴钦根所见谭献日记稿本五十七册,除第五十二册之外,皆分别命名,且除《甲子日记》《乙丑日记》等干支纪年外,多是感性命名,如《鹤归日记》《倦游日记》《独漉日记》《南园日记》《知非日记》《逍遥日缀》等,达七十多种。李慈铭日记名有《桃花圣解庵日记》《荀学斋日记》等八种,他们更换命名时多有序记说明缘由,李氏序记更详细。

谭献有意编选日记,进行文本重塑。光绪五年七月初五日"选录日记始事",自称"大都循诵载籍,谭艺之言为多",成六卷,于光绪十三年刊刻,其后又陆续续刻二卷,皆亲自选订。谭献极力塑造博雅文人的形象,钱锺书、蔡长林都被其删改的日记所误导,所幸其日记原稿尚存,粉饰之意图暴露无遗。

李慈铭对日记有分类整理的想法,但不作删节,而是交给朋友去做,如吴讲抄《越缦经说》、陶濬宣抄《越缦堂日记钞》等。他写在日记里的内容,是深思熟虑、可以公之于世的,毋须重塑。

谭献日记在同人间传观,原稿有周星诒、周星誉批语,且刊成后赠送多位友人,如袁昶、吴庆坻、缪荃孙、陶濬宣、周星誉、袁昶等人,但未送给李慈铭。谭献日记原稿在体量、内容、风格上均可与"晚清四大日记"相媲美。谭献日记稿本生前已略有散佚,现主要保存于南京图书馆、浙江大学图书馆。他对自己日记的珍视程度不及李慈铭。李慈铭日记稿本现存上海图书馆、北京市文物局以及私人藏家。他自制稿纸版式,曾在浙江书局及琉璃厂松竹斋纸铺特制日记簿,版心有题字,自成风格。谭献则用纸很随意,"日记用纸大都形制不一,行草书书写,且多有亏损涂抹之处"(吴钦根《谭献稿本日记研究》)。李慈铭"装钉乙丑至今年日记,共十五册,分为两函,今日标写签柎,颇极精整"(《日记》同治十三年十二月十五日),并将日记手稿托付给沈曾植、缪荃孙、蔡元培等知交名流代为照料,比较可靠。谭献日记于其身后流出,为婿徐彦宽所得,几成煮饭薪柴,钱基博极力护持下始陆续入公藏,仍有阙文待他日现出。

四、《师儒表》与《国朝儒林经籍小志》

谭献、李慈铭二人于学界的贡献,日记之外,谭献以词学见长,李慈铭以史学见长。二人从学、治学之路径极为相似,如读到阮元《国史儒林文苑传》,都极为钦慕,不约而同地恭敬抄于日记中,李慈铭"手录《揅经室集》中所存《国史儒林传》已删者",谭献则称"传本尚稀,录其目"。对于晚清学者而言,追步乾嘉前贤,表彰、研究本朝学人,总结学术成绩,是一种治学自觉。

李慈铭对乡贤毛奇龄、章学诚的批判与接受，显示了他的学术批评旨趣。毛奇龄以经学著称，李慈铭即认为：

> 我朝廓清宋元荒陋之学，西河（毛奇龄）实为首功。凌次仲氏尝言萧山著述，如医家之大黄，有立起沉疴之效，为斯世不可无者，诚为有见。而谓其《四书改错》一书，最为简要可宝，予谓政不止此。其所说《诗经》诸书，自非唐以后人可及。（《日记》同治元年三月十五日）

他批评章学诚，有云：

> 其长在别体裁，核名实，空所依傍，自立家法，而其短则读书卤莽，慷祀古人，不能明是非，究正变，泛持一切高论，凭臆进退，矜己自封，好为立异，驾空虚无实之言，动以道眇宗旨压人，而不知已陷于学究云雾之识。（《日记》同治八年三月十二日）

李服膺毛氏而薄章氏，实际是他尊崇汉学的思想使然。

谭献并无经学、史学专门著述。他有意撰写《文选疏》《隋书经籍志子部考证》《读管子札记》《说文解字笺疏》《六书定论》等，但也仅仅是计划而已。他在日记中拟定《师儒表》，分绝学、名家、大儒、通儒、旧学、经师、文儒、校雠名家、舆地名家、小学名家、提倡学者十一类品评清儒。其中，绝学二十家，包括庄存与、庄述祖、庄绶甲、刘逢禄、宋翔凤、汪中、汪喜孙、刘台拱等；名家包括王念孙、王引之、王鸣盛、钱大昕及其弟侄、惠周惕、惠士奇、惠栋等；大儒包括颜元、李恭、王源、王汲公、马骕；通儒包括胡承诺、李兆洛、黄宗羲、全祖望、顾炎武、包世臣、张尔岐；旧学包括李光地、方苞、朱彝尊、李绂；经师包括江声、戴震、段玉裁、金榜、陈奂、戴望、胡培翚、胡承珙、凌廷堪、程瑶田；文儒包括姚鼐、洪亮吉、孙渊如等；校雠名家包括卢文弨、孙渊如、毕沅；舆地名家包括顾祖禹、洪亮吉、顾炎武；小学名家包括邵晋涵、郝懿行、段玉裁、桂馥、顾炎武、戴震、翁方纲、王昶、阮元等；提倡学者包括阮元、朱筠、朱珪。

个别名目如绝学、名家、提倡学者，略有不妥，分类亦驳杂。且一人数见，标准不一，如顾炎武于通儒、舆地、声韵三见，孙渊如于文儒、校雠名家、小学名家三见,等等。不过,于小学分《尔雅》之学、《说文》之学、声韵之学、金石之学,目类精细,可知彼时谭献对小学颇为措意。时同治三年(1864),谭献三十三岁,此表体现出初治学者对学术理路的直观认知。他也自称:"一时之见,未为论定,录存日记备忘。"《师儒表》以常州、扬州以及江南学者居多,可见谭献早年学术视野并不宏阔。但他注重家学,如常州庄氏、嘉定钱氏,以及汪中、喜孙父子,注重、廷琥父子,这种师徒间的学术传承。文儒,即能文章之学者,是谭献最推崇的学人,举十八人,以桐城派居多,但首姚鼐,第六人乃其叔姚椿,亦略有不妥。

《师儒表》仅人名字号,失之过简,未成体系,谭献日后学问日精,亦未能继续深入钻研,使之系统化,以成一家之言。巧合的是,与谭献同时,李慈铭著《国朝儒林经籍小志》,总结清儒经学成绩,凸显出浓重的汉学家色彩。李慈铭立意专一,去取标准颇严,其博观约取当为谭献所不及。李慈铭认为康乾盛世正是得益于朝廷"大阐群经","一切新奇曼衍、荒忽杳冥之说,不能遍浃于人心"。他编纂《国朝儒林经籍小志》即以本朝汉学家及其经学著作为主,是为淡汉、反汉学风的有力反击。其中收顾炎武、张尔岐、朱鹤龄、马骕、陈启源、万斯同、毛奇龄、朱彝尊、阎若璩、胡渭等一百四十四人,又附传潘耒、张弨等二十三人,总计收清前中期二百年间经学名儒一百六十余人。宋学家不取,如方苞、陆陇其等;虽名古学而出入无主者不取,如程晋芳;虽有经学撰述而于古义无益亦不录,如王夫之等。著录人物籍贯字号、经学书名卷数,不列行事,不作引述、评介,精简之极。李慈铭注重的是"经籍目录",意在以书存人,亦可视为清代经学经典之目录。

咸丰末、同治初,桂文灿撰《经学博采录》,赵之谦撰《国朝汉学师承续记》,张星鉴撰《国朝经学名儒记》,与李慈铭《国朝儒林经籍小志》篇幅相等,谭献《师儒表》最简。稍后,曹允源有《国朝经师撰述录》,梅毓有《续汉学师承记商例》,皆是《汉学师承记》书写本朝学术史的流风余韵。

李慈铭、谭献二人的读书笔记均散见于日记,涉猎广泛,且以本朝人著述为主,凸显出浓重的学人色彩。李慈铭另有《越缦堂读史札记》,学界谓可与乾嘉三大史学名著《十七史商榷》《廿二史札记》《廿二史考异》相媲美。以此来看，李慈铭的学术贡献更为突出。而谭献词学成就突出，深得王国维推崇。虽然二人皆作为文士治学的典范，入《清史稿·文苑传》，但相比之下，李慈铭学术视野更为宽阔，持论中庸，成就更为瞩目。

李慈铭、谭献早年醉心诗词，中年研经治史，积极参与学术，却依然讲究词章，不废吟咏，精力分散，未能在学术上更深入地专心钻研，读书心得、学术思想散见于日记之中，不自收拾，未成系统，体现出以日记为著述的弊端。

注：本文系2021年度高校古委会直接资助项目"李慈铭全集"（批准编号2153）阶段性研究成果。

蔡元培的乡土情怀

——纪念蔡元培先生155周年诞辰

何信恩

蔡元培是中国现代史上卓有影响的领袖人物之一。他一生的言行包含了丰富的历史信息。考察他的人生之路,剖析他刚柔结合、外圆内方的性格,在任何历史转型时期,都具有某种典型意义。

2023年正值蔡元培155周年诞辰之际。在新的历史条件下,如何缅怀蔡元培的丰功伟绩,弘扬他的高风亮节,站在绍兴人的角度,我觉得首先必须弄清楚以下三方面的内容:

一、蔡元培与绍兴的关系体现在哪些层面?为什么说他是近现代乡贤中对故乡感情最深厚的一位?

衡量一位名人与故乡的关系,至少应从三个层面去分析。其一是血缘联系,即他的家族与当地的渊源关系。其二是自然联系,即生活与工作的联系,以及家乡的文化与风俗对他的影响。其三是感情联系,即名人本人对家乡的态度与贡献。无论从哪个层面去衡量,蔡元培先生都是近现代绍籍名人中,与绍兴关系最密切,感情最深厚的一位乡贤。

蔡元培生前对自己的家世说得颇为清楚。在《口述传略》《自写年谱》和《自述身家轶事》等文稿中,都作了具体的记述。其秘书高平叔编的《蔡元培年谱长编》(人民教育出版社1999年版)更以翔实的资料,条贯分明地记述了蔡家长达七代的世系情况。根据上世纪30年代编印的《绍兴县志资料》"氏族志"的记载,蔡元培先祖本为诸暨陈蔡人,明代隆庆、万历间(1567—1619)迁到绍兴城内。始迁祖为蔡恭政公,初居井巷,至清道光年间(1821—1850),蔡元培祖父蔡廷桢做了典当经理,靠平日节俭积攒下的一笔钱,为祖宗置祭田,为子孙造屋宇,终成"小康之家"。廷桢娶周氏,生有7子,蔡元培父亲耀山先生为长子,由于人口增多,井巷老屋容纳不下,于是在城内笔飞弄购地置屋,先是一堂两厅,后又在屋后加盖五楼五底,分屋居住。元培父母分得东次向一楼一底。因系长房,又外加一骑楼。上为卧室、下为起居室。1868年1月11日(农历十二月十七日),蔡元培便在这楼上出生。

在26岁中进士,充翰林院庶吉士,北上任职之前,蔡元培一直于此生活与工作。而他31岁弃官南归,出任绍郡中西学堂总理(校长)期间,以及45岁出任南京临时政府教育总长之后,屡次返乡探亲或公干,也都住在这里。纵观其一生,约30年在家乡度过,占了人生的十分之四。1889年4月,蔡元培与王昭女士结婚,长子阿根、三子柏龄均在这里出生。绍兴的蔡元培故居是名副其实的故居。

绍兴是中国历史最悠久的文化名城之一。早在7000年前,就有先民在此繁衍生息,创造了史前文明,发展成灿烂的古越文化,并逐渐形成了勤俭节约、精明能干、尊师重教、注重廉耻的民风。凡此种种,无不对蔡元培产生深刻和久远的影响。从少年时代开始,他就对故乡的湖光山色、悠久历史、经济文化充满自豪之感。1895年,他在其所作的《越中先贤祠春秋祭文》中,对大禹、越王勾践和越中历代大文人推崇备至。43年后,在为《鲁迅全集》所写的序言中,蔡元培又自豪地指出,正是绍兴这方水土培育了像王羲之、陆游、鲁迅这样著名的文人学士。其实这层意思,用于蔡元培本人也十分合适。他后来所表现出来的性格特征、生活习惯和所选择的人生道路,在许多方面反映出的也正是越人自强不息的精神。优美的稽山镜水与悠久的历史文化对蔡元培产生了潜移默化的作用,是故乡深厚的土壤培育了这棵参天大树,是母亲甘甜的乳汁哺育了这位绍兴人民的优秀儿子。

在近现代中国,蔡元培是受到各界人士公认的博古通今,学贯中西的大学者,被誉为"学界泰斗、人世楷模"。即使在21世纪的今天,其学问道德仍然受到海内外众多学者的推崇与肯定,蔡元培博大精深的知识体系,涉及古今中外的许多领域。万丈高楼平地起，其早年的治学生涯就是从故乡起步的。从他一生的治学历程看，青少年时期在故乡度过的那段在中国传统文化领域里学习、探索和研究的生涯，无疑对他后来的学术之路产生重要影响。

蔡元培出生于绍兴城内的一个和睦雍容的商贾之家，虽不是书香门第，但祖父从小刻苦读书，因家穷买不起熏蚊烟，夏夜把双脚放在瓮里读书的逸事，给蔡家子孙以深深的影响。蔡元培的治学道路也和他的同代人一样，沿袭传统的学习方式，从发蒙开始，循序以进。

当时，绍兴城里经济上稍为宽裕的人家都聘请塾师到家教书，蔡家也不例外。蔡元培自幼聪慧，5岁就入家塾读书，塾师认为可教，督之甚严。所授功课每非复习到深夜，不能毕事。母亲周氏常不辞劳瘁，陪坐案侧，时以温语慰勉，免其困倦。她对蔡元培谆谆善诱，常教育他要学会自立、不依赖人。母亲的教导在他幼小的心灵上打下深深的烙印。一日，蔡元培在晚上习作，母亲觉得夜深人倦，思路受抑，便叫他先去睡觉，到黎明时再催他起来写作，蔡元培早起后竟一气写成，从此养成了终生早起而不喜熬夜的习惯。故周氏其实也是蔡元培治学道路上的一位严师，对他日后的文化素养和性格的奠定都起到极为重要的作用。

绍兴自古以来人杰地灵，人才辈出，优美的自然环境和深厚的文化积淀都对少年蔡元培产生潜移默化的作用，尤其是绍兴人代代相传，象征中华民族百折不挠、艰苦奋斗精神的卧薪尝胆的故事，对蔡元培成长过程中的影响更加深邃与扎实。故乡的厚赐对他性格上的陶冶可谓得天独厚。

蔡元培的第一位启蒙老师姓周，最初所读的是《百家姓》《千字文》《神童诗》三本小书，然后再读儒家经典的"四书""五经"。在读这些传统教材时，这位周老夫子强调熟读背诵，而不作讲解。少年蔡元培对所读的内容似懂非懂，但读的遍数多了，居然也能背出来。除读书以外，蔡元培还跟周先生识字、习字、学做对联。周先生教识字的方法与现代的儿童教育方法颇为相似，既教读法、字形，也讲字义，对句则由一字到四字，逐步推进。

蔡元培11岁那年，因父亲病故，无力再聘塾师，便寄居姨母家附读。自此开始，他的授业老师不断变换，先后有宿儒周老夫子、章云圃、王子庄、陈耐庵四位。除此之外，尚有曾经问过学、释过疑的各位问业师，其中包括当时科举成名的饱学之士，如田春农、王佐、高子唐、宋笏卿；主管科举考试的座师，如会试副主考祁子禾、同考官王介眉；学识渊博的书院掌门人，如龙山书院院长钱振常、稽山书院院长王继香、诂经精舍掌教俞曲园等。这些人都是当时的社会名流与学界精英。昔人有言"转益多师是汝师"，一个学生能直接受教于那么多风格才艺不同的名师，实在是一种莫大的幸运。

在这么多老师中，对蔡元培影响最大的是六叔蔡铭恩和会稽县学生员王子庄。

蔡铭恩博古通今，治学态度严谨。他主张为学之道在于求实，如孔子所云"知之为不知，是知也"，并把何谓知，何谓不知，以及如何对待知之与不知，讲得深入浅出，给侄儿以深刻的启示。尤为可贵的是，他为没有购书能力的小侄子提供了许多个人的藏书，从而拓宽了蔡元培的阅读范围。

王子庄博览群书，言笑不苟，启迪周知。蔡元培从13岁起跟随这位老秀才学习，得益匪浅。一是在王子庄的指导下，学会了做八股文。这是500年间科举考试专用的形式严格的文体，是迈身科举仕途的必备本领。王子庄的教学方法也有别于一般的塾师，蔡元培文章中有什么不对之处，王子庄并不马上就改，而是当面指出错在哪里，叫学生回去自改。正是在王子庄的这种启发式的教导下，蔡元培学问大进，形成了自己独特的"怪八股"风格。二是在思想教育上给蔡元培以积极的影响。王子庄经常向学生讲述明末清初那些坚持民族气节，反对横暴苛政的侠义英烈之士的故事，几十年以后，蔡元培在为王子庄先生扫墓时，尤称颂先生的学识与人品，认为"非近世间里书师所能知也"，感谢他对自己"策励之者尤挚"，抒发了对恩师的深切怀念。

蔡元培从18岁开始，先后在绍兴城的姚家与单家担任塾师，一面教书，一面自学。这时，他已不受禁看"杂书"的束缚，也不再练习八股文，而是开始了自由阅读，实现跨越式发展。最初的兴趣在词章，以后又转向考据与训诂，在小学、经学、史学方面也都下了一番功夫。当时，对他影响最深的是朱骏声的《说文通训定声》、章学诚的《文史通义》、俞正燮的《癸巳类稿》与《癸巳存稿》等书。朱氏对于字义的引申，对于前人只知会意，不知谐声的纠正，章学诚关于修史应有极繁博的长编，而后可以有传神的正史的主张，俞正燮关于要认清时代，注重人权和男女平等的观点，都是蔡元培非常钦佩的。与此同时，他也写下了自己的独到见解，发前人所未发之议论，这都说明他在治学的道路上已经达到不固守前人的观点而刻意创新的境界了。

20岁那年，发生了一件使蔡元培的治学道路发生重大转折的事情。由于他的散文与骈文得到同乡前辈田春农的首肯，认为是可造之才，便介绍他到绍兴的藏书大户徐树兰、徐友兰家中，为徐氏子伴读并校勘典籍，历时4年。他在这大好的读书环境里，在知识的海洋中尽情畅游，学问又有了很大长进。而且一面读书，一面与众多的朋友切磋学问，思想很活跃。他在治学上一向反对浮夸的作风，从小养成了不受外界干扰，专心致志读书，扎扎实实钻研学问的习惯，终生与书本结下了"不解之缘"。晚年他曾回顾说："自十余岁起……读到现在，将满六十年了，中间除大病或其他特别原因外，几乎没有一日不读点书的。"他特别赞同章学诚的治学方法，认为章学诚"书里面，对于搭空架子，抄旧话头的不清楚的文弊，指摘很详"。正是这种自幼养成的踏实的治学方法，使蔡元培在学术上取得了非凡的成就。

二、蔡元培对绍兴所作的贡献主要体现在哪些方面？如何评价这些贡献？

蔡元培对绍兴所作的贡献是全方位的，主要体现在以下几个方面：

一是执掌绍郡中西学堂，开创教育改革的先河。包括倡导新的教育理念，实施新的教育方法，聘请与时俱进的合格教员，改革课程设置，购置新的图书与教学仪器，主张因材施教、革新政治，与封建礼教开展斗争等。

二是努力改革绍兴地区的书院制度，兼任3所书院的院长。

三是出任以绍籍人士为主要骨干的光复会会长，联合了江浙的革命志士，成为光复会的精神领袖。以实际行动，投身反清民主革命，使绍兴成为光复会的大本营,促进了辛亥革命的爆发。

四是关心和支持绍兴的修志事业,包括为《新昌县志》作序(1919 年 1 月 30 日北大校长任上)、出任上虞县志局总纂等。

五是在绍兴创办了明道女中,提倡男女平等、婚姻自主,多次深入各类学校发表演说(如春晖中学),题写校训(与时俱进),鼓励学生勤奋学习、自强不息。

六是关心地方名胜古迹的保护与发展,尤其对柯岩、东湖的保护与开发倾注不少心血,写下不少诗文,留下珍贵的遗迹。

七是同乡(包括普通百姓)凡有所求者,必全力相助。许多绍籍名人,包括"辛亥三杰"及他们的遗属都得到过蔡先生的帮助。蔡元培与鲁迅的关系也是非同寻常。说他是绍兴籍近现代名人中的核心人物也毫不为过。蔡先生对绍兴所作的贡献是他留给绍兴人民的宝贵遗产和巨大的文化旅游资源。

蔡元培实践他的教育救国理想首先是从绍郡中西学堂开始的。1898 年 10 月 26 日晨,他回到阔别多年的绍兴老家。此时的绍兴,与他 4 年前北上进京任职翰林院时已有所不同。受甲午战争后维新思潮的冲击,绍兴城内也出现一批热心研究西学的有识之士。就在蔡元培回绍兴的前一年春,本城绅士徐树兰和绍兴知府熊起磻利用当地公款,创办了绍兴唯一一所新式学校——绍郡中西学堂。

中西学堂以古贡院山会豫仓为校舍。这里环境幽静:校舍的前面是一条清清的小河,河的对面是葱绿苍翠、拔地而起的龙山,古龙山书院就在山的另一坡。学堂依学生程度分为三斋,略如后来的高小、初中和高中一年级。徐树兰自任督办(即校董),另聘 1 人为监董(即校长),主持校务。先后出任监董的有何琪、何寿章、章成达。蔡元培回到绍兴后,适逢章成达辞职。于是,徐树兰和熊起磻便于是年 12 月聘请蔡元培主持校务,名称也由监董改为总理。

蔡元培任中西学堂总理后所做的第一件事是聘请称职教师。他在接办学校的第六天,便将所聘教员名单报知府熊起磻批示:由马用锡(湄莼)任经学、史学、词学教员,薛炳(阆仙)为经学、词学教员,马纲章(水臣)、冯学书(仲贤)为词学教员,赏乃勋(星槎)、褚闰生为蒙学教员,蓝寅(筠生)、俞塽(伯音)、陈凤锵(子仪)为英文教员,戴儒珍(铭甫)为法文教员,杜炜孙(亚泉)为算学、物理教员,寿辅清(孝天)为算学教员。这些教员,都是当时绍兴"极一时之选"的人物。为提高学堂的教学质量,蔡元培还不惜重金聘请外籍教员,如学堂先后聘请日人中川外雄、藤乡担任日文和体操教员,月薪高达500圆大洋。

蔡元培所做的第二件工作是想方设法购置图书和教学仪器设备。接办学堂伊始,他便在校内设立名曰"养新书藏"的图书馆,并手订借书条例15条,规定除本校师生借阅外,校外凡助银10元以上者,允许1人借书,50元以上者,允许4人借书,其余以此类推。一方面利用社会力量增加学校的藏书,同时学校丰富的藏书有偿向社会开放,取之于社会,又服务于社会,使学校、社会双方受益。平时一有机会,蔡元培总是托人求购各种新书和有关教学仪器设备。1899年6月,校董徐树兰前往上海,蔡元培即托其购买日本教育社物理、化学、助力器械及化学药品和动物标本,并写信给上海的张元济,托其代购南洋公学所编书籍。此外,还曾托徐树兰之子徐显憨从日本东京购得日本所制小学各科器械。由于蔡元培的重视,中西学堂成为当时绍兴藏书最丰、教学仪器设备最好的新式学校。

在教学方法上,蔡元培实行因材施教:首先根据学生国学程度的高低分为三斋,分别教授国学课程,第一斋为蒙学斋,第二斋为词学斋,第三斋为理学斋。但同时,学生又可按自己算学、外语的程度,到不同的级别去听课,并不受原来所在斋的限制。例如,有的学生根据其国学程度被列在第三斋,但外国语可到第二斋就读,算学或者可到第一斋学习。蔡元培对学生管理甚严,手订学堂授课及作息时刻表,规定学生每天早晨5点起床盥洗,6点吃早饭,上午7点外语及算学各班上课,12点吃午饭;下午2点起,国学(读书、温书、讲书)各班上课,6点体操,7点晚饭,8点余课,9点就寝。此外,他还聘请胡钟生为监学,在大门左旁辟一房间,监视学生出入,另每一斋派1名国学教员督导学生攻读。在蔡元培的严格管理下,当时在中西学堂就读第一斋的小学生,不少人后来在文教界有突出表现,如曾任北大校长的蒋梦麟和地质学教授王烈便是。曾任中央研究院秘书的马禊光和任浙江省教育厅科员的沈光烈,则是第三斋的高才生。其他较有名气的还有许寿裳、寿昌田、李雪身、蒋梦兰、蒋梦桃等。

蔡元培所做的另一件有意义的工作是增设课程。在他掌校期间,中西学堂的课程除讲授中国文学、经书和历史之外,还开设了西洋学科,如物理、化学、动植物学、算学(包括代数、几何)、外国语(英文、法文、日文)和体操等。尽管绍郡中西学堂讲授的西学知识还十分粗浅,但在当时却起到了重大的思想启蒙作用。特别是化学、动植物学等课程的开设,不但使学生们接触到了近代自然科学知识,激发了他们的科学兴趣,而且也改变了他们的思想观念。

然而,教育救国的道路也不平坦,同样充满新旧斗争。在绍郡中西学堂,蔡元培、马用锡、杜亚泉、胡道南等新派教员受西方思想影响,笃信进化论,或在校内宣传民权、女权思想,反对尊君卑民、重男轻女,或主张革新政治,改良社会,他们的言行引起校内一些旧派教员的忌恨。特别是在每日午餐饭桌上谈及有关社会风俗和政治问题时,新派教员人多势健,而旧派教员则势单力薄,在辩论中每每居于下风,在学生面前大失面子。于是,他们便迁怒于蔡元培,向徐树兰打小报告,控告蔡元培言论过于激进,用人有误,经费及学校管理不善,等等,试图将蔡元培排挤出中西学堂。

在旧派教员的鼓动下,校董徐树兰于庚子年(1900)正月二十六日出面干涉,致信要求蔡元培将本月二十一日清廷一道有关"正人心"的上谕抄录悬诸礼堂。这则上谕是清廷镇压戊戌变法后,向同情变法的维新人士发出的一道威胁,里面指斥同情与支持变法者为"援引匪人,心怀叵测",警告士人们今后"自当以名教纲常为己任,以端学术而正人心"。对此,蔡元培断然予以拒绝。他在复徐树兰的信中毫无顾忌地指出,所嘱恭录上谕"皆黎邱之鬼所为","岂有取顽固者之言而崇奉之之理",表示自己宁愿辞职,也不做违心之事,"虽迫之以白刃而不从。盖元培所慕者,独谭嗣同耳"。为表辞意,蔡元培于写信的当日即离开绍兴,前往嵊县。后经他人调解,蔡元培不久又重回绍兴继续留任中西学堂总理。但经此风波后,校董徐树兰对中西学堂不再如前热心。是年底,学堂经费遇到困难,蔡元培数次前往相商,而徐"终无意"。在此情况下,蔡元培只好于次年年初离开中西学堂,移交何寿章(豫才)接办。

在任绍郡中西学堂总理的两年里,蔡元培抱着教育救国的理想,同时还关心整个绍兴地区,乃至浙江和全国的教育改革。鉴于当时学堂教术不一,课本不定,蔡元培模仿外国学堂评议之例,于1899年11月发起组织绍兴府学堂学友会,集合有志之士,推动绍兴地区的教育改革。

蔡元培还曾努力改革绍兴地区的书院制度。在任中西学堂总理期间,他同时兼任嵊县剡山、二戴书院和诸暨翊志书院院长。在为剡山、二戴书院制订的《学约》中,蔡元培提出一套新的办学宗旨和教学方法,规定"学当以益己、益世为宗旨",求学者"平日当究心有用之学",力戒徇俗,做到自治自立,不盲从、实事求是,闻一言、见一事,必探源溯由,不为一切捕风捉影之谈、忍心害理之事、附热祸之术所惑。其中,他特别强调,为学者必须放弃读书做官的思想,指出士者无论做官,还是为师,"实言之,则皆工耳"。他说:"诸生有志为士,当思自有生以来,一切养生之具,何事不仰给于农工商,而我所以与之通易者,何功何事?不患无位,患所以立,怵然脱应试求官之积习,而急致力于有用之学矣。"在教学方法上,他要求学生除听课外,另须准备两本笔记,记下读书心得,每月随课卷呈缴,以使院长结合学生课卷和所作日记评议优劣。在教学内容上,蔡元培鼓励学生尽力学习有关心理学、教育学、政治学、社会学、伦理学、公法学等课程。他本人在讲课中也提倡科学,劝导学生就性之所近,努力研求。

在执教和交流之余,蔡元培还专心研究外国教育制度。他曾将日本各级学校(从幼儿园到大学)、各类学校(师范及各种专门学校、职业学校)的课程详细抄列,并根据自己的教育实践和调查结果,进行比较研究,撰成《学堂教科论》,于1901年10月由上海普通学书室石印出版。在这本28页的小册子中,蔡元培对旧教育制度中存在的"鄙""乱""浮""蒽""忮""欺"六害进行了猛烈抨击,对各级新式学堂的课程设置、学制年限和结构体系作了全面的设计。他把知识划分为有形理学、无形理学和道学三大类,认为学生不但要学算术、博物、理化等有形理学和名学(逻辑学)、群学、文学等无形理学,而且还要学习属于道学的哲学、心理学和宗教学。该书成为反映蔡元培早期教育思想的一本重要著作。

三、蔡元培与部分绍籍名人的交往

蔡元培与鲁迅(1881—1936)

二人于 1902 年开始通信联系。1912 年,蔡元培邀鲁迅到教育部任职,由此直到 1936 年鲁迅去世,双方交往长达 24 年。《鲁迅日记》中记载与蔡元培有关的条文 50 多处,书信往来不计其数。鲁迅去世后,蔡元培担任治丧委员会领衔者,并为出版《鲁迅全集》竭尽全力,为之作序。

蔡元培与周恩来(1898—1976)

1917 年,蔡元培应邀赴南开学校演讲,周恩来为其记录。蔡元培倡导去法国勤工俭学,周恩来积极响应。蔡元培去世后,周恩来亲撰挽联:"从反满到抗日战争,先生之志在民族革命;从五四到人权同盟,先生之行在民主自由。"高度概括了蔡元培的一生。

蔡元培与许寿裳(1883—1948)

二人分别于教育部、北大、大学院 3 次共事。许寿裳称蔡元培为严师。蔡元培为许寿裳女儿的证婚人。

蔡元培与徐锡麟(1873—1907)

徐锡麟和陶成章两派浙东革命党人原先各不相谋,是蔡元培促成了他们的合作,从而壮大了革命的力量。光复会成立后,徐锡麟经蔡元培介绍,成为会员。徐锡麟安庆起义失败牺牲后,蔡元培为他撰写了墓表和祠堂碑记,赞扬他杀身成仁的气节。

蔡元培与秋瑾(1875—1907)

二人均为中国近代妇女解放运动的先驱。秋瑾经陶成章介绍,认识了蔡元培,先后加入了光复会与同盟会,参与革命活动。1906 年,秋瑾等人建议在绍兴设立学务公所以促进教育发展,推举蔡元培为所长。民国时期,为纪念秋瑾,建风雨亭及纪念碑,蔡元培撰写纪念碑记。

蔡元培与陶成章(1878—1912)

1904 年,陶成章等人在上海成立了光复会,推蔡元培为会长。后经蔡元培介绍,陶成章在东京参加了孙中山领导的中国同盟会,有力地促进了革命形势的发展。

蔡元培与马叙伦(1885—1970)

马叙伦是蔡元培出任北大校长的推动者之一,也是蔡元培忠实的伙伴与同事。

蔡元培与马寅初(1882—1982)

二人为北大同事,马寅初任教务长。

蔡元培与周作人(1885—1967)

二人为北大同事,五四运动战友。

蔡元培与陶孟和(1889—1960)

二人为北大同事,陶孟和曾任教授、系主任、文学院院长、《新青年》编辑。

蔡元培与邵力子(1882—1967)

蔡元培受聘为南洋公学特班总教习时,邵力子是他的学生,两人关系密切。

蔡元培与蒋梦麟(1886—1964)

蒋梦麟是蔡元培在绍郡中西学堂的学生,后为北大同事,曾代蔡主持北大校政多年。

蔡元培与罗家伦(1897—1969)

罗家伦是蔡元培在北大时的学生,五四宣言起草人,与蔡元培交往密切。蔡元培去世后,罗家伦专门写长文纪念。

蔡元培与范文澜(1893—1969)

范文澜是北大学生,曾任校长办公室秘书。1930年和1934年,范文澜两度被捕,均在蔡元培等人的积极营救下出狱。

蔡元培与竺可桢(1890—1974)

竺可桢是中国科学社的骨干成员,蔡元培对科学社的发展给予了大力支持。蔡元培担任中央研究院院长时，聘请竺可桢担任气象所所长，竺可桢受邀担任浙江大学校长时有所顾虑，与蔡元培多次商讨之后毅然出任。蔡元培与竺可桢担任大学校长时，都领导学校实现了跨越式的发展。

蔡元培与朱自清(1898—1948)

朱自清为北大学生，也是蔡元培的学生。

蔡元培与杜亚泉(1873—1933)

杜亚泉是蔡元培在绍郡中西学堂的同事。后经蔡元培介绍，至商务印书馆工作，成为著名编辑与出版大家。其身后萧条，蔡元培出面抚恤遗孤，并撰文纪念。

四、蔡元培留给故乡人民的主要精神遗产是什么？在当前形势下，继承和弘扬这些遗产有什么现实意义？

蔡元培为什么被誉为"学界泰斗，人世楷模"？是因为他资格老，人品好，著述多，影响大，是前清翰林、辛亥元勋、建党元老、世界名人，为国共认可，两岸接受。蔡元培不仅是改革封建教育的杰出代表、近代教育体制的奠基人、近代大学教育的开拓者、倡导美育的先驱者，而且也是革命家、科学家与社会活动家。他学贯中西，通晓古今。代表了两种伟大的文化：中国传统的圣贤修养和西方文明中的精神。被誉为"大德垂后世，中国一完人"（蒋梦麟所题挽联）。

五、什么是蔡元培精神遗产的核心价值？

一是"兼容并包，思想自由"的学术思想。

二是五育（德智体美劳）并举的教育宗旨、军国民教育、实利主义、公民道德、世界观、美育、完全人格教育。

三是廉洁为公、勤政为民的公仆精神（无私产，生活俭朴，敢于担当，不做好好先生）。

四是无所不容、有所不为的治学态度与处世宗旨，以及律己不苟、责人以宽、兼容并蓄、不执己见、不拘一格、培养人才等美德。

五是浓厚的乡土观念。蔡元培说过:"吾辈既为绍兴之人,则绍兴一切之事,非吾辈之责任乎?"他是这样说的,也是这样做的。

蔡元培是中华民族一代伟人、历代学者敬仰的高山、传统美德的杰出代表。其留下的物质与精神遗产是家乡发展取之不尽的一座富矿,可以世世代代开掘下去。

鲁迅幽默艺术成因初探

王致涌

一

鲁迅的杂文、小说和散文,如果说有一个共性,一个突出的闪光点,那就是幽默,即便是他的诗歌,也很是幽默,打油诗则更甚。

在中国,虽然"幽默"一词出现得比较晚,但"幽默"的元素其实一直存在。大体来说,广义的幽默包含滑稽、诙谐等元素;而狭义的幽默,和滑稽、诙谐等还是有一些区别的。诙谐指调侃式的表达方式,富于风趣,引人发笑;滑稽只逗人笑;而幽默则是让你笑了以后想出许多道理来。幽默具有穿透力,幽默能给人们带来轻松的笑声和欢乐、消减矛盾和冲突,缩短人与人之间陌生的距离。一般认为,"幽默"这一美学概念是林语堂先生于1924年首度介绍到中国来的。当然,也有人认为王国维的翻译更早,但王国维把 humour 译作"欧穆亚",而非"幽默"。

林语堂在《论幽默》中说道:

> 幽默有广义与狭义之分,在西文用法,常包括鄙俗的笑话在内……在狭义上,幽默是与郁别、讥讽、揶揄区别的,这三四种风调,都含有笑的成分。不过笑本有苦笑、狂笑、淡笑、傻笑各种的不同,又笑之立意态度,也各有不同。有的是酸辣,有的是和缓,有的是鄙薄,有的是同情,有的是片语解颐,有的是基于整个人生观,有思想的寄托。最上乘的幽默,自然是表示"心灵的光辉与智慧的丰富",……各种风调之中,幽默最富于感情。

林语堂把 humour 译为"幽默",当时许多文化名人也持有异议。鲁迅就曾嫌它容易被误解为"静默"或"幽静"。李青崖主张译为"语妙",但"语妙天下"是个成语,有"光说不做"的含义,也不太妥当。陈望道拟译成"油滑",但又觉得不够确切,且有轻浮之嫌。后来,唐栩侯译作"谐穆",认为一"谐"一"穆"构成"幽默"的整体。这场争论,几乎成了最好的广告。争论中,"幽默"一词广泛流行,其含义也为世人认可,一直沿用至今,还曾被评为 20 世纪翻译最为传神的外来词。幽默作为一种写作技巧,为许多作家所推崇,而文学创作中的幽默已经成了最扣人心弦的艺术魅力。

但从鲁迅的论说中,我们可以看出,鲁迅反对的其实是那种不合时机的单纯逗笑的幽默。而且应该说,鲁迅是近现代最幽默的大师。鲁迅杂文除了深刻犀利外,"幽默"其实是很突出的,其作用也毋庸置疑。如果说他的杂文是"匕首和投枪",那么他的幽默便是"匕首和投枪"上的锋芒。可以说,鲁迅的杂文几乎每篇都闪烁着这种锋芒。

鲁迅的小说同样充满了幽默。《阿 Q 正传》自不用说:阿 Q 面对日常受辱,经常用"精神胜利法"自我安慰,在土谷祠意淫造反那段尤其精彩,阿 Q 革命的目的只是出于报私仇、抢钱、抢妹子这些很是平常的欲望,只不过在鲁迅幽默的描写下,令人忍俊不禁。

当然,极具幽默的还有鲁迅最喜欢的《孔乙己》。鲁迅的学生孙伏园曾经问鲁迅,自认为哪篇作品最好,鲁迅回答最喜欢《孔乙己》,因此才会出外文译本。1924 年,孙伏园又问他《孔乙己》好在哪里,鲁迅说能在寥寥数页之中,将社会对于苦人的冷漠不慌不忙地描写出来,讽刺又不失显露,有大家的作风。我觉得这其实正是鲁迅文笔中幽默的功效。

清新恬淡与讽刺幽默的统一,这是《朝花夕拾》的艺术风格。这一组回忆散文,基调是恬静明快的,读来亲切动人,但在恬静平淡的回忆中,却时时可见讽刺机锋和幽默笔调,使人咀嚼回味之余,深受启发。即便以神话为题材的《故事新编》,故事有趣,想象丰富,以借历史典故映射现实生活,但语言也不失诙谐幽默,影射当时的所谓名流与社会上的种种可笑现象。

一个人的幽默并不是与生俱有的,鲁迅也不例外。我觉得,鲁迅幽默艺术的成因是多方面的，主要来自外国文学、中国古典文学和绍兴本土文化。

二

鲁迅的幽默一部分是得益于外国文学。鲁迅说自己创作起步时，"所仰仗的全在先前看过的百来篇外国作品"。有学者统计，鲁迅一生翻译了15个国家、77名作家的225部（篇）作品。在李新宇和周海婴主编的33卷《鲁迅大全集》中，可以看到，鲁迅翻译的文字远远超过他创作的文字。有人说鲁迅首先是一个翻译家，其次才是一个作家。这是有一定道理的。还有人统计：鲁迅在各种场合和著作中提及的俄国作家和美术家近百名、德国作家和艺术家30多名、日本作家20多名、英国和法国作家18名，此外还有其他欧美、亚洲国家作家若干名。可见，他对外国文学了解的程度非常之深。但同时，这些外国文学作品势必会对鲁迅的创作产生潜移默化的影响。鲁迅作品中存在大量的外国文学元素，当然也包括幽默的元素，而且他对外国作家中的那些幽默大师特别青睐。

说起来也有点奇怪，鲁迅说引起他对外国文学兴趣的居然是一位不懂外文的翻译家——林琴南。从《茶花女遗事》开始，数十年间，林琴南先后与十数人合作——必须合作，因为他不懂外语，翻译了各国作品180余部，其中包括了《伊索寓言》、塞万提斯的《魔侠传》（《堂吉诃德》）、狄更斯的《孝女耐尔传》（《老古玩店》）等优秀作品。其翻译国度之多，著作之广，在当时绝无仅有。据周作人在《鲁迅与清末文坛》一文中回忆："鲁迅爱读林琴南早期所译的小说……对于他译的小说，买来看过之后还拿到订书店去，改装成硬纸板书面。"这中间当然也包括塞万提斯、狄更斯等幽默巨匠的作品。1924年，林琴南逝世后，周作人写下《林琴南与罗振玉》一文，其中这样说道："他（林琴南）介绍外国文学，虽然用了班、马的古文，其努力与成绩绝不在任何人之下……老实说，我们几乎都因了林译才知道外国有小说，引起一点对于外国文学的兴味，我个人还曾经很模仿过他的译文。"这里的"我们"自然是包含着他的兄长鲁迅。

鲁迅先生酷爱《堂吉诃德》，他早年认为林琴南翻译的《魔侠传》还不够完美,应该好好翻译几种"可读的《堂吉诃德》"。因此,他从日本买了若干个日译本带回来,还买了俄语本、英语本、德语本,想邀请朋友来翻译。《堂吉诃德》在语言特色上的成功点就在于作者塞万提斯灵活运用了朴素的语言、幽默的故事情节以及大量的民歌民谚,这样就在无形之中使作品走近了大众,转而也就走上了文学创作的顶峰。有人考证塞万提斯是有史以来作品为人所读最多的作家,他写作的方式对后世产生了极大的影响。鲁迅创作的《阿Q正传》中有很多喜剧因素,其中多少模仿了《堂吉诃德》。有人甚至认为,堂吉诃德名字的第一个字母就是 Q(Quijote),我们看"阿Q"或许可以联想到堂吉可德。而且,阿Q身上的精神胜利法与堂吉诃德精神非常相似。堂吉诃德每次败下阵来,都会对他的随从说:"唉呀桑丘,你不懂!我不是败给了风车,这明明是一个巨人,是魔法师将他变成了风车。你看不见,你俗眼凡胎怎么看得出来?所以你不要嘲笑我,我不是同风车作战,而是同一个巨人作战。"他正是通过不断地安慰自己,才一次次重振旗鼓、重新出发的。阿Q也是这样,用精神胜利法给自己找一个台阶下。这里的喜剧因素,同《堂吉诃德》一脉相承。

鲁迅也很欣赏狄更斯的作品。狄更斯是19世纪英国杰出的小说家,是幽默的巨匠。在他的小说中,一个相当突出的特点就是他的幽默风格:巧妙的漫画手法、夸张、诙谐,处处妙趣横生,引人入胜。狄更斯早期的短篇作品就以幽默见长。长篇的当数《尼古拉斯·尼克尔贝》,林琴南直接把书名翻译成《滑稽外史》,就是因为里面笑料百出,十分幽默。胡适称赞说:"古文里有很少滑稽的风味,林纾(即林琴南)居然用古文译了欧文和狄更斯的作品。"

鲁迅在留学日本期间,也接触了大量优秀的外国文学作品,除了如饥如渴地广泛阅读外,他还著文对此进行了介绍,如最早的《摩罗诗力说》等。当然,也一定程度接触到日本文学。鲁迅对以幽默见长的日本作家夏目漱石十分推崇,说漱石自然是担得起"日本国民作家"这个称号的。

中国读者对夏目漱石这个名字并不陌生。早在百年前,他的作品就已经介绍到中国,而鲁迅就是最早翻译和介绍他作品的人之一。《鲁迅全集·现代日本小说集》收录了漱石两篇小品文的译文,即《永日小品》中的

《挂幅》和《克莱喀先生》。

鲁迅熟读夏目漱石的作品,而且给予了非常高的评价:"夏目的著作以想象丰富,文词精美见称……轻快洒脱,富于机智,是明治文坛上新江户艺术的主流,当世无与匹者。"他后来回忆自己当初"怎么做起小说来"时,也曾明确指出,夏目漱石是他那时"最爱看的作者"之一。从《鲁迅日记》中可以看到,鲁迅直到逝世那年,都还在读《漱石全集》。

夏目漱石文学中的讽刺影响了鲁迅的文学观。鲁迅的学生增田涉说:"鲁迅后来所写的小说的作风,与漱石的作风也不相似。但那嘲讽之中的轻妙笔致,则是颇受漱石的影响。"周作人也认为鲁迅所作小说"嘲讽中轻妙的笔致实颇受漱石的影响"。尤其是夏目漱石那篇细腻至极的讽刺小说——《我是猫》,对鲁迅影响极大。《我是猫》以幽默辛辣的语言,一针见血地讽刺了金钱至上的社会时弊,且构思奇巧、描写夸张,被誉为日本批判现实主义文学的丰碑。

有分析认为,鲁迅的《狂人日记》《阿Q正传》等作品也具有夏目漱石想象丰富、富于机智等特点。两人都具有强烈的民族自尊心和"毒舌",但总体而言,鲁迅比夏目漱石更深沉,更内敛,也更厚重,或者说,更为幽默。

当然,在外国文学中,俄国文学对鲁迅的影响最为显著。鲁迅的写作经历与俄苏文学之间有着深厚的渊源,正如冯雪峰所指出:"鲁迅和俄苏文学的关系,是和他的文学活动相始终的。"苏联著名作家法捷耶夫也持同样的看法:"鲁迅的创作对于我们俄罗斯作家的亲切,是除开我们祖国作家以外的其他国家的创作所仅能享有的那样亲切。"可以说,鲁迅对俄苏文艺的涉猎是相当广泛的,其中既有在自己藏书方面对俄罗斯的偏爱,也有在译介外国文学上对俄苏文学的情有独钟,他自己创作方面受俄苏作家影响更大更多。正因此,鲁迅在《祝中俄文字之交》中由衷地说:"俄国文学是我们的导师和朋友。"

鲁迅一生酷爱藏书,保存下来的藏书就有1.3万余种,其中俄罗斯文献大约有600种之多,不仅有文学、美术作品,还有哲学、美学及社会思潮与历史资料,这些在鲁迅博物馆有完整的保存。许广平先生曾概括说:"翻译和介绍苏联文学(包括俄罗斯文学),在鲁迅毕生的革命活动中是极为重要的一部分,据粗略的统计:在他将近 600 万字的著作中,苏联文学的翻译和介绍就有 160 多万字的数量,约占他全部著作量的四分之一以上(全部翻译量的一半以上)。"

正如鲁迅自己所总结的:"我觉得俄国文学比其他任何外国的文学都丰富些。"鲁迅不仅追求"表现的深切",而且也同样注重"格式的特别",不仅在思想性上,鲁迅深受俄苏文学影响,而且在艺术手法和审美表达上,也有很多的吸纳。他坦承自己的《狂人日记》脱胎于果戈理的《狂人日记》,《药》中也印刻着安德莱夫象征与写实相调和的手法。同时,果戈理悲喜剧融合的讽刺笔法与幽默风格、契诃夫的简练朴素与"含泪的笑"所透露出的幽默韵味,都对鲁迅的创作有着重要的启示和影响。有人称鲁迅为"中国的契诃夫",他们都是短篇小说的大师,都善于用最精炼的文字营造幽默的风格。

果戈理是世界文学史上杰出的幽默与讽刺大师。他深谙笑的艺术,他的幽默产生于他对人生的可笑面和喜剧性的洞察,他的讽刺体现了他对兼具美与丑、善与恶的人类的骨子里的温情。正因为如此,读他的作品时,我们能够"透过世人所能见到的笑和世人察觉不出的泪去历览人生"。"含笑的泪"——这就是果戈理的艺术特征。从早期作品中轻松愉快的欢笑,到中后期作品中辛辣的嘲笑,他把机智、揶揄、讽刺与幽默结合起来,让读者在笑中流泪、在笑中思考,他的幽默有着深刻的社会意义和哲理思考。

鲁迅先生十分喜欢果戈理。早在 1934 年,鲁迅就翻译了果戈理的《鼻子》,随后又翻译了《死魂灵》第一部和第二部残稿。在翻译的过程中,他应该是受到了果戈理潜移默化的影响。鲁迅所写的《狂人日记》就借鉴了果戈理的同名小说。鲁迅在谈到两者的关系时表示:他取法于果戈理,又不同于他,既有意识地吸收外来影响,又把它融化作自己的血肉。

再就是契诃夫,他是 19 世纪末俄国伟大的批判现实主义作家,情趣隽永、文笔犀利的幽默讽刺大师,短篇小说之王,著名戏剧作家。他的小说短小精悍,简练朴素,结构紧凑,情节生动,笔调幽默,语言明快,极富于音乐节奏感,寓意深刻。契诃夫善于从日常生活中发现具有典型意义的人和事，通过幽默可笑的情节进行艺术概括，塑造出完整的典型形象，以小见大，以此来反映当时的俄国社会。其代表作《变色龙》《套中人》堪称俄国文学史上精湛而完美的艺术珍品，前者成为见风使舵、善于变相、投机钻营者的代名词；后者成为因循守旧、畏首畏尾、害怕变革者的符号象征。鲁迅与契诃夫生活年代相近，且恰巧都弃医从文，各自的小说也惊人地相像，也因此，有人称鲁迅是"中国的契诃夫"。

鲁迅对外国小说的借鉴和取法是毋庸置疑的。他自己也这样认为："如要创作，第一须观察，第二是要看别人的作品，但不可专看一个人的作品，以防被他束缚住，必须博采众家，取其所长，这才后来能够独立。我所取法的，大抵是外国的作家。"

三

当然，中国古典文学中的幽默也给鲁迅很多影响。鲁迅出生于文物之邦——绍兴的一个封建家庭。由于家庭的影响及在三味书屋中受到的严格的传统教育，鲁迅的古文基础是相当坚实的。他从小就通读了"四书""五经"以及陶潜、李白、李贺、李商隐、温庭筠、苏轼、陆游等人的诗文；他博览了许多古籍，除一些经典外，还涉猎了不少笔记野史。以后，尽管他的生活和环境经历了各种变迁，但鲁迅对古典文学的兴趣一直未见衰减。东渡日本后，他还从章太炎先生学习古文。

1912年，鲁迅随教育部搬至北京后，基于对现状的强烈不满，使他转以读书、辑录和校勘来排遣忧郁和沉闷。他翻阅了大量的诗话、杂著、杂记、丛书、尺牍、史书、汇刊等，鲁迅一生搜集的各类金石拓片达5100余种，6000余张。他在短短的半年多时间里，先后辑录了谢承《后汉书》、虞世南《史论》《虞世南诗》等，校录了《嵇康集》，他的校订继承了清代乾嘉学派注重考据的朴学传统而发扬光大。他辑录了《晋书》，补写了《石屏集》，还从《沈下贤集》中抄录了《湘中怨辞》《秦梦记》等传奇故事。在厦门大学执教期间，鲁迅为了讲授"中国小说史"和"中国文学史"两门课，又进行了认真的研究和探索，编写出有独到之见的讲义，正如他自己所说的，为了不愿误人子弟，他要"说出一点别人没有见到的话来"。鲁迅还校订整理了《会稽郡故书杂集》《云谷杂记》《岭表录异》等古籍。

鲁迅是国学研究大师。他整理出版了中国古代小说和小说史料《古小说钩沉》《唐宋传奇集》《小说旧闻钞》等,他的《中国小说史略》是我国学者撰写的第一部中国古代小说史,全面系统地论述了中国小说的发展和变化。

鲁迅对古文的广泛浏览以及在整理、校辑、教学过程中的认真研究,使他积累了大量的古文知识,了解了我国的传统思想、学说和文学艺术方面的内容。与之同时,鲁迅还兼有史学、辑佚、校勘、目录、版本、考证等方面的众多知识和扎实的功底。他对中国古典文学中的幽默也有足够的重视与研究,或者说有一定的偏好。

概括而言,鲁迅的文字风格就是"魏晋文章"。鲁迅五四时期的好友刘半农曾经送给鲁迅一副对联:"托尼学说,魏晋文章。"意思是鲁迅在思想上服膺托尔斯泰和尼采,而文字风格崇尚魏晋文章。这副对联得到鲁迅的认可,他认为刘半农是懂自己的人。这一说法从其他方面也得到印证。鲁迅的另一朋友、著名作家曹聚仁曾回忆道,鲁迅受他的老师章太炎的影响很深,章太炎一生推崇魏晋文章,而不喜欢唐宋八大家,认为八大家的文章俗气,没有味道,章门弟子都是如此。

魏晋是个文学自觉时期,笑话这种文体也逐渐摆脱了附庸状态,成为面对受众的独立文体。其标志是独立的创作或搜罗笑话的著作出现了。《通志·艺文略》中载有《笑林》三卷,是我国古代最早的笑话专书,著者为后汉给事中邯郸淳,此人曾为曹操的记室参军,也是三国时魏国一位博学多才的文学家。《笑林》是我国古代最早的笑话专书,所记都是俳谐的故事,幽默风趣。

正如鲁迅曾在《中国小说史略》中说过的:

> 寓讥弹于稗史者,晋、唐已有,而明为盛,尤在人情小说中。然此类小说,大抵设一庸人,极形其陋劣之态,借以衬托俊士,显其才华,故往往大不近情,其用才比于"打诨"。

幽默与含蓄是文学中较难达到的一个境界,二者兼备则尤难。我国古代的文言短篇小说,大多是含蓄的,但也有一些是幽默的。

当然,中国古代有不少笑话集,故事都很幽默。唐、宋以后,这类作品多了起来,名称也是五花八门,如"开颜"(刘宋周文玘有《开颜录》)、"启颜"(隋侯白有《启颜录》)、"解颐"(笑时的样子,隋杨松玢有《解颐》)、"谐噱"(唐朱揆有《谐噱录》)、"拊掌"(拍掌,宋邢居实有《拊掌录》)、"轩渠"(笑时的样子,宋吕居仁有《轩渠录》)、"绝倒"(大笑不能自持,宋朱晖有《绝倒录》)等。这些名称很"雅",或是在描摹读这类作品所引发的效应,或是"笑"的同义词。到了明清,笑话创作与搜罗达到高潮。明人直接用"笑话"命名这一文学体裁,这个词通俗、易于被大众所接受,特别适合这种文体本身的特点。如陈继儒(眉公)所辑的《时兴笑话》便是以笑话命名的著作。

后世的笑话书,多受《笑林》一书的影响。《笑林》原书已佚,今存20余则,以鲁迅的《古小说钩沉》辑本较完备。

不光是《笑林》,鲁迅对古代的其他笑话书都有广泛的涉猎。例如鲁迅在《捧与挖》一文中讲了一个古代下属给长官送金老鼠的笑话:"记得有一部讲笑话的书,名目忘记了,也许是《笑林广记》罢。"这说明,鲁迅看过很多古代的笑话集,所以记不太真切了,但由于无妨主旨,因此也就没有去检索了。

鲁迅最推崇的小说,无疑是吴敬梓的《儒林外史》了。在中国的古典小说中,没有一本能像《儒林外史》那样,得到鲁迅那么多的赞誉。其中的原因有多方面,但幽默无疑是重要的一点。"其文戚而能谐,婉而多讽",说白一点,就是幽默。

《儒林外史》是我国文学史上一部不朽的讽刺文学巨著。作者吴敬梓是18世纪的一位杰出的古典主义作家。《儒林外史》写实地展示当时秀才举人、翰院名士、市井细民的千状百态,深刻揭示了晚清社会一群封建社会末期知识分子在八股取士制度下,求取功名富贵的痴迷程度。作者通过对各种人物的各种"不正常"活动的描写,将锋芒指向了封建士子追求功名富贵的堕落和愚妄,以及科第出身的地主官员的虚伪奸诈与悭吝刻薄,还有封建统治阶级的大小官吏的无耻贪婪和残酷无情,揭露了八股取士制度造成的社会道德的败坏和社会风气的黑暗,突出了反八股取士反科举主题。吴敬梓具有高深的文学修养,又有丰富的社会阅历,所以才能把那个时代写深写透。他把民间口语加以提炼,以朴素、幽默、本色的语言写科举的腐朽黑暗,写腐儒以及假名士的庸俗可笑,写贪官污吏的刻薄可鄙。《儒林外史》因其独特的讽刺幽默被鲁迅称为"始有足称讽刺之书",并且"戚而能谐,婉而多讽"已成为它的专评。无论从文学上还是从社会实用价值上来说,其幽默讽刺的影响都是很深刻的。

当然,鲁迅本人对《儒林外史》的评价也是逐步深入的。在讲义的初稿《小说史大略》中,他对《儒林外史》并没有给予很多注意,仅仅作为《官场现形记》《廿年目睹之怪现状》一类作品的前奏来叙述;后来鲁迅重新研究这一问题,通过深入的比较,才发现《儒林外史》乃是优秀的讽刺小说,而清末的《官场现形记》等,则应称为"谴责小说",前者"秉持公心,指摘时弊,机锋所向,尤在士林,其文又戚而能谐,婉而多讽";而后者"揭发伏藏,显其弊恶,而于时政,严加纠弹,或更扩充,并及风俗。虽命意在于匡世,似与讽刺同伦,而辞气浮露,笔无藏锋,甚且过甚其辞,以合时人嗜好,则其度量技术之相去亦远矣,故别谓之谴责小说"。命意太明显,文笔太直露,一味迎合读者,艺术上就不容易成功。

鲁迅认为,《儒林外史》问世以后,"说部中乃始有足称讽刺之书"。换言之,《儒林外史》诞生以前,我们还没有一部小说能够称得上是真正的讽刺小说。鲁迅又说:"在中国历来作讽刺小说者,再没有比他更好的了。""讽刺小说从《儒林外史》而后,就可以谓之绝响。"可见吴敬梓的《儒林外史》是一部空前绝后的古典讽刺巨著。1935年,鲁迅曾经在《叶紫作〈丰收〉序》一文里,针对一些看不起《儒林外史》的人,不无讽刺地发出了这样的感慨:"伟大也要有人懂。"

鲁迅小说中的讽刺性、杂文中的讽刺性,就有对传统文学的继承在其中。但是鲁迅并不是单纯的继承,他是在继承的基础上创新,正像他所希望的一样:"择取中国的遗产,融合新机,使将来的作品别开生面也是一条路。"

四

鲁迅的幽默还来自绍兴深厚的地域文化。或许是地域原因,或许是文化因素,抑或是其他多种原因,绍兴人的幽默也是得天独厚的。绍兴是一块历史文化沃土,绍兴人富于幽默,并渗透到各个领域。

绍兴人即便心怀抵牾,一般不恶语相向,也很少一言不合就拼体力,虽然历史上越国也是善战的,但这么多年下来,这点优势已荡然无存。而语言的锋利却是让许多地方人望尘莫及的,打口仗很少能在他们这里讨得便宜。就是平时讲话,也处处带着幽默。绍兴人把幽默的话语分几类,一叫"浮话",就是稍稍有点离谱,比较轻松的幽默,相当于戏剧中的"轻喜剧";二叫"宕话",话中有话的讽刺,让对方自己去体会;三是"屌话",声东击西,有点指桑骂槐的味道;四是"凡话",相对级别低一点幽默,类似于搞笑;五是"操话",以子之矛攻子之盾,明褒实贬;还有就是"腾话",分量较"操话"更重,且带有一定的攻击性;绍兴话的最高层级是"死话",幽默的含量就大增了,这种话类似于象棋中的"闷宫将",让对方无话可说。绍兴人将这些人中的佼佼者称之为"死话客人",亦即讲幽默话的高手。

我们也可以从鲁迅的杂文中看到绍兴人幽默的影子,看似轻描淡写,但却含义深刻,并让辩论对手无路可退、无话可说。

绍兴人的幽默形成,或许还有一个因素,就是师爷。清代官场有这么一句谚语——"无绍不成衙",说的是清代几乎每个衙门中都有绍兴人。其实就是表示绍兴籍的幕友和书吏,亦即师爷,广泛分布于各地大小衙门。这些人在中国封建统治机构中活跃了近300年,并催生出独特的师爷文化。当然,由于管理机构对于绍兴师爷的依赖,师爷的地位也就越来越高,他们已经不再是以前的幕僚,而是地位和待遇大大提高的客卿。有些人认为师爷相当于现在的秘书。这是误解。从"师"和"爷"两字的定义就可以看出其地位。师爷在官署中的作用十分重要,他们有些类似现在的顾问或者是律师。他们与幕主之间的关系与历史上的幕僚不完全相同。幕僚是体制内的,有委任和俸禄,并对国家负责;师爷则由官员个人延请,并对官员个人负责,报酬由官员个人支付,没有上下级关系,不行官礼,也不必下跪,理论上是平等相待的。严格来讲,是僚、师、宾三者兼而有之的关系,可谓是亦师亦友,所起的作用多是参谋、顾问和助理,并且还可以与之开开玩笑,"幽"上一"默"。从总督、巡抚直到州、县衙门,都少不了师爷。由于他们与官员的特殊关系,并且朝夕相处,言语幽默的师爷也就格外讨喜。而师爷的仰仗,除了笔头,就是口头。言语幽默,话藏机锋自然成了他们的追求。

还有一项比较集中绍兴人幽默内容的,就是民间故事,其中最突出的是"徐文长故事"系列。徐文长即徐渭,绍兴人。历史上的徐渭多才多艺,在诗文、戏剧、书画等各方面都独树一帜,与解缙、杨慎并称"明代三才子",且当过师爷,估计也是一个幽默的人。但绍兴的"徐文长故事"则完全是民间的口头创作,与真实的徐文长其实已经风马牛不相及了。这些故事更为夸张,可以说是集绍兴师爷之大成,处处透着绍兴人的幽默。在绍兴有井水处则有"徐文长故事",鲁迅应该也是耳熟能详的,你看他的杂文就提到了:

> "幽默"一倾于讽刺,失了它的本领且不说,最可怕的是有些人又要来"讽刺",来陷害了,倘若堕于"说笑话",则寿命是可以较为长远,流年也大致顺利的,但愈堕愈近于国货,终将成为洋式徐文长。当提倡国货声中,广告上已有中国的"自造舶来品",便是一个证据。

鲁迅这里提到的徐文长就不是历史上的徐文长,而是绍兴人口中幽默故事里的徐文长。如果不了解绍兴的民风习俗,恐怕还不一定能看懂这段话。

绍兴的戏剧也是比较幽默的地方戏。比起当时北京、上海流行的京剧,鲁迅还是更喜欢家乡戏,这是他在文章中多次提到的。

在绍兴农村,绍剧十分普及,鲁迅的《社戏》据考证就是演的绍剧。绍剧中的济公、猪八戒都是相当幽默的角色,这些都是必须由绍剧名角来担当的。特别值得一提的是,鲁迅十分欣赏目连戏,称其"是真的农民和手业工人的作品,由他们闲中扮演"。鲁迅少年时期曾经参演过目连戏,所以在他的《门外文谈》《无常》《女吊》等文章中都有所提及。周作人曾这样评价目连戏：

> 这些滑稽当然不很"高雅"，然而多是健壮的，与士流扭捏的不同，这可以说是民众的滑稽趣味的特色。我们如从头至尾的看目连戏一遍，可以了解不少的民间趣味和思想，这虽然是原始的为多，但实在是国民性的一斑。

周作人认为目连戏，"还有狭义的喜剧，滑稽的角色和诙谐的言动，在戏剧与民间艺术上也相当丰富。占据目连十分之九地位的插曲，差不多都是一个个剧化的笑话，社会家庭的讽刺画。这可以说是目连戏的精华部分，也正因为这些使得群众喜欢看，也冲淡了劝善的宗教剧的空气"，这说明，目连戏是处处透着幽默的。

《无常戏》是目连戏中最具特色的一出戏。它与一般的鬼戏不同，无常的表演十分幽默风趣。鲁迅认为这无常具有"活泼而诙谐""鬼而人，理而情，可怖而可爱"的特质，因此，"我们的活无常先生便见得可亲爱了"。上世纪60年代初，笔者看过绍剧名演员"七龄童"的《跳无常》，很是幽默诙谐。但据老一辈人说，鲁迅那时候看的《跳无常》更加幽默，演出时即兴发挥，对社会的种种不平和各种丑态进行抨击，甚至对台下的观众也要揶揄一番。这就是绍兴人塑造的一个极具幽默的鬼，在其他地方、其他戏剧中很难看到。

鲁迅收集了不少无常的画像，准备做该文的插图，但都不符合绍兴《无常戏》的无常形象，只好自己画了一张。那形象生动、笔法刚劲的画像把无常粗犷正直、幽默风趣的性格栩栩如生地表现了出来。

绍兴的曲艺也处处透着幽默。绍兴莲花落是这一带最具幽默的地方曲艺，旧时一个演员，配上一把

鲁迅先生手画活无常

胡琴等后场,两个人或者三个人可以唱上好几个晚上。莲花落多在晚上演出,连说带唱,不时有演员的即兴发挥,幽默、诙谐,夜深时许多儿童不宜的段子陆续登场。鲁迅有没有看过莲花落,缺少文字佐证,但绍兴莲花落相传始于清光绪年间,鲁迅看过的几率还是很大的,特别是他经常去的外婆家安桥头一带,绍兴莲花落很是流行。

绍兴曲艺中还有一项是"绍兴大书",类似其他地方的评书,但幽默则有过之而无不及。茶馆、酒肆、书场开讲,观(听)众座无虚席,书迷十分踊跃。深谙绍兴文化的鲁迅不可能不知道,观赏过的几率其实也蛮大的。

五

幽默是一种人生的智慧。它体现的是一种知识,反映的是一种才华,展现的是一种力量。所以幽默是知识、素养、智慧、文明的综合性产物。那些名家、大家往往就是幽默大师,鲁迅先生如此,其他中国现代文学、当代文学中的佼佼者也是如此。

当然,鲁迅幽默的成因应该是多方面的,除了上面所说的三个主要来源,其实还有不少其他因素,我这里只是择要而述。鲁迅也并不是简单机械的重复和依样画葫芦的照搬照抄,而是博采众长、厚积薄发的结果,是继承转化、融合创造的结晶。我们知道,任何一门艺术,从其自身发展规律上讲,都存在着一种继承与发展的关系,文学更不例外。世界上从来就没有无源之水,无本之木,没有继承,何谈发展、创新?

鲁迅曾说过:"采用外国的良规,加以发挥,使我们的作品更加丰满是一条路;择取中国的遗产,融合新机,使将来的作品别开生面也是一条路。"在新文学革故鼎新的历史大潮中,鲁迅以理性清醒的头脑、海纳百川的胸怀,既从古典文学中汲取养分,又从外国文学中获得启迪,还从乡土文化中得到补充,通过创造性转化和创新性发展,形成了属于自己的风格,并深刻影响了中国文学的发展道路。

杜亚泉、马一浮学术思想辨识

马志坚

杜亚泉(1873—1933),原名炜孙,字秋帆,号亚泉,笔名伧父、高劳等,会稽伧塘(今绍兴上虞长塘镇)人。杜亚泉出身书香之家,17岁中秀才,21岁肄业省垣崇文学院,甲午战争后倾心西学,"改为畴人术,由中法而西法"。钻研物理、化学、地理、动物、植物、矿物等自然科学,同时自修日语。1898年,入职绍兴中西学堂。1900年,在上海创办亚泉学馆。1902年,赴南浔浔溪公学任校长。1904年,被聘为商务印书馆理化数学部主任。1906年,赴日本考察。1911年,起主持《东方杂志》笔政近10年。1932年,因寓所与商务印书馆俱被日寇炮火炸毁,举家回到伧塘老家,继续从事科普编著,次年病故。

马一浮(1883—1967),幼名福田,后改名浮,字一浮,号湛翁,别署蠲翁、蠲叟、蠲戏老人,与杜亚泉同为会稽伧塘人。马一浮出身官宦家庭,16岁应县试名列第一。不久,到上海学习英文、法文,与谢无量等创办《二十世纪翻译世界》,译介斯宾塞等西哲思想。20岁赴美,任清政府驻美使馆中文秘书。其间,阅读大量西方著作,并第一个将马克思《资本论》带进中国。1904年5月,由美返程途中转道日本,作短暂自费修学,年底回国。此后,闭门研读儒家书籍。辛亥革命后,尤其是袁世凯窃国后更是深居简出,谢绝了教育部、北京大学等机构邀请,处于半隐居生活状态。抗日战争爆发,因与浙江大学同路西迁避难,遂应竺可桢之聘,任职浙大,教授儒家经典。1939年,被国民政府聘为复性书院主讲。新中国成立不久,任上海市文物管理委员会委员、浙江省首任文史馆馆长、全国政协特邀委员等职。1967年,病逝于杭州。

杜亚泉、马一浮皆是学贯中西、名噪一方的大家。他俩对中华传统文化都持肯定态度，但学术理路不同，博约异趣，恰如花开两朵，各显亭亭。

一、西学沉潜不同

杜亚泉与马一浮青年时期皆由中入西，沉潜其中不能自拔，但志趣同中有异。

杜亚泉对自然科学、社会科学沉潜都深，但若从根柢上究，则首推自然学科。他在数理化学、动植物学、矿物学等领域都有很深造诣，甚至"亚泉"的自号，也染上自然科学的色彩。"亚泉者，'氩线'之省写。氩为空气中最冷淡之原素，线则在几何上为无体无面之形式。我以此自名，表示我为冷淡而不体面之人而已。"（蔡元培《杜亚泉先生遗事》）无论是早年编撰的《亚泉杂志》《最新矿物学》《博物学大意》，还是晚些时候编撰的《动物学大辞典》《植物学大辞典》《小学自然科辞书》等，皆属自然学科范畴。他第一个将镭元素介绍给国人，首创的化学元素译名、首译的数学《盖氏对数表》至今仍被学界沿用，即便是1929年著的《人生哲学》，也是以科学家的纯理性思考来阐述观点。当然，杜亚泉在社科领域也有诸多建树，这一点与马一浮相似。

马一浮沉潜于社会科学和人文学科。他早年在上海创办《二十世纪翻译世界》，主要介绍各种西方社会主义学说；居美期间又研学亚里士多德《政治学》、斯宾塞《社会学原理》、黑格尔《逻辑学》，以及《莎士比亚集》《但丁诗》《拜伦诗》等作品。他与杜亚泉的最大不同是，始终没有涉及数理化等自然科学。

二、学术旨归不同

杜亚泉与马一浮皆幼习举业，同为秀才出身，又皆在青少年时期转向西学，但最终旨归不同，杜亚泉力主中西文明调和，马一浮致力儒家学说昌明。

杜亚泉主中西调和。他认为中华是静的文明，西洋是动的文明，主张中西互补调和,"至于今日,两社会之交通日益繁盛,两文明互相接近,故抱合调和,为势所必至"(杜亚泉《静的文明与动的文明》)。其在《战后中西文明之调和》中也说:"文明之发生,常由于因袭而由于创作,故战后之新文明,自必就现代文明,取其所长,弃其所短,而以适于人类生活者为归。"杜亚泉的调和折衷主义似乎是一贯的,他在1912年所撰的《论共和折衷制》、1914年所撰的《接续主义》、1919年所撰的《新旧思想之折衷》等著作中,皆持这种主张。

马一浮主以中统西。他认为六艺(六经)可该摄西方一切学术。其理论基础是"六艺统摄于一心"。他在《泰和会语·论西来学术亦统于六艺》中指出:"六艺不唯统摄中土一切学术,亦可统摄现在西来一切学术。""唯其可以推行于全人类,放之四海而皆准。"在马一浮看来,西方哲人所说的真善美,也包含于六艺之中:"《诗》《书》是至善,《礼》《乐》是至美,《易》《春秋》是至真。"因为六艺出于人心,所以"若使西方有圣人出,行出来的也是这个六艺之道,但是名言不同而已……世界人类一切文化最后之归宿必归于六艺,而有资格为此文化之领导者,则中国也"。正所谓"人同此心,心同此理",这一点马一浮非常自信。

三、发力方向不同

杜亚泉自转向西学后,始终在此用功发力,一条道走到底,思考问题、提出主张,皆以缜密的数理逻辑和严谨的物理学、生物学思脉推演其理。在他看来,这是最靠谱的理性思维方式。他认为,理性是由生理之自然与心理契合而形成的一种意识,是良知和意志的基础。"平时寂处,则蕴之为良知;出与物接,则发之为意志。"(杜亚泉《理性之势力》)在这里,他把"良知"理解成是理性思考的产物,与孟子、王阳明说的"良知"大相径庭。再看他所著《人生哲学》一书,表面上虽属于人文学科范畴,然因其根深蒂固的西学底盘,字里行间依然夹裹着满满的理科范,相当内容与其说是在谈人生哲理,不如说在科普物理学、生物学知识。诚然,杜亚泉在该书中也说到人性,但他说的人性之"性",是西学意义上分门别类的性质之"性",与国学语境中心性之"性"、天道之"性"判然有别。

马一浮刚好相反,他从美回国后即弃西返中,曾用 3 年时间在文澜阁苦读《四库全书》,修为发力皆归国学,尤其是儒家经典。而获得儒家真谛,既不能通过逻辑推演,也不能用理性思考,只能以心自观,靠笃行体悟证得,也就是王阳明说的"知行合一""事上练"。的确,在马一浮看来,"多言数穷,不如守中",所以他极少著述,即便主持复性书院教育工作,也未尝多说,只在"学规"中约略申明:"失与恶皆其所自为也,善与中皆其所自有也,诸生若于此信不及,则不必来院受学,疑则一任别参,两月以后,自请退席可也。"一切听任学生自便,只有学生上门,或书信请教问题时,才给出因势利导的解答。像《尔雅台答问》(三编)等,恪守的是"不悱不启,不愤不发"和"因材施教,随机指点"的原则。

四、思想贡献不同

杜亚泉学问广博,覆盖文史哲、数理化等诸多领域。但要说贡献最大者,不得不归于对国人的启智发蒙。主要两条:一是编写(译)了大量最新的自然科学书籍,有许多还开创了先河。他的《亚泉杂志》是我国最早的化学期刊;他在商务印书馆编著的《最新格致教科书》《最新高等小学笔算教科书教授法》等,是我国最早的理科课本;他的《最新中学教科书·矿物学》《动物学大词典》《植物学大词典》等,在我国教材史上也都有划时代意义。二是新文化运动中与陈独秀等人开展中西文化论战。杜亚泉主张以中为主,中西调和;陈独秀主张全盘西化。这场论战,分别代表着当时国内的两种观点,轰轰烈烈。虽然迫于情势,杜终以惨淡隐退结局,但论战带给国人思想启蒙的意义,无论怎么评价都不为过。1934 年,胡愈之先生在《追悼杜亚泉先生》文中这样说:"其对于人生观和社会观,始终以理性支配欲望为最高的理想,以使西文科学与东方传统文化结合为最后的目标。所以从思想方面说,先生实不失为中国启蒙时期的一个典型学者。"1993 年,王元化先生在《杜亚泉与东西方文化问题论战》一文中也说:"这场论战第一次对东西文化进行了比较研究,对两种文化传统作了周详的剖析,对中西文化的交流提出了各自不同的看法,实开我国文化研究之先河。"

马一浮主要贡献在儒学。也有两点：一是不遗余力推举传承先圣经典。马一浮推崇六艺，认为六艺本乎人性，从人心性中流出，不是圣人安排出来，所以盈天地间皆为六艺。同时，还将"国学"楷定为六艺之学，给予至高至尊地位。他还激扬宋明理学，从范畴层面，理清了中国传统文化主要概念及其关系，以此摆脱宋明以来学界语词混乱现象。比如，说到《易传》中的"易简"（"易则易知，简则易从"的简称），与《孟子》中的"良能""良知"之间的关系，马一浮就指出《孟子》中的"能""知"，实本孔子《易传》，在《易传》谓之"易简"，在《孟子》谓之"良"。然后一语道破："就其理之本然则谓之良，就其理气合一则谓之易简。故《孟子》之言是直指，孔子之言是全提。"（《泰和宜山会语》）寥寥数语便将《易传》与《孟子》相关词语概念关系打通，使人有豁然开朗之感。说到陆王的"心即理"命题，马一浮认为，这个说法讲得太快，易引误导，造成末流误将人欲当天理。在他看来，心统性情、合理气，言"心具理"更加妥当。同时，对王畿疏而无当的言论提出了批评，主张理学当从朱子入门，方可千了百当，否则陆王"心即理"之说醍醐反成毒药。此外，马一浮对理气、性道、静敬、形色等诸多义理名相，都有出神入化的通释，限于体例与篇幅，恕不展开。二是世界主义。这是马一浮很早就有的人类大同志向。1902年，不满20岁的马一浮在给亡妻汤氏写的《圹铭》中就有流露："浮之为志，不在促促数千年、数十国之间……吾欲唱个人自治、家族自治，影响于社会，以被乎全球。"1938年，他在给熊十力的信中，也有类似表达。马一浮的世界主义分法律、道德两个层次，终极目标是"求人群最适之公安，而使个人永永享有道德法律上之幸福"。这个目标很宏远，与《共产党宣言》说的社会主义"每个人的自由发展"何其相似，显然是受到了马克思学说的影响，又与儒家"天下归仁"的理路一脉相承。鉴于马一浮在理学上的巨大成就，哲学大家徐复观将之比作朱元晦与陆象山（参阅徐复观《尔雅台答问·序》）。时人谓马一浮为"理学大师"（周恩来总理语）、"千年国粹，一代儒宗"（梁漱溟语）和现代儒家"三圣"之首，绝非空穴来风。

五、结语

杜亚泉与马一浮是近现代中国两座思想高峰,但二者的学术思想差别甚大。简言之:杜尚外求,马主内究;杜重开新,马重返本;杜以思辨、事功为任;马以体悟、复性为事。就学术视野看,马不如杜广博;就学术成色看,杜不及马纯粹;就学术工夫看,杜发力在器,马发力在道。

2023年是杜亚泉先生诞生150周年,马一浮先生诞生140周年,特撰此文以兹纪念。

"未能到绍兴一行，是一憾事"

——当代作家杜鹏程的一段往事

娄国忠

我的老师、浙江师范大学陈兰村教授曾在2020年第9期《传记文学》杂志上发表《我与传记文学有缘》一文，追忆自己研究传记文学的前尘往事，感恩一路上的提携者与支持者，其中有云：

> 我与创作长篇小说《保卫延安》的西安作家杜鹏程的夫人张文彬是大学同班同学。她是班党支部书记，我在大四时曾任班长，因此也有机会认识了杜鹏程。张文彬常邀请我和其他同学周末到她家做客，我们向老杜请教文学上的问题，听他讲各种过去的战斗和创作经历。杜鹏程常鼓励我们要多写作，这给我留下很深的印象。

陈兰村老师是绍兴县孙端镇榆林村（今属越城区孙端街道）人，曾任浙江师范大学中文系副主任，兼任中外传记文学研究会副会长，是国内知名的古典文学专家和传记文学研究家，出版有《中国古典传记论稿》（与张新科合作）、《中国古代名人自传选》、《中国传记文学发展史》（主编）、《20世纪中国传记文学论》（主编）、《蒋风评传》《中外优秀传记选读》（主编）、《中国古代文学》（与梅新林联合主编）等专著。

陈兰村老师的这段忆述不由得让我想起了杜鹏程先生与我们绍兴失之交臂的往事以及与此相关的种种。

杜鹏程（1921—1991），原名杜红喜，笔名司马君、普诚，陕西韩城人。1937年，参加中华民族解放先锋队。1938年，到延安，历任延安抗大、鲁迅师范学校学员。后到陕甘宁边区农村工作。1947年起，在西北野战军任新华社随军记者、新华社西北野战兵团野战分社主编,参加了延安保卫战、转战大西北,其间写了大量的通记和特写。1949年后,历任新华社新疆分社社长、陕西省作协副主席、陕西省文联副主席。著有长篇小说《保卫延安》,中篇小说《在和平的日子里》《历史的脚步声》,短篇小说集《年轻的朋友》《平凡的女人》《杜鹏程小说选》,另有散文集《杜鹏程散文选》《杜鹏程散文特写选》,评论集《我与文学》等。杜鹏程在长、中、短篇创作中都获得了杰出的成就。1954年创作出版的《保卫延安》是我国第一部大规模正面描写解放战争的长篇小说。中篇小说《在和平的日子里》则是新中国第一部工业题材的中篇小说。他的小说多为重大题材,从严峻的斗争与考验中,描写人物精神面貌。1956年2月4日,杜鹏程在中南海受到毛泽东主席的亲切接见。

第一次知晓杜鹏程这个名字,应该是在1981年。那一年,我读初一。语文课本中有一篇《夜走灵官峡》的课文。老师告诉我们,这是一个叫杜鹏程的大作家写的。我之所以印象比较深,主要是源于三点:一是老师还顺带介绍了大作家的另一作品《保卫延安》,这是一本战斗小说,我后来找来看了,觉得很过瘾;二是我第一次知道铁路、火车,以及宝成、成渝铁路,那也是老师讲课时拓展开去的;三是老师讲解课文时,特别提及了写作上的两个特点:衬托和前后照应,这篇课文非常浅显,我觉得对写好作文很有帮助,也很好学。"一进灵官峡,我就心里发慌。这山峡,天晴的日子,也成天不见太阳;顺着弯曲的运输便道走去,随便你什么时候仰面看,只能看见巴掌大的一块天。目下,这里,卷着雪片的狂风,把人团团围住,真是寸步难行!但是,最近这里工作很紧张,到处都是冒着风雪劳动的人。发电机、卷扬机、混凝土搅拌机和空气压缩机的吼声,震荡山谷……"这一段典型的衬托描写,好像老师还要求我们背诵过的。课文开头和结尾前后照应的两句,我至今仍记得:"纷纷扬扬的大雪下了半尺多厚,天地间雾蒙蒙的一片。""风,更猛了。雪,更大了……"

后来上了大学中文系。杜鹏程是"十七年文学"的代表作家之一,他的《保卫延安》我又认真地看过一遍,平时还浏览性地看过多次。延安保卫战是解放战争的转折点。《保卫延安》是反映这段历史最为重要的军旅小说。杜鹏程从宏大的视角把握中国革命历史，从对局部和细微的革命战争叙事转向对宏大的革命战争的叙事，标志着新中国成立以来军旅小说创作获得了巨大的突破。小说较为全面地塑造了敌我双方的人物形象，尤其是塑造了我军英雄群谱——从高级将领到中层领导再到普通士兵这样一个个带有鲜明个性的英雄形象，丰富了现当代中国文学的人物画廊。

2000年以后，我痴迷于名人信札收藏、整理和研究，杜鹏程自然是我关注的不二人选，但我一直没有将他的信札收入囊中，一则是因为少见，二则是因为价贵。大约是2017年，我去浙江师范大学拜访恩师陈兰村教授，向他汇报了近期自己所痴迷的名人信札收藏及有关写作的情况，得到了陈老师的肯定和鼓励。不久后的一天，我突然收到陈老师的一封信，大意是说，名人信札的收藏与研究很有价值，值得一做，为示支持，随信送上与自己通信的名人信札若干。其中，就有一封杜鹏程写给陈老师的信。信是这样写的：

陈兰村同志：

我和文彬在义乌能看到你并畅谈，是让人高兴的事。你写的长信，我和文彬反复看了。这次走得太急迫，未能到绍兴一行，是一憾事。好在，将来还有机会去。如有机会，你到西安来玩，我全家人欢迎你。

问候你爱人和孩子好。

戴林淹同志上次来西安，我因忙，未能深谈，很是遗憾，请你代我文彬问候戴老师好。

给你和王亚玲各寄照片一张，请收。

握手

杜鹏程

八三、七、十

据陈老师回忆，1983年是曾任人民文学出版社社长的著名文学家冯雪峰80周年诞辰。杜鹏程的代表作《保卫延安》就是在冯雪峰的支持、鼓励下，由人民文学出版社最早出版的，冯雪峰还是最早写了长篇评论力挺其文学成就的文坛前辈。6月，杜鹏程、张文彬夫妇来义乌参加冯雪峰纪念会。其间，杜鹏程打电话到浙江师范学院校办，约陈老师去义乌见面。因当时电话是转告的，陈老师得知消息后赶去义乌，纪念会已开完。一些著名作家如丁玲等已离开。陈老师在义乌住了一晚，并与杜鹏程夫妇，还有未离开的一些老作家见了面。

信中涉及的几个人介绍一下：张文彬是杜鹏程的夫人，是陈兰村老师的大学同班同学和入党介绍人，也是一位作家。戴林淹是上世纪80年代浙江师范学院中文系主任，研究现当代文学，编印有杜鹏程、王汶石等当时有名的西安作家的研究资料集，并曾到西安与这些作家访谈。王亚玲是浙江衢州化工厂的职工大学学员，她是一位女工，毕业论文的论题是张文彬的一篇小说《心祭》（该小说后改编拍成电影）。陈兰村老师和戴林淹老师当年去衢化职工大主持大专论文答辩，认识了王亚玲，并介绍王与张文彬联系交往。

我特别注意到了杜鹏程在信中的一句话，因为提及了绍兴。他说："这次走得太急迫，未能到绍兴一行，是一憾事。好在，将来还有机会去。"我问陈老师，杜鹏程后来来过绍兴吗？陈老师告诉我，老杜走得有点早，后来再也没有来过绍兴。这真是遗憾！绍兴因此与这位文学大师失之交臂！

后来，我在绍兴市柯桥区文联主办的文学杂志《鉴湖》上开设"作家书简"专栏，并准备把杜鹏程作为写作对象。陈老师听说后，又热情地写来了《我印象中的现代作家杜鹏程》一文，并微信发来了当年杜鹏程夫妇共同签名的在义乌会议期间拍摄的夫妻合照。陈老师的文章对我很有启发，相信对读者也一定会很有帮助：

  杜鹏程(1921—1991)，陕西省韩城市人，出身贫苦农民家庭。现代著名作家，代表作是长篇小说《保卫延安》。他的夫人叫张文彬，笔名问彬。

  1957年至1961年，我在西北大学中文系读书，与张文彬同班。她是班党支部书记，我在大四任班长，因此也有机会认识了老杜。当时,老杜任西北铁路工程局党委宣传部部长,在咸阳上班。周末回西安的家里,家住西安日报社附近。他当时还被西北大学聘为客座教授,到我所在的班上讲过课。我和几个同学常在周末到他家作客,请教文学上的问题,听他讲各种过去的战斗和创作经历。

印象之一,他创作《保卫延安》很艰难,用了很强的毅力。他原来的文化基础大约只有中学水准。1937年抗战全面爆发,十六岁的杜鹏程进延安抗大、鲁迅师范学校学习。后在西北野战军任新华社随军记者,在彭德怀的基层部队参加了1947年3月至7月延安保卫战的整个战斗过程。他写了大量的报道和日记。1949年后,他担任新华社新疆分社社长,年底,到达新疆喀什,着手创作《保卫延安》。他写作时到了废寝忘食的地步,饿了啃一口冷馒头,累了头上敷上块湿毛巾。这样写了100万字报道文学稿子,装了两麻袋,人到哪里,稿子用毛驴驮到哪里。1953年,他被总政文化部调北京修改书稿。

印象之二,受到当时人民文学出版社社长冯雪峰的高度重视。冯雪峰是浙江义乌人,不仅是一位参加过二万五千里长征的老革命,而且还是一位著名的文艺理论家。老杜的稿子送到冯雪峰手上后,冯雪峰每天上班,带上老杜的一部分稿子去看。并多次约谈,给老杜提出修改意见。在冯雪峰的具体帮助指导下,稿子几经修改,从上百万字的报道,写成36万字的长篇小说。1954年,《保卫延安》正式出版。为这部小说付出心血的冯雪峰,撰写了两万字的长文《论〈保卫延安〉的地位和重要性》,发表在当年《文艺报》第14、15期上,该文指出:"这本书的很大的成就,我觉得是无疑的。它描写了一幅真正动人的人民革命战争的图画,成功地写出了人民如何战胜敌人的生动的历史中的一页。对于这样的作品,它的鼓舞力量就完全可以说明作品的实质、精神和成就……它的英雄史诗的基础已经确定的了。"老杜对冯雪峰有特殊的感情,由此可知。

印象之三,老杜对我们同学平易近人,常热情鼓励我们文学创作和研究。有一次,我们到他家请教如何看待山水诗和花鸟画的问题。他当晚带我们去请教他的战友。陪我们去拜访西安的著名画家黄胄和另一位西安著名剧作家（创作过话剧《延安游击队》），他们原来都是西北军区战友，所以见面很亲切。我们也得到了满意的答复。

1983年，他和夫人来义乌参加冯雪峰纪念讨论会。在义乌宾馆里与我见面，仍鼓励我可以写点东西。回西安后，给我寄来回信以及他与夫人在义乌的合影。1988年，我去西安参加《史记》讨论会。老杜与司马迁都是韩城人，他在会上竭力邀请大家去韩城。后来从西安到韩城的火车上，我与他对面而坐，一路畅谈。这次韩城之旅，对《史记》研究者和对韩城文旅的发展都有深远的影响。

杜鹏程是应该遗憾的，他很想来绍兴，却因故与绍兴这座文化名城失之交臂；但他又是幸运的，一位他当年曾经鼓励过的绍兴籍文学青年后来成为国内知名的文学教授、传记文学研究专家，而且一直记得他，撰文纪念他。可以说，他还是以这种独特的方式与绍兴结下了不解之缘。

老杜走了30多年了！

作为一个从中学时代起一直受他文学营养熏陶的绍兴后辈，我愿以此小文，告慰于天国的他，并纪念他与绍兴的这一段擦肩而过的不解之缘！

李达和徐懋庸：新中国成立之初马克思主义中国传人的两种阐释路径

李先国

新中国成立后，李达与徐懋庸分别担任了大学的负责人，但实际上接管的身份是不一样的。

李达在接管前已经在湖南大学工作，既有群众基础及经验，也有特殊的接管身份。李达（1890年10月2日—1966年8月24日），名庭芳，字永锡，号鹤鸣，湖南省永州市零陵人，杰出的马克思主义理论家、宣传家和教育家，中国共产党的主要创建者和早期领导人之一。1920年，李达从日本留学归国，随即与陈独秀、李汉俊等人组建中国共产党上海发起组，筹备和组织中国共产党第一次全国代表大会，并在"一大"上当选为中央局宣传主任。参加过党的"二大"。1922年至1923年，应毛泽东之邀任湖南自修大学校长。1923年，因不满陈独秀的工作方式而退党。1927年至1947年，先后在武昌中山大学、上海法政学院、上海暨南大学、北平大学、中国大学、朝阳大学、广西大学、广东中山大学等地任教。1947年，被聘请到湖南大学法学院任教。新中国成立后，先后任中国政法大学副校长、湖南大学校长。

徐懋庸接管武汉大学之前，与武汉大学并无联系。徐懋庸（1910年12月16日—1977年2月7日），原名茂荣，浙江省绍兴市上虞人。幼年家贫，小学毕业不久成为小学教师。1926年，参加第一次大革命，后因国民党政府通缉，逃亡上海。1927年，考入半工半读的劳动大学。1933年夏，开始写杂文，并向《申报·自由谈》投稿。他的杂文笔法犀利，揭露时弊不留情面，批判社会一语中的，因风格酷似鲁迅而以"杂文家"出名。

1934年,在上海加入"左联"。1935年,出版《打杂集》,鲁迅为之作序。1936年,因"左联"解散等问题写信给鲁迅,鲁迅为此发表了《答徐懋庸并关于抗日统一战线问题》。这封信导致徐懋庸在上海无法立足。1938年,徐懋庸到延安。5月中旬,毛泽东在窑洞接见了他,并对"两个口号"的论争问题作了六点指示。8月,徐懋庸加入中国共产党。后任抗日军政大学教员及冀察热辽联合大学副校长等职,其间也参加过毛泽东在延安组织的哲学研究会。1949年6月10日,武汉大学的接管工作正式开始,武汉军事管制委员会文教接管部部长潘梓年带领军事代表朱凡和贺泳等6名联络员到校接管。接管工作平稳有序。8月24日,文教接管部批准成立武汉大学校务委员会。新组成的校务委员会,取代学校原有的校长制,成为全校最高行政领导机构。校务委员会主任委员邬保良是武汉大学的老教授,徐懋庸是委员兼秘书长。之前的校长周鲠生,于12月6日经中央人民政府委员会第四次会议任命为中南军政委员会委员,1950年被调往外交部做顾问。徐懋庸在南下途中从报纸上看到自己的任命,10月到武汉大学任职。1950年4月11日,中央人民政府委员会第六次会议通过任命徐懋庸为中南军政委员会文化教育委员会委员。徐懋庸后来任武汉大学副校长兼党组书记。尽管校务委员会主任是武汉大学的老教授,但徐懋庸同时兼任中南文化部副部长、中南教育部副部长等职,是武汉大学被接管后的实际掌权人。

1949年,李达到达北平后,曾经到谭政任总团长的南下工作团讲课。当时,徐懋庸是南下工作团第三团的政委,两人有无交集不得而知。两人交往有据可查的是1953年,李达由湖南大学校长改任武汉大学校长,实际上接替了徐懋庸在武汉大学主要负责的工作,而徐懋庸仍然是副校长。这说明徐懋庸在武汉大学的工作被否定,李达在湖南大学的工作被肯定。但两人的共同点是,都接受了马克思主义的影响,都是毛泽东思想的阐释者,可以视为新中国成立初期的两个代表人物。本文试图一窥两人阐释毛泽东作为马克思主义的中国传人的不同路径。

一

首先,他们与阐释对象的关系是不一样的。李达年长毛泽东3岁,是毛泽东的老战友,是朋友辈。除了建党前后的交往,抗战期间毛泽东就邀请李达去延安,但李达因家庭原因没有去成。而徐懋庸比毛泽东小17岁,相当于两代人,是1938年奔赴延安的知识青年,经过多年的历练,可以算作毛泽东的好战士、好学生。

李达退党后,直到1949年4月,才开始逐渐恢复其身份。1949年4月,国民党湖南省政府主席程潜得知1947年开始在湖南大学任教的李达将前往北平,便托李达向党中央、毛主席汇报自己弃暗投明的决心,并赠送给李达500元旅费。16日,李达在陈力新、李梅彬的护送下,秘密离开长沙,于20日安抵香港。5月14日,李达抵达北平,受到党中央领导同志的热烈欢迎。18日,李达应邀去香山拜会毛主席。6月15日至19日,李达在北平出席新政协筹备会议,商讨建国的筹备工作。26日,中国新法学研究会筹备委员会在北平成立,李达任常委(新中国成立后,任新法学研究会副会长)。7月8日,中国新哲学研究会筹备会在北平成立,李达任常务委员,并被推选为主席(新中国成立后,任中国哲学学会会长)。14日,中国社会科学工作者代表会在北平召开发起人会议,决定组成筹委会,李达任常委,并被推选为副主席。8月9日,中国政法大学在北平成立,李达任第一副校长。20日,中国新法学研究会筹委会决定在北平创办中国新法学研究院,李达任副院长。9月21日至30日,李达作为社会科学界代表出席中国人民政治协商会议第一次全体会议,并被选为政协委员。10月,李达被任命为中央人民政府政务院文化教育委员会委员和法制委员会委员兼副主任。11月,李达在中国政法大学作《学习马列主义的国家观》和《从共同纲领推测新宪法的轮廓》的学术报告。12月,由毛泽东、李维汉、张庆孚作历史证明人,刘少奇作介绍人,党中央批准李达重新入党,不要候补期,为中共正式党员。经中央人民政府委员会第四次会议通过,李达被任命为中南军政委员会委员、文化教育委员会副主任、湖南大学校长。1950年3月,李达组织湖南大学校务委员会。1950

年 8 月 20 日,李达请毛泽东主席题写"湖南大学"校名。1951 年 1 月 1 日,李达率领湖南大学全体师生隆重举行升悬校匾典礼。这些活动的开展,是与李达和毛泽东的友谊分不开的。

徐懋庸在抗大工作了四年半后离开了抗大,主持太行文联工作。1943 年 5 至 6 月间,毛泽东《在延安文艺座谈会上的讲话》的消息由《新华日报》华北版发表。10 月 19 日,《解放日报》全文发表毛泽东的《在延安文艺座谈会上的讲话》。1943 年,太北文联改称太行文联(全称为晋冀鲁豫边区文化界抗日救国联合会),住址由河北涉县清漳河岸的上桃村搬到清漳河边的下温村。徐懋庸和林火主持太行文联的工作。这一年,文联开始贯彻《在延安文艺座谈会上的讲话》精神。1944 年 3 月,徐懋庸被调到北方局党校整风学习。5 月,徐懋庸夫妇回到延安并进了中央党校。10 月 30 日,毛泽东在陕甘宁边区文教大会上作《文化工作中的统一战线》的讲演,徐懋庸坐在头排。11 月 22 日,《解放日报》刊登徐懋庸的《由服务大众得到力量》。这明显是他学习毛泽东思想的心得体会。1945 年 10 月初,因为日本帝国主义已经投降,徐懋庸离开延安中央党校,被编入冀察热辽干部大队。11 月,徐懋庸到承德,被分配在冀热辽军区政治部宣传科担任科长。1946 年 3 至 4 月间,徐懋庸被调到热河省文化界救国联合会担任主任。7 月下旬,中共冀热辽分局决定把承德中学和承德师范合并为承德联合中学,任命徐懋庸兼任校长。后来他组建了由一百来人组成的下乡演出《白毛女》的文工团,在演出和战争期间的迁移中得到了不少锻炼。10 月,在赤峰,冀热辽分局决定将原冀热辽建国学院、赤峰中学、赤峰师范以及徐懋庸所率领的《白毛女》文工团,合并为新的建国学院,任命徐懋庸为院长。次日,开始转移到林西。他们在林西住了半年多,其间开展了一次土改工作。1947 年 6 月,中共冀察热辽分局决定,原建国学院改行政学院,与鲁迅文学艺术学院、蒙古自治学院合并成立冀察热辽联合大学,由分局宣传部部长赵毅敏兼任校长,徐懋庸任教育长。9 月,分局决定由徐懋庸带领原建国学院的师生,组成一个土改工作团到建平县三区搞土改。1948 年 2 月,徐懋庸又带领土改工作团奔赴赤峰、赤西两县,并在当地一批干部的协助下搞土改。6 月,完成土改工作。8 月,冀察热辽联合大学正式成立,徐懋庸任副校长。可见,徐懋庸经过长期对党的方针、政策的理解和学习,以及在实践中的锻炼,逐步成为一个坚定的马克思主义者。这为其阐释毛泽东思想打下了基础。但后来担任武汉大学秘书长兼党组书记,在大学里面对旧知识分子思想改造等问题,是不如李达经验丰富的。

从历史看,人类的非语言传播要远比语言传播长久、丰富。非语言符号给出的提示,有时会比语言符号提供的多得多。非语言符号造成的传播情境更能直接影响传播效果。美国传播学家梅尔文·德弗勒强调"噪声"在传播中的作用,认为"噪声"贯穿于传播过程的每一个环节,从而干扰正常的信息传播活动,甚至成为控制信息传播的手段和策略。由此思考李达与徐懋庸作为毛泽东思想的传播阐释者,其身份构成不同的非语言表现的"噪声"的影响是显而易见的。

二

其次,他们阐释毛泽东思想的阵地是不同的。媒介直接影响着阐释效果。斯图亚特·霍尔的《编码/解码》认为,传媒扮演着意识形态的角色,制度权力关系在传媒产品的制作、发行、传播/消费和再生产四个阶段中都会发生作用。两人同为新中国成立后的大学校长,为阐释毛泽东思想,在各自的校内刊物上不断发表文章。徐懋庸有很多文章发表在校内刊物《新武大》上。他的文章还走出校园,发表在《长江日报》《长江文艺》等报刊上,并且出了单行本。这当然与武汉大学位于中南行政区中心,更贴近《长江日报》《长江文艺》等报刊机构相关。而长沙的李达就没有这种优势,在这两个刊物上发表的文章不如徐懋庸多。

1950年的3月12日,李达在《人民湖大》创刊号发表了他在湖南大学的第一篇文章《湖大人工作的方向》。19日和26日,又在该刊第2期和第3期分别发表《做一个光荣的劳动知识分子》《自然科学与政治》两文。他在湖南大学设立政治大课委员会,组织师生员工学习"社会发展史"等课程,还亲自撰写《社会发展史·绪论》,主编《社会发展史》作为讲义由湖南大学刊印。

关于学校政治工作的文章,李达主要发表在《人民湖大》上。1950年5月10日、17日,李达分别在《人民湖大》第5期、第6期发表《继承"五四"的革命传统》《如何研究马列主义》。27日,李达在《人民湖大》第17期发表《为保卫远东安全与世界和平而奋斗》的政论文。李达于1950年10月当选为湖南省首届各界人士协商委员会常务委员,兼省文教委员会主任。这一年10月1日、12日、19日分别在《人民湖大》第25期、27期、28期发表《改进我们的教学工作》《办好毛泽东故乡的大学是我们最光荣的任务》《在湖南省首届各界人士代表会议上的讲演词》。1951年11月,湖大成立党史学习委员会,李达兼任主任委员,多次在校内外作党史学习报告。一些报告也发表出来,例如,11月9日,《人民湖大》第74期发表了李达的《我们为什么要学习党史》;12月17日,《人民湖大》第78期又以发表了李达在湖大第六次扩大校务委员会会议上所作《努力思想改造 积极参加土改》的报告摘要。围绕国际国内形势,做好学校工作,这是李达在《人民湖大》上发表文章的出发点。

李达阐释毛泽东思想的文章的发表阵地是《新建设》。1947年春,一些民主党派和无党派人士在上海发起创办了《中国建设》半月刊。由于刊物经常发表进步文章,1949年9月被国民党反动派查封。这些民主党派和无党派民主人士随即创办了《新建设》,费青任杂志编委会负责人。9月8日,《新建设》创刊号出版。为了扩大杂志的影响,编辑部工作人员史济舟和伊明志将这期杂志直接送到全国政协会场,分发给每个委员。应编委吴晗之邀,毛泽东为《新建设》题写了3幅刊名。9月29日,政协第一届全体会议一致通过由毛泽东主持起草和修改的《中国人民政治协商会议共同纲领》。纲领中明确提出:"随着经济建设的高潮的到来,不可避免地将出现一个文化建设的高潮。中国人被人认为不文明的时代已经过去了。我们将以一个具有高度文化的民族出现于世界。"为了鼓舞更多人坚定这种信心,毛泽东又以这句话为《新建设》题了词。1949年10月6日出版的《新建设》第3期发表了这个题词。《新建设》杂志创刊后,发表了不少有价值的学术著作,一度成为学术界最新思想动向和理论观点的"风向标",产生了很大的社会影响,每一期的重点文章,毛泽东都十分认真地阅读。

从1950年到1953年,李达在《新建设》上发表了16篇文章。其中5篇是解读《实践论》,7篇是解读《矛盾论》,另有2篇也是直接解读毛泽东的著作——《读毛泽东同志在1926年至1929年的四篇著作》《读〈大量吸收知识分子〉》。剩余2篇是《建立"大学的统一战线"》《怎样学习党史》。而徐懋庸在《新建设》上只发表了2篇,1952年第8期的《对于学习革命理论应有的认识》及1953年第4期的《论人及其需要》。此时,徐懋庸在武汉大学的工作已经遭到了质疑与批评。

徐懋庸在武汉大学将毛泽东思想贯彻在学校工作中。他鼓励理学院的一些党员根据《实践论》《矛盾论》和《自然辩证法》研究一些自然科学的问题,开过几次座谈会,许多老教授听得很有兴趣。他还废除了"六法全书"等课程,新开了以《在延安文艺座谈会上的讲话》为纲的"文艺学""辩证唯物主义和历史唯物主义"以及"米丘林学说"课。1950年9月10日,《高等教育文件及参考资料》出版,徐懋庸的《武汉大学半年来政治教育的收获与经验》被收录。

徐懋庸发表文章的主要阵地之一是《长江日报》。《长江日报》创刊于1949年5月23日,即武汉解放后的一个星期,是中共中央华中局(后改为中南局)及武汉市军事管制委员会机关报,覆盖中南六省。1952年12月31日,中南局决定停办机关报,将《长江日报》移交给武汉市委。自1953年1月1日起,武汉市委机关报废弃用了一年的《新武汉报》名,改用《长江日报》。当时,徐懋庸总结日常工作的经验、启示等所写成的文章大多发表在《长江日报》上。例如,1950年1月1日,《长江日报》刊登徐懋庸的《新年献辞》;4日,刊登徐懋庸的《一切工作要注意思想的收获》;1950年10月18日,刊登徐懋庸的《五四运动与新民主主义革命》;19日,刊登徐懋庸的《学习鲁迅先生的统一战线思想》。

徐懋庸另一个发表文章的阵地就是《长江文艺》。《长江文艺》创刊于1949年6月18日,原为中共中央中南局文联会刊,被誉为"新中国文艺第一刊"。1950年2月12日,《长江文艺》第2卷第1期刊登了徐懋庸的《文艺与人民生活》。

为配合国家在国际上同美国的斗争,徐懋庸和李达都在报刊上发表相关文章。1950年11月7日,《长江日报》刊登徐懋庸的《十月革命的胜利在扩大着》。12月1日,《长江文艺》第3卷第5期刊登徐懋庸的《长自己志气,灭敌人威风》。12月5日,《新湖南报》刊登李达的《拥护伍修权在安理会上的发言》。1952年2月25日,《人民湖大》第86期刊登李达的《声讨美帝国主义者散布细菌的兽行》。这些都是根据国际国内形势而作的政论文章。

1951年1月1日,李达在《人民湖大》第98期发表《在现有的学习基础上胜利前进》。16日,李达在《学习》第5卷第2期发表《关于大学教师的思想改造问题》。3月19日,李达在《人民湖大》第49期发表《协助政府贯彻实施〈惩治反革命条例〉巩固人民民主专政》。27日,毛泽东致信李达,称赞李达的《〈实践论〉解说(一)》"极好,对于用通俗的言语宣传唯物论有很大的作用"。1952年初,刘少奇副主席在湖南省委常委、长沙市委书记曹瑛陪同下视察湖南大学、看望李达并合影。

从传播学来看,信息的首要条件是处在交流中,无人承认的信息不是信息,过了时效得不到传播的信息也不是信息。李达与徐懋庸不同的媒介选择对各自阐释毛泽东思想发挥了不同的作用,带来了不同效果。就像美国传播学者莱文在实验中发现的一样,家庭主妇是家庭消费新食品的把关人,媒体编辑是新闻信息的把关人。同一条信息,经过不同的编辑也会得到不同的传播效果。柏拉图从原始人的"洞穴"居住说明了人类不管怎么变化,总会受到种种束缚和限制。当今,人们通过大众传媒获取对客观世界的认识,所获得的客观真实是通过传媒所框限的传媒真实。不管两人阐释得如何,但媒介不同,首先就会影响其不同阐释效果。

三

李达和徐懋庸分别在两所大学进行的工作是用毛泽东思想改造大学的思想。

1950年1月,中南军政委员会教育部办了一个武汉市高等教育工作寒假讲习会。徐懋庸在这个讲习会上作了总结报告,阐述了他有关建国初期教育工作的基本观点。该报告后来经中南军教委员会教育部部长潘梓年同意，由中南人民出版社印成小册子，题为《论旧教育工作者的改造》。潘梓年和时任中共中南局宣传部部长的赵毅敏主张"暂维现状，逐步改进"的方针。在徐懋庸看来，重点放在改进上，要以老解放区的教育经验为基础，打碎旧教育体系，批判地吸收其中有用的东西。潘梓年认为，不要提"思想改造"，以提"思想学习"较为不刺激高级知识分子，但在徐懋庸的坚持下同意了"思想改造"。徐懋庸认为，新中国的教育建设，还得有新的人才。新的人才有两个来源，一个从头培养，即从广大人民中间，主要是工人农民和青年学生中间有计划地大量培养新的知识分子；另一个来源，就是改造旧知识分子。这一点特别重要，可以说是徐懋庸在武汉大学开展工作的出发点。1952年4月5日，徐懋庸在《长江日报》上发表《〈矛盾论〉在思想改造工作中的运用》一文，后来这篇文章被新建设杂志社编辑部收入《学习〈矛盾论〉》第一辑。从此文看出，徐懋庸把在武汉大学的思想改造工作看作是对毛泽东思想的活学活用。徐懋庸认为毛泽东的《矛盾论》指示我们关于如何观察事物、分析事物以及如何解决事物中所存在的问题的正确方法，这就是具体研究任何事物本身所存在的矛盾的运动的方法。这种方法适用于一切工作，适用于一切斗争，也适用于一切科学研究。他根据这篇论文所说的基本法则，总结了武汉大学最近三年思想改造，特别是知识分子的思想改造工作的具体情况。

只不过，徐懋庸在武汉大学的思想改造工作遭到种种质疑，而李达的思想改造工作却很顺畅。我们看到李达也发表了强调思想改造的文章。例如，1951年1月16日，李达在《学习》第5卷第2期发表《关于大学教师的思想改造问题》。1951年6月2日，李达在《长江日报》发表《毛泽东思想的伟大胜利——为纪念党成立30周年和〈论人民民主专政〉二周年而作》。1952年3月24日，李达在《长江日报》发表《高等学校的三反运动必须结合思想改造》。1952年4月11日，李达向湖大全校师生员工作《关于开展思想改造和三反运动》的动员报告。13日，《人民湖大》第87期发表了这篇报告的全文。5月23日，李达在《人民湖大》第98期发表《从湖大三反运动的进展说到思想改造》。7月1日，李达不仅在《新建设》7月号发表《〈矛盾论〉解说(一)》和《读〈大量吸收知识分子〉》,还在《人民日报》著文《纪念"七一"谈知识分子思想改造问题》。

两人在各自学校的思想改造工作与党中央的精神是符合的。1951年11月17日,全国文联常委会召开扩大会议,根据全国政协一届三次会议关于改造思想的号召,决定首先在北京进行文艺整风。继北京之后,全国各地于1952年陆续展开了文艺整风。1952年1月1日,《人民日报》社论指出:"思想改造的工作不但对于知识分子是需要的,对于全国各阶层人民都是需要的。"1952年1月5日,胡乔木在《人民日报》发表文章《文艺工作者为什么要改造思想》,明确这次文艺整风的主要目的就是要"清除文艺工作中浓厚的小资产阶级倾向",其内容即是重新学习毛泽东《在延安文艺座谈会上的讲话》。随着思想改造的进行,组织上的改造也逐步跟进。1951年11月,中央教育部在北京召开全国工学院院长会议,提出全国工学院调整方案。这是中央对高校调整的一个开始。1952年,中央教育部草拟了《全国高等院系调整计划(草案)》,全国进行了大规模的院系调整,调整的高校占全国总数的三分之一。

出于思想改造的目的,两人都要对毛泽东思想进行阐释。1951年2月1日,李达在《新建设》第3卷第5期发表《〈实践论〉——毛泽东思想的哲学基础》,开始阐释毛泽东的《实践论》。后来连续发表"六说",并由三联书店刊印了《〈实践论〉解说》单行本,至1978年共印行6版。李达对毛泽东思想的阐释,往往站在党史的角度,这是他作为亲历者的优势,同时也增加了其阐释的可信性。例如,1952年9月1日,李达在《新建设》第4卷第6期发表《怎样学习党史》,12日,《长江日报》全文转载。

徐懋庸既没有李达的早期建党经历,又没有喝过马克思主义的德文洋墨水,也不能直接从俄文中吸收精华。其早年的翻译成果主要是从法文翻译跟俄罗斯有关的文学作品,从日文翻译山川均的《社会主义讲话》。这都不足以解释毛泽东思想,所以他主要从传统出发来阐释毛泽东思想。例如,1951年5月10日、18日,《长江日报》分两次刊登徐懋庸的《〈实践论〉——"知己知彼百战百胜"论》。5月30日,徐懋庸完成《〈实践论〉——"知己知彼百战百胜"论》的《前记》。这些文章后来收入1951年中南人民出版社出版的《〈实践论〉——"知己知彼百战百胜"论》中。

在把毛泽东思想作为马克思主义中国化方面,李达比徐懋庸说得更直接。例如,1951年10月3日,李达向湖大社会科学院学生作《怎样学习马克思列宁主义——毛泽东思想》的报告。这种标题把毛泽东视为马克思主义的中国传人的用意是显而易见。而徐懋庸远没有如此直接。1952年1月,徐懋庸的《马克思列宁主义和毛泽东思想的简单介绍》由中南人民出版社出版。主要章节包括:《马克思和马克思主义的简单介绍》《什么是列宁主义》《列宁主义的理论》《什么是毛泽东思想》《马克思主义的基本线索——阶级分析》《〈实践论〉——"知己知彼百战百胜"论》。虽然内容上把毛泽东思想视为马克思主义中国化的结果,但标题上分得很清楚,并不像李达那样直接。

究其原因,一是徐懋庸没有走出鲁迅的影响,虽遭批评,但仍继续研究鲁迅,试图将鲁迅与毛泽东并列。二是徐懋庸对毛泽东的伟大找不到参照,反过来也是从鲁迅来观照毛泽东。1951年10月19日,徐懋庸在武汉鲁迅逝世15周年纪念会上发言,将鲁迅思想和毛泽东思想比较,并证明二者是一致的。12月16日,《长江文艺》5卷10期刊登了徐懋庸的《毛泽东思想与鲁迅思想》讲话稿。1951年12月,徐懋庸的《鲁迅——伟大的思想家与伟大的革命家》由中南人民出版社出版。该书前记1篇,收文4篇,附录3篇。主要篇目包括:《中国人民的胜利也就是鲁迅精神的胜利》《鲁迅的革命道路》《鲁迅关于革命的战略策略的思想》《毛泽东思想与鲁迅思想》。附录包括:《我所受于鲁迅的影响》《萧军的伎俩》《鲁迅论中国小资产阶级右派分子知识分子》。该书后于1952年4月再版。在《〈实践论〉——"知己知彼百战百胜"论》由中南人民出版社单独印行时,徐懋庸附录一篇《鲁迅关于革命的战略策略思想》。现在看来,这两本书的做法属于两面不讨好。从鲁迅研究来看,引领了后来把文学家鲁迅政治化的风气。从毛泽东思想研究来看,把鲁迅与毛泽东相提并论,降低了毛泽东思想对于中国革命取得胜利的决定性影响的意义。

李达对毛泽东著作的解读远比徐懋庸要多,其阐释也是一种学习、了解、熟悉毛泽东思想的过程。1952年1月,李达在《新青年报》第127、128

期发表《读〈为争取千百万群众进入抗日民族统一战线而斗争〉》,《人民湖大》第81期转载了此文。2月16日,李达向湖大教职员作《学习〈毛泽东选集〉》的报告。

两人的时空伴随式交接在1952年11月,中央人民政府政务院第十九次会议批准任命李达为武汉大学校长,任命徐懋庸为副校长。这一年,文化部撤销,改文化局,徐懋庸被调到中南教育部兼任副部长,同时还在党内任中南局直属机关党委十二分党委(高校党委)书记。1953年1月26日,李达奉命调离湖大。2月23日,李达正式到达武汉大学就任校长。3月,中共中南局根据上边指示,组织成立武汉大学工作检查组,对徐懋庸之前的工作进行调查。同月,李达在武汉大学建立马列主义教研室,并亲自兼主任。4月13日,李达向参加学习马列主义的277名教师作动员报告。5月9日,李达在《光明日报》发表《在武大教师开展学习马列主义动员会上的报告》。虽然就在5月,一些刊物还在刊登徐懋庸的文章,如《长江文艺》刊登徐懋庸的《纪念马克思诞生一百三十六周年》,但徐懋庸基本上不被视为毛泽东思想阐释的合理人选了。值得一提的是,湖南大学在李达调出后不久被撤销了。1953年,在其原址上组建成立了另外一所大学——中南土木建筑学院。这所学校后来改名湖南工学院,1959年又改名为湖南大学。

1953年7月,中南局召集一次会议,听取检查组的汇报和徐懋庸的检查。会议由叶剑英同志主持,中南局的组织部部长裴孟飞、宣传部部长赵毅敏、教育部部长潘梓年等参加了会议。李凡夫的汇报全盘否定了徐懋庸的工作。徐懋庸未作申辩,只是诚恳地检查了自己的错误。

1953年7月18日,中南局向党中央上报了《关于徐懋庸同志在武汉大学工作中所犯错误的报告》。指出他的错误主要表现在三个方面:一是片面地和错误地执行党对知识分子的政策。他将知识分子分成进步、雇佣、旁观、反对四种人。二是不民主的工作作风。徐懋庸以功臣自居,偏听偏信,态度粗暴、严重脱离群众。三是个人英雄主义思想意识严重。

9月,中共中央下发《对中南局关于徐懋庸同志在武汉大学工作中所犯错误的报告的批示》。中南局召开中南局高等学校负责人会议,传达中央决定:撤销了徐懋庸武汉大学副校长的职务。中央批准徐懋庸调离武汉大学,到中南局、中南党校工作。1954年6月,《长江文艺》刊登徐懋庸的《高尔基论社会主义现实主义文艺的二三问题》,这表明徐懋庸从一个毛泽东思想的阐释者,转变为文艺爱好与研究者。

四、越地文献

上虞尧、舜、禹文化史料和遗迹考

罗兰芬

尧、舜、禹是传说中远古时期三位著名的部落联盟首领,被誉为奠定华夏文明基础的三位圣人。虽然学术界对历史上尧、舜、禹存在的真实性尚存争议,但三人及其传说早已作为固定的文化概念,被写入通史著作和地方志书之中,在中国文化史上享有着至高的地位。

上虞属于河姆渡文化区域,是宁绍平原三大历史名城之一,建置历史悠久。在这片文化灿烂的土地上,留下了许多与尧、舜、禹相关的口头传说、文字记载和历史故迹。而众多的历史遗存也表明了上虞人民对尧、舜、禹的感恩思德之心。

一、尧的史料和遗迹

相对于舜和禹,尧在上虞的遗迹较少。目前收集到的只有尧山和尧田遗迹各一,据说和尧考察舜的传说有关。

西汉司马迁《史记》卷一有载:

> 尧曰:"嗟!四岳,朕在位七十载,汝能庸命,践朕位?"岳应曰:"鄙德忝帝位。"尧曰:"悉举贵戚及疏远隐匿者。"众皆言于尧曰:"有矜在民间,曰虞舜。"尧曰:"然,朕闻之。其何如?"岳曰:"盲者子。父顽,母嚚,弟傲,能和以孝,烝烝治,不至奸。"尧曰:"吾其试哉。"

四岳说舜这个人很有孝行,家庭关系处理得十分妥善,并且能感化家人,使他们改恶从善。尧准备先考察一番,再做决定。于是,他带着女儿娥皇和女英,千里远迢迢奔赴上虞实地考察。当时,上虞人(有虞氏)过着

"饭稻羹鱼"的悠闲生活。尧目睹了舜忠善、孝顺、爱民、勤劳、明理、贤良的优秀品质,最后又试用了三年,终于放心地把帝位禅让给他。这个故事在上浦一带流行,上虞虞舜文化研究会会长吴宝炎从民间收集整理后,于2014年11月编写成绍兴莲花落剧本《美哉虞舜》。

上浦虹𫖮一带百姓尊重帝尧,更感恩帝尧对舜的慧眼识珠和禅让之德,"尧山""尧田"之名一直沿用至今:

尧山,位于上浦东边象田岭,系尧千里迢迢从山西太原到上虞考察舜站立远眺的山丘。

尧田,位于上浦东边象田岭岭下,系尧从山西太原到上虞站到田头和舜一起踏足交谈考察的田块。

二、舜的史料和遗迹

上虞舜的史料、故迹和传说较多,如舜江、百官、象田等多达三十五处,可谓遍布虞山舜水。

(一)地方志中的舜迹

《中国历史地理论丛》1985年第2期刊载乐祖谋《历史时期宁绍平原城市的起源》一文,文中以表格的形式罗列了见于历代地方志中的舜故迹,其中位于上虞的共十一处。现列表如下(括号内系笔者补注):

序号	名称	地址	内容
1	指石山	上虞县西四十五里	舜登此石
2	握登圣母山	上虞县西南四十里	舜母生舜处(在今上浦镇东山村甲仗自然村)
3	象田山	上虞县西南四十里	舜死,大象为之耕田处(在今上浦象田旁,山平行,南有舜井)
4	舜井	上虞县西南四十里	舜避父母害处
5	舜桥	上虞县龙山麓	舜率百官渡处
6	百官里	上虞县龙山麓	舜会诸侯百官,曾聚于此
7	渔浦湖	上虞县东南	舜渔处

续表

序号	名　称	地　址	内　容
8	粟里	上虞县南	舜供储于此
9	姚丘	上虞县西四十里	舜所葬处
10	谷林	上虞县西四十里	舜所生处
11	虹祥村（东西赤岸）	上虞县西四十五里	舜所生处（舜生下来时，虹照两岸，至今仍有村名）

上述遗迹不仅在南宋《（嘉泰）会稽志》、《（宝庆）会稽续志》和历代《上虞县志》中有所记载，在其他史籍中也有所涉及，如宋王十朋《会稽风俗赋》载："然越之邑，则有上虞、余姚，山则有虞山、历山，水则有渔浦、三忨，地有姚丘、百官，里焉有栗，陶焉有灶，汲焉有井，祀焉有庙，此其遗迹也。意者不生于是，则游于是乎？"宋《太平寰宇记》引《郡国志》云："上虞县今东有姚丘，即舜葬之所；东又有谷林，即舜生之地。复有历山，舜耕于此，嘉禾降此山也。"又，清《越中杂识》载："舜井，在上虞县西北三十五里百官市虞帝庙北，东西各一。钱武肃王浚之，得谶记宝物。"

（二）上虞其他的舜迹

乐祖谋先生是从历代方志中查找到的。实际上，在上虞民间史籍和百姓口耳相传中还有许多与舜相关的史料和故迹，部分记入历代方志中，部分没有入志。近十年来，笔者进行了广泛收集和整理，现补充如下：

序号	名　称	地　址	内　容
1	舜江	今曹娥江	历史上称曹娥庙至龙山段为"舜江"，以此纪念舜
2	舜水	在县南二百五十步	宋王十朋《会稽风俗赋》载："有舜水，在县南二百五十步。"明《（万历）新修上虞县志》载："舜水，在县南，自会稽界东经县界五十三里，东入虞江。"
3	百官桥（一名舜桥）	在县西北三十五里龙山山麓	《水经注》卷四十："舜避丹朱于此，故以名县，百官从之，故县北有百官桥。"《（万历）新修上虞县志》载："由镇西北过龙山十里，曰百官桥（一名舜桥）。"

续表

序号	名　称	地　址	内　容
4	隐岭	位于龙山山麓	据传是舜避丹朱隐居之地
5	大舜庙(舜帝庙)	原庙位于百官上街堰头(现百官上街粮站),西傍曹娥江;2011年,曹娥街道舜耕公园内的新大舜庙落成开放	始建于唐代。乡民崇奉,岁时设供具,元宵灯火殊盛。后殿宇屡废屡建。清乾隆三十年(1765),上虞知县与当地八社宿耆修复。道光二十三年(1843),毁于大火,里绅谷连元等捐资重建。庙基宽二十三米,纵深一百三十九米,四进三殿三戏台,首殿祀舜帝,中殿祀后稷,后殿祀四岳。1921年,连元曾孙谷肇祥垫款重修,后又毁
6	舜帝行宫	梁湖北面的运河畔	《(万历)新修上虞县志》载:"凡莅虞者,入境必宰牲致祭。"
7	明堂弄	百官中街朝东,今步行街服装大厦位置	舜帝理政、百官朝见、讨论政务的场所。坐西朝东,蒿蒿为柱,茅草为盖,上圆(象征天圆)下方(象征大地)。有捍门,有华表,有辅弼
8	重华石	位于舜帝庙前	传说虞舜目有双瞳,又名重华,故名之。吴越宝正三年(928)八月十九日,重开舜井,发现重华石一块,阔三尺,厚九寸左右,有索痕,深二寸,击之有声
9	仇亭	柯水旁,疑在今百官街道前江村曹娥江边	《汉书·地理志》载:"会稽郡上虞有仇亭,柯水东入海。"舜曾避丹朱于此亭,宫殿巍峨。历史上前江名柯庄,柯水即今曹娥江。祖籍上虞的国学大师罗振玉,自号仇亭老民
10	虞山	在上虞东	《图经》载"在上虞之东",属四明山脉系列
11	历山	在上浦	《图经》以及《(万历)新修上虞县志》谓"昔舜耕之所"。《会稽旧记》云:"在小江里,始宁剡二县分界。"王安石《历山赋序》云:"历山在上虞界中。"
12	舜母庙(圣母祠)	上浦镇握登山	山上有舜母庙,题曰"祥虹阁",以祀舜母。可以眺望山水之胜。1956年,毁于特大台风
13	小舜江(一名小江)	水出会稽诸山,西北向流经汤浦和上浦入曹娥江	因"舜陶河滨",故名小舜江(上游有柯桥区舜王庙)

续表

序号	名称	地址	内容
14	陶灶	小舜江畔,疑在今上浦镇四峰村石浦自然村	宋王十朋《会稽风俗赋》载:"陶焉有灶。"《越中杂识》注:"古虞有古陶灶,言舜所作。"
15	陶峦	在今上浦镇昆峦村陶峦自然村	舜幼时在外婆家生活,于曹娥江边制陶,故名
16	粜米石	在舜江滨,即今曹娥江龙山段	长亘里许,阔寻丈,俗谓舜粜米之路。凶岁石现,米价腾踊。土人用以占年
17	象田溪	在县西南	发源象田诸山,注入曹娥江
18	百官河	在县西北四十里	由夏盖湖直抵七都
19	傅村牛山五个石棚	在今东关街道傅张村牛山上	距今约四千二百年,为虞舜时代部落特有的宗教纪念物。石棚三处在"牛背脊"上,两处在山北面中部。石棚东西走向,两端进出口略窄,里面能行走
20	都君茶	上浦联江一带流行	舜王教部落民众上山采草药,炒制成的茶。喝此茶后,六月旺天勿会发痧,寒冬腊月勿穿棉袄,还能治瘟大头病。因舜王名重华,字都君,百姓取名"都君茶"
21	鹊来石	位于舜耕公园门口	《山海经》曰:"舜耕历山,象为之耕,鸟为之耘。"传说舜在历山耕作时感动上苍,飞鸟为之代耕。此石系喜鹊衔来道贺,因取名鹊来石
22	《善溪虞氏宗谱》	在今上浦镇大善小坞村大善自然村	虞氏祖先为舜,虞姓被列为虞舜后裔十大姓第一姓
22	虞氏家庙(祠堂)	在今上浦镇大善小坞村大善自然村	殿中供奉虞舜龙头牌位。虞氏祠堂因建祠历史悠久、保存完好而被列入上虞区文物保护点
23	《古虞姚氏宗谱》	在今丰惠镇夹塘村	谱系中记录姚姓始祖为虞舜
24	耕山堂	在今丰惠镇夹塘村	在今姚氏存有一座祠堂,名曰"耕山堂",据传出自"舜耕于历山"之典
25	象庙(也称栎林庙)	在今崧厦街道吕家埠村北	祀象之祠。始建于明弘治年间,后几毁几建,2007年村民集资重建。象系舜同父异母弟,在舜感化下由坏人转化为好人

(三)上虞地名和舜密切相关

1.上虞是大舜的出生地。《史记·五帝本纪》正义引《会稽旧记》云:"舜,上虞人。去虞三十里有姚丘,即舜所生也。"《太平御览》卷三十二引晋周处《风土记》曰:"舜,东夷之人,生于桃丘,妫水之汭,指石之东,旧说言舜上虞人也。虞即会稽县,距余姚七十里。始宁,上虞南乡也,后为县。桃丘即姚丘,音相近也。今吴比亭虞滨在小江里,县复五十里。对小江北岸临江上上有立石,所谓指石者也。"清《(康熙)上虞县志》卷十九载:"《章图四书》云:'舜生于诸冯。'诸冯即上虞也。"

2.舜与诸侯相娱乐于此。《水经注》卷四十引《晋太康三年地记》载:"舜避丹朱于此,故以名县……亦云舜与诸侯会事讫,因相娱乐,故曰上虞。"

3.上虞是舜的支庶封地。宋理学家朱熹曰:"上虞、余姚二邑皆以舜名,而虞之村墟特多舜迹者,疑其子孙所封。"明《(万历)新修上虞县志》旧序载:"上虞为东越望邑,由帝舜封支庶得名。""上虞,故舜封地。"明代文学家、书画家徐渭在《路史》中云:"舜之支庶,或食上虞。"清代《越中杂识》谓:"虞舜支庶封于余姚,又封于上虞。以虞称国,故因曰上虞……其地有历山、舜井、舜田、陶灶,皆其子孙所居而名之者。"清《(光绪)上虞县志校续》序载:"自秦置郡县,上虞以舜封旧墟得名,至今不易。"

4.县城百官和舜有关。百官是今上虞区政治文化中心,以前叫百官里。明《(万历)新修上虞县志》记载:"自龙山西尽曰百官。相传舜避丹朱,百官朝会其地。"宋王十朋《会稽风俗赋》云:"地有姚丘、百官。"

(四)上虞民间流传着许多关于舜的传说故事

出于对舜的崇敬,上虞民间有许多关于舜的传说故事,代代流传。譬如,传说舜出生在上虞姚墟(今上虞上浦虹蚌)。舜母握篁分娩时,彩虹缠绕,生下舜时赤光满天。舜母难产去世。舜父认为舜是不祥之物,准备把他杀了,幸得梅坞外婆领回家养活。因其身长体大,方头方脑,龙眼大口,目生重瞳,故取名重华。舜从小受到父亲、后母和同父异母的弟弟象的虐待迫害,但凭着自己的智慧和福分总能化险为夷,并不计前仇,对父母孝顺、兄弟友爱。其他如舜象耕鸟耘的故事等,不一一述及。

三、禹的史料和遗迹

禹是历史上的治水英雄,是我们南方民族神话中的人物。他在宁绍平原治理水患,上虞也留有夏盖山、百官里、禹峰乡等禹迹。

(一)上虞地名来历和禹相关

《水经注·浙江水》引《晋太康地记》亦云:"禹与诸侯会事讫,因相虞乐,故曰上虞。"南宋《(嘉泰)会稽志》引阚骃《十三州志》载:"夏禹与诸侯会计,相与虞乐于此。"《太平寰宇记》卷九十六载:"禹与诸侯会计至此,因相虞乐,因名。"

(二)上虞禹迹例举

1.百官里。清《(雍正)浙江通志》载:"百官里,上虞县龙山麓。禹会诸侯百官,曾聚于此。"

2.夏盖与夏盖湖。《一统志》载:"夏盖山,在县西北六十里。一峰崒崒,高出天半,其形如盖。一名夏驾山,相传神禹曾驻于此。上有龙潭,尝兴云雨。"明《(万历)绍兴府志》卷五载:"夏盖山,在县北六十里,山形如盖……其门曰大禹峰,一名夏驾山。"《(万历)新修上虞县志》卷二载:"自湖之北尽,一峰崒崒,高出天半,其形如盖,曰盖山。又云大禹东巡驻盖,曰夏盖山,又云夏驾。"明谢说《夏盖湖赋》云:"夏盖之山,名肇禹代,湖从山名,亦称夏盖。"夏盖湖在夏盖山南,历史上面积周一百五里。

3.夏盖夫人庙。在夏盖山上,始建于后晋天福四年(939),祭祀大禹妃子涂山氏。涂山氏跟随大禹治水到此,不幸而殁,土人建庙祀之。南宋时,蒙古人南下侵扰,夏盖夫人显灵,扬旗空中,矛戟森列,寇不能前。夏盖夫人被加封"忠顺大圣"。1978年3月,庙被拆除。二十世纪九十年代初,民间在原址重建夏盖庙并塑夫人像。有庙会,自农历六月十五起,至七月十五止。《(嘉泰)会稽志》卷六载:"夏盖夫人庙,在县北五十里。"《(万历)新修上虞县志》卷二载:"夏盖山,又云夏驾。东有夫人庙,南有净众寺。"夫人庙即夏盖夫人庙。净众寺系祭祀大禹的寺,始建于后晋天福四年(939)。

4. 夏盖山镇。自汤家沥村东南行,过老茶亭,又东北行七里八分。原在夏盖山周围区域,今废。

5. 禹峰乡。据《上虞县地名志》(1983)和《浙江禹迹图》(2019)载,在上虞区东北部,相传大禹治水曾驻此地。宋侍郎张即之为夏盖山南的净众寺书门匾,曰"大禹峰","禹峰"二字典出此。

6. 辰州娘娘庙。在"平巅若砥,空旷清寂"的夏盖山顶,建于明嘉靖年间,供奉碧霞元君塑像。盖北、谢塘地区认为碧霞元君为夏禹之妹,是夏朝的治水女神,与涂山氏姑嫂相称。

7. 犴舞。上浦镇冯浦村有此舞,系为祭祀大禹的民俗舞蹈。现为上虞区非物质文化遗产传承。

8. 鸟田。在今上浦也有禹的鸟田。《吴越春秋》卷六载:"禹崩之后,众瑞并去。天美禹德,而劳其功,使百鸟还为民田,大小有差,进退有行,一盛一衰,往来有常。"《水经注·浙江水》载:"有鸟来,为之耘,春拔草根,秋啄其秽,是以县官禁民,不得妄害此鸟,犯则刑无赦。"

四、传承尧舜禹文化,资政教化育人

上虞有这么丰富的尧舜禹故迹,可谓躺在丰厚的文化金山银山上。一直以来,政府和民间秉承"传承大禹文化、弘扬大禹精神"的宗旨,不遗余力挖掘,研究好、传承好、弘扬好尧舜禹文化,以达到资政教化育人目的。

(一)存史研究

上虞区政府和上虞区虞舜文化研究会(社会组织)一直致力于挖掘、访古、汇集、整理上虞历代与尧舜禹相关的文物、古迹、地名和故事,至今印刷出版"上虞虞舜文化丛书"十余本,如《虞舜文化学术论文集》《虞舜文化戏曲曲艺集》《虞舜遗踪集》《绍兴评话作品选》等。2012 年以来,共举办国际虞舜学术研讨会和新时代虞舜文化研讨会七届,全国各地的尧舜禹专家纷纷赴上虞开展讨论指导。

(二)教化育人

致力于大禹文化普及,加强内外宣传,创新方式,把尧、舜、禹的传说和故事编成绍兴莲花落,制作成节目到各乡镇和各村文化礼堂巡回演出,制作成光盘发到各乡镇和文化礼堂。推出"虞舜文化进校园"系列活动,编制《重华》《虞舜》连环画送到各校,引导学生懂得孝德、明道和治水的道理。开展虞舜文化系列活动,区政府每年开展虞舜文化活动月,各遗迹所在乡镇和村也积极配合上下联动开展,如上浦大善小坞的虞氏祠堂已经连续五年开展虞舜文化周。据统计,上虞累计开展虞舜文化活动二百余项。

(三)资政辅治

文化要转化为生产力,才有生命力。上虞区委、区政府和社会团体积极为政府做好参谋,使尧、舜、禹文化由记载传说变为"活态"文化代代传承,做到优秀传统文化创造性转化、创新性发展,建设中华民族现代文明。如舜孝上升到孝德文化并作为上虞主体文化进行宣传和研究,已连续召开五届中国孝德文化研讨会。推进文旅开发,在城南凤凰山麓建设舜耕公园(又称大象公园,后扩大规模更名为中华孝德园),园内以舜耕群雕(韩美林设计)、大舜庙及舜桥、舜井为主要景点,渲染舜帝以孝为先、勤政为民的一生。命名南环路为舜耕大道。2015年底,中华孝德园被评为上虞区首家国家AAAA级旅游景区,现规划为孝德小镇。2011年起,每年举行祭舜大典。开展水环境整治,连续三年捧回"大禹鼎"。

陶弘景《答谢中书书》析疑

朱　刚

《答谢中书书》,是南朝名士陶弘景(456—536)写给谢中书的一封书信。这篇短文言辞精炼,具有相当高的美学价值。自从被选入部编版八年级语文上册后,可谓家喻户晓。但一直以来,关于文中陶弘景所描绘的景物所在地和"谢中书"其人,多有争议。

上虞已故学者丁加达先生曾撰《陶弘景妙笔夸陈溪》一文,认为:"谢中书即谢览;陶弘景此书描写的是上虞陈溪乡的风光。"华中师范大学张黎明先生撰有《〈答谢中书书〉注释献疑》,认为:"谢中书应为谢朓;陶弘景此书写于永明八年(490)或此后不久;所写景物在浙江嵊州一带。"二人观点,各有可取之处,亦存在不足。显然,基于原文的考证与释读仍有进一步探究的必要。

《答谢中书书》原文云:

山川之美,古来共谈。高峰入云,清流见底。两岸石壁,五色交辉。青林翠竹,四时俱备。晓雾将歇,猿鸟乱鸣;夕日欲颓,沉鳞竞跃。实是欲界之仙都。自康乐以来,未复有能与其奇者。

略作翻译如下:

山川景色的美丽,自古以来就是文人雅士共同谈赏的。巍峨的山峰耸入云端,明净的溪流清澈见底。两岸皆是石壁,上面呈现五色的斑斓,交相辉映。苍黛的密林和翠绿的竹子,四季常存。清晨的薄雾将要消散之时,猿鸟的叫声此起彼伏;夕阳快要落山之际,潜游在水中的鱼儿争相跳出水面。这里实在是人间的仙境啊。自谢灵运游历以后,还没有人置身其间领略这奇丽的景色。

一、《答谢中书书》写作时间和动机

文章以"山川之美,古来共谈"这样的感慨发端,以"自康乐以来,未复有能与其奇者"收尾,前后呼应。作者将精神上的愉悦注入文字中,并致信友人谢中书,借以寻求慰藉,寄托向往这种世外桃源的隐居思想。

那么,陶弘景写作此文是在什么时候呢?这要从陶弘景永明间那次浙东之游说起。《华阳陶隐居先生本起录》记载:

> 至庚午年(南齐永明八年,490),又启假东行浙越,处处寻求灵异。至会稽大洪山谒居士娄慧明,又到余姚太平山谒居士杜京产,又到始宁峁山谒法师钟义山,又到始丰天台山谒朱僧标及诸处宿旧道士,并得真人遗迹十余卷。游历山水二百余日乃还。

《本起录》中提及的太平山,在浙江余姚县西南八十里,在今上虞陈溪乡境内,乡有太平山村,以山名村。《(光绪)上虞县志校续》卷二十一载:"太平山,在县南五十五里。《舆地志》云其形如伞,亦名伞山。"又载:"晋谢敷、齐杜京产居之。"隐士杜京产(438—499)永明间尝在太平山筑馆,聚徒教授,时年三十五岁的陶弘景专程去太平山拜谒的便是他。其间,陶还撰《立日门馆碑》来纪念此事。碑文曰:

> 日门馆者,东霞启晖,开岩引烛,以为名也。先是,吴郡杜征君声高两代,德贯四区,教义宣流,播声数郡。拓宇太平之东,结架菁山之北。爱以此处幽奇,别就基构,栖集有道,多历年所。

就在离开太平山的第二年,即永明九年(491),陶弘景返都建康。这一年,他在《与从兄书》中写道:

> 昔仕宦应以体中打断,必期四十左右作尚书郎,出为浙东一好名县,粗得山水,便投簪高迈。宿昔之志,谓言指掌。今年三十六矣,方除奉朝请。此头颅可知矣,不如早去,无自劳辱。

又作《与亲友书》云：

> 畴昔之意，不愿处人间，年登四十，毕志山薮，今已三十六矣，时不我借，知几其神乎？毋为自苦也。

这两封书信十分重要，系陶弘景自述，向亲友透露出他的心迹。陶弘景的计划里，原本想四十岁左右做个尚书郎，外放到浙东地区当个县令之类，信中谈及的"浙东一好名县"，很可能指的就是永明八年（490）他刚游历过的始宁及周边等县。始宁，汉永建四年（129）分上虞南乡置县。谢灵运父祖并葬始宁，且有故宅及墅，修营别业，傍山带江，尽幽居之美。而上虞乃虞舜封地，秦已置县，素称浙东名邑。东晋名相谢安曾长期隐居东山，南朝顾欢、杜京产在此开舍授学。这些都是陶弘景心目中理想的为官地，只是未得晋升，不好明说而已。而时年三十六岁的他，职位上仍是一个侍读，仅加了个奉朝请的头衔而已，出官浙东名县的想法已然落空。仕途无望的他，遂决意退隐。

永明十年（492）五月，陶弘景拜表解职求去，齐武帝诏可。《本起录》云："明年五月，遂拜表解职，求托山林，青云之志，于斯始矣。是岁，永明十一年（按，当作十年）壬申岁也。先生初隐，不欲辞省。"《南史》云："家贫，求宰县不遂。永明十年，脱朝服挂神武门，上表辞禄。诏许之，赐以束帛。敕所在月给茯苓五斤、白蜜二升，以供服饵。"最终，陶弘景无奈回到家乡茅山隐居去了。

由此可以看出，陶弘景撰写《答谢中书书》的时间，应该就在游历浙东太平山的永明八年或此后不久。文中表达了"毕志山薮"的意愿，希望得到谢中书的理解与呼应，这是合乎情理的书信动机。在此观点上，笔者与张黎明先生是一致的。

二、《答谢中书书》描绘的场景地

《答谢中书书》所描绘的场景具体又在何处呢？丁加达先生认为在今上虞陈溪乡一带。笔者认同此观点。会稽境特多名山水，晋人王子敬见之曰："山川之美，使人应接不暇。"顾恺之言会稽山川之美，云："千岩竞秀,万壑争流。"南朝谢灵运则言:"会稽既丰山水,是以江左嘉遁,并多居之。"谢灵运出生于会稽郡始宁县,在此山水佳丽之乡,少小感受自然之美,从此发为咏歌,遂开山水诗之纪元。即所谓的"山川之美,古来共谈"是也。南齐永明八年,陶弘景循着先贤名流的足迹东行浙越,自会稽大洪山至今上虞境,一路沿管溪方向而上,经陈溪再抵太平山。陈溪境内层峦叠嶂、风景秀丽,有双石笋、钓台山、象鼻洞等诸多天然胜迹。《答谢中书书》中所言"高峰入云,清流见底。两岸石壁,五色交辉。青林翠竹,四时俱备。晓雾将歇,猿鸟乱鸣;夕日欲颓,沉鳞竞跃"之美景都可以在此间找到答案。以下据史料逐句考订释读,以利于更好地理解其中含义。

(一)高峰入云,清流见底

南朝宋会稽太守孔灵符在《会稽记》中曾言:"四明山高峰轶云,连岫蔽日。"陈溪属上虞南乡,紧靠四明山,辖太平山村,东、南两面与余姚相邻。四围皆崇山峻岭,海拔五百米以上的太平山、董家山、望海尖、纱帽岩分布在南、北、东三面;南面海拔近七百米的太平山风凉石岗为全乡最高点;西部山势渐趋平缓。双笋石,两峰天插,是该地一奇特景观。明王守仁有诗咏之:"云根奇怪起双峰,惯历风霜几万冬。春去已无斑箨落,雨余惟见碧苔封。不随众卉生枝节,却笑繁花惹蝶蜂。借使放梢成翠竹,等闲应得化虬龙。"陈溪、达溪、乾溪蜿蜒曲折,出没于深山峡谷中。清澈的溪流在陈溪西北边缘汇合成管溪,向西北流入下管。今之陈溪乡以陈溪命名,此地"高峰入云,清流见底"之景观依旧。

(二)两岸石壁,五色交辉

《(光绪)上虞县志校续》卷二十一载:"双笋石,在县直南四十里钓台山前,临依山峤,参差并峙,高各数百丈。其巅有异花,开时烂若霞锦。宋高、孝二宗殂落,连岁不花。王十朋《会稽赋》所谓花含戚者,此也。"令人称奇的便是双笋石顶部的杜鹃花,盛开时绚烂多彩,久经岁月洗礼。宋人华镇作诗序云:"广利侯祠宇,得山中之胜,前有双石笋,对峙溪上,花时烂若霞锦,照映山谷。"按,《四明山记》有五色杜鹃花。石笋下有石如象鼻,曰象鼻洞,洞中可陈几席。明人张凤翼有诗云:"西方白象海浮来,隆准岩岩地脉开。春暖气嘘成五色,不须蜃市作楼台。"陈溪两岸皆石壁,有松、枫、杜鹃等花木,一年四季变换着色彩。

与双笋石隔溪北望的宝盖山,更有五色的云雾奇景。《(万历)新修上虞县志》卷二载:"每春晚秋霁,云雾结成轮囷,如五色华盖。"《(嘉庆)重修一统志》卷二九四载:"宝盖山,在上虞县南四十里。中高旁低,其形如盖。每春秋之际,云雾常成五色。迤南而东,有两石依山,高数十丈,名双笋石。"宝盖云雾在阳光照耀下,光线发生散射和折射而五色纷披,令人仰止不尽。清人徐允达有《宝盖松涛》诗:"宝盖山顶偃盖松,髯苍鳞紫势犹龙。有时风力搏深谷,并作涛声吼碧峰。元亮径中黄菊伴,许由户下白云封。知音惟有陶宏景,拄杖空山乐意浓。"宝盖山南沿溪即石壁岭,清代、民国上虞地图上均作清晰标注。此地呈现出陶弘景笔下"五色交辉"的鲜明特征,是他处所不具备的。这是解析全文的关键词之一。

(三)青林翠竹,四时俱备

谢灵运《山居赋》曰:"木则松、柏、檀、栾。其竹则二箭殊叶。"自注:"二箭,一者苦箭大叶,一者笴箭细叶。"陈溪气候温和,湿润多雨,漫山遍野都是水土滋养着的林木,是上虞主要山林特产区,以产竹著称,竹林面积占全乡有林面积的一半以上。层峦处茂林修竹,四季苍翠,可谓"四时俱备"。

(四)晓雾将歇,猿鸟乱鸣

陈溪乡境内溪流众多,生态环境绝佳。古时,野生动物亦品种繁多,猿即是其中之一。谢灵运《山居赋》言:"山上则猨獐狸玃,犴猥猘猕。"《(光绪)上虞县志校续》卷三十一载:"猨,亦作猿⋯⋯李白剡中诗:'谢公宿处今尚在,渌水荡漾清猿啼。'鄞县《宝庆志》:'四明有猿,谓之鞠侯。'"宋人齐唐《双石笋赞》云:"峨峨双石,百仞剑立。下无根柢,对若拱揖。若梯太山,将窥金绳。如架倒景,遂登青冥。擎捧日月,触挚风霆。雕鹍胁息,猿猱骨惊。"有"猿猱骨惊"之语。据《(万历)新修上虞县志》卷九记载,明代上虞山区仍有猿猴存世。至于鸟,《山居赋》中就提及鸿、鸨、鸡、鹊等。山间清晨薄雾消散之际,猿鸟鸣叫声此起彼伏,人入其境,恍如隔世,完美体现了人与自然的和谐融洽。

(五)夕日欲颓,沉鳞竞跃

陈溪乡双笋石旁有钓台山,有陶弘景垂钓遗迹。南宋史浩《会稽先贤祠传赞·梁贞白陶先生》云:"上虞县钓台山,夏侯曾先《地志》言先生尝乘槎,钓于山下潭中。"《(万历)新修上虞县志》卷十九亦云:"陶弘景钓台,皆山岩石,其山皆名钓台山。"《(光绪)上虞县志校续》卷十五载:"陶弘景,字通明,丹阳秣陵人。十岁得葛稚川《神仙传》,便有养生之志……邑南有象鼻洞,下有川曰钓川,常垂钓其上。"卷二十一又载:"钓台山……在县南四十里,双笋石左。山下有川,曰钓川,陶隐君尝垂钓其上。"

关于陶弘景钓川、钓台,多有名流吟咏。如北宋进士、会稽人华镇《钓台》诗:"仙客乘槎学钓翁,劈波时跃锦鳞红。浮槎不到寒江上,松叶泠然自好风。"南宋进士、上虞人赵汝普《探钓台》诗:"先生道足师天子,岂为刘郎作谏官。一线不期贪儒法,两台自受水云宽。忘机故把直钩钓,适志何嫌高揭竿。千载尚留真迹在,客星炯炯照相滩。"《管溪徐氏宗谱》载《石壁渔矶》诗:"游鱼自在吞花影,春水新生上钓钩。石壁粼粼风不起,清溪曲曲雨初收。垂纶到处闲乘兴,换酒归来自满浮。更得渔舟停柳下,天然一幅画图否?"诗前小序谓:"象洞之下,有陶隐君钓川。川之左,石壁高峻,花木掩映,绵亘一里。近川皆平铺石矶,信如坐茅佳处。"清人王振纲有《陶弘景钓台》诗:"旧闻宰相号山中,楼阁三层迥不同。此地何年留足迹,一竿斜日钓清风。"

据方志、诗文等记载,双笋石左有钓台山,陶弘景尝垂钓于此,可以想见"夕阳欲颓"时,钓川之上"沉鳞竞跃"的美妙场景。时间也只能在永明八年(490)入浙东太平山期间。

(六)实是欲界之仙都

谢灵运所撰《山居赋》按照四个方位,由近及远,对所居始宁墅周边山川和景物都作了详细的阐述。其中一段云:"远东则天台、桐柏,方石、太平,二韭、四明,五奥、三菁。表神异于纬牒,验感应于庆灵。凌石桥之莓苔,越楢溪之纤萦。"注云:"三菁,太平之北。太平,天台之始。方石,直上万丈,下有长溪,亦是缙云之流云。此诸山并见图纬,神仙所居。"确证远东有三菁、太平、四明、方石等。太平即今之上虞陈溪乡太平山一带。早在东汉时,道士于吉就已在此山筑馆修道。东晋孙绰、南齐孔稚圭等均曾游历太平。谢灵运尝登与太平山相连的覆卮山,饮酒后覆卮其上,山因此得名。

陈溪一带山清水秀,堪称避世之地。明人张凤翼有宝盖山诗云:"遥空宝盖日亭亭,疑有仙都拱帝廷。何必函关多紫气,葱茏先已护山灵。"一句"疑有仙都拱帝廷",说的不正是谢康乐笔下的"神仙之所居"、陶弘景书中的"欲界之仙都"吗?陶弘景永明八年(490)入浙东太平山,距谢灵运辞世之年(433)已半个多世纪,但对于康乐醉心山水之情感同身受,故发出了"自康乐以来,未复有能与其奇者"的感叹,盛赞陈溪山水之美。

综上考述,可以发现陈溪风物与陶弘景《答谢中书书》的描述场景是高度吻合的,且有诸如陶弘景钓台等古迹遗存可证。《答谢中书书》所描述的地点在今上虞陈溪乡的观点是可信的。更具体地说,就在陶弘景钓台山周边至太平山一带。

张黎明先生"陶弘景《答谢中书书》所写景物在今浙江嵊州一带"的提法,缺乏可靠的文献依据支撑。今嵊州境内没有陶弘景在剡的相关遗迹,也缺少相关史料的支撑。天监年间,陶弘景复东游。《华阳陶隐居内传》言:"初欲入剡,或度天台。至浙江,值潮波甚恶,乃上东阳,仍停长山。"这次也因为潮水之恶而未至嵊州。

三、关于"谢中书"是谁的问题

丁加达先生认为"谢中书即谢览",持此观点者尚有王京州先生等。而张黎明先生认为"谢中书应为谢朓"。检阅史料,出官为中书的谢氏不少,有谢徵、谢朓、谢览、谢朏等多人。至于陶弘景书信是写给谁的问题,我们不能脱离书信本身,否则便是缘木求鱼。

前已说明,陶弘景于齐武帝永明八年(490)入浙东太平山拜谒杜京产,在游历上虞陈溪一带美景后返回都城,官场的失落促使他决意归隐。考证这位谢中书是谁,《答谢中书书》的撰写时间大致可以作为参照。

一说谢徵(500—536,《南史》作谢微)。其在陶弘景隐居茅山八年后才出生。任中书郎,更是晚至梁武帝大通四年(532)。他的可能性当可排除。史学界多有论及,不再赘述。

二说谢朓(464—499)。其在齐明帝建武年间(494—497)曾两任中书郎。而陶弘景已于永明十年(492)归隐茅山。

三说谢览(477—513)。其于梁武帝天监元年(502)任中书侍郎,掌吏部事,顷之转吏部郎。此时,陶弘景早已隐居,与这个小自己二十多岁的晚辈谈论山水和隐居也并不合理。

四说谢朏(441—506)。《梁书·谢朏传》记载:"(永明)五年,出为冠军将军、义兴太守……视事三年,征都官尚书、中书令。隆昌元年,复为侍中,领新安王师。"可知谢朏大约在永明七年至隆昌元年期间(489—494),曾掌中书令。这与陶弘景入浙东太平山的时间是可以对应的。实际上,谢朏早有"中书"之名,按《梁书·谢朏传》记载:"起家抚军法曹行参军,迁太子舍人,以父忧去职。服阕,复为舍人,历中书郎,卫将军袁粲长史。"其父谢庄卒于泰始二年(466),服丧期满后,谢朏曾任中书郎。谢朏十岁能文,被誉为神童,与陶弘景一样都是文学家。官场皆不得志的二人惺惺相惜,当有共同话语。陶弘景作为后辈,复信给谢朏,相互交流在浙东上虞的游历见闻也合情合理。笔者亦认为谢中书最有可能是谢朏。

四、小结

陶弘景《答谢中书书》写于齐武帝永明八年(490)或此后不久。书中描绘的场景地在今浙东上虞陈溪乡陶弘景钓台山周边至太平山一带。谢中书,或为谢朏。

嵊州魏氏始祖魏徵世系源流考

魏 旭

嵊州魏氏,包括周边的上虞魏氏、诸暨魏氏等,向来奉大唐名相魏徵为始祖。魏徵(580—643),字玄成,巨鹿曲阳人,是唐代杰出的政治家、思想家、文学家和史学家。魏徵作为中国历代谏臣的楷模,是个家喻户晓的人物,但对于其家族的世系源流研究,尚处于起步的阶段。笔者从历代史料和出土文献出发,考证其家世源流及后嗣传承的脉络,厘清了魏氏宗谱上的一些错讹,提出了一些新的观点,并试图对一些聚讼不已的问题作出解答,以期能起到抛砖引玉的作用。

一、魏徵先祖世系考

《新唐书·宰相世系表》载:"魏氏出自姬姓,周文王第十五子毕公高受封于毕,其后国绝。裔孙万为晋献公大夫,封于魏,河中河西县是也,因为魏氏。"又载:"馆陶魏氏,本出汉兖州刺史衡,曾孙珉始居馆陶。珉孙彦。"且可知魏彦生钊,钊生长贤,长贤生徵。按表中世系排列,魏徵为魏衡第九世孙。鉴于《新唐书》作者欧阳修等人的巨大声望,魏徵为汉兖州刺史魏衡之后遂咸定论,为各种史籍和家谱所引用,包括嵊州《剡东魏氏宗谱》也称魏徵为汉兖州刺史之后。

稍晚于《新唐书》成书,宋人陈师道撰《魏嘉州墓铭》称:"魏氏望巨鹿,自汉兖州刺史衡之曾孙始居魏之馆陶,五世而至郑公,辩毅慈明,为唐宗臣,馆陶之魏始大,甲于国谱。"陈师道为魏徵后裔魏绍(知嘉州)撰写墓志,同样认为魏徵是魏衡之后,而魏衡出自巨鹿魏氏。

但这个汉兖州刺史魏衡的出身家世,却没有任何史料提及,一直是个谜团。在唐代及之前的历史文献中,也并无资料提到魏徵家族是汉兖州刺史魏衡之后裔。

历史上真有汉兖州刺史魏衡其人吗?通过查阅各种史籍,笔者发现三国两晋时有一个魏衡,是西晋丞相魏舒之从叔,魏明帝时任尚书郎,西晋初升吏部侍郎,无任职兖州刺史的记载。此人生存年代跟东汉末年相距倒不是很远,但他在魏明帝时才当上尚书郎,在之前的东汉能当上兖州刺史这样的高官?此魏衡的履历上没有兖州刺史的记录还不是最大的问题,最大的问题是此魏衡出自任城魏氏。

按,《元和姓纂》记载:"任城:(魏)无知曾孙不害,生汉任城太守(按,此下有脱名),因家焉。不害孙相,汉丞相、高平侯。裔孙舒,晋司徒。族咏之,宋荆州刺史。今绝。"任城魏氏是魏无知曾孙魏不害的后裔,自汉任城太守后,居于任城。魏舒出自任城魏氏,魏衡作为其从叔,出身自然不言自明了。不过正如书中所言,城魏氏一支至唐元和时已经绝了。

魏徵则出自巨鹿魏氏。

《唐故豫州刺史魏君碑》载:"公讳叔瑜,字思瑾,曰魏氏,巨鹿曲阳人也。考太师郑文贞公,致君皇极,配神清庙,故祖德胄系,叙于太宗之先碑矣。"魏徵之子魏叔瑜的碑文明确记载魏徵家族出自巨鹿魏氏,是巨鹿曲阳人。

《魏华墓志》载:"公讳华,字茂实,巨鹿下曲阳人,有唐银青光禄大夫、太子左庶子、上柱国、武阳县开国男,太师郑文贞公之孙,豫州使君之二子。"魏华为魏叔瑜次子,其墓志再次重申了魏徵家族出自巨鹿魏氏。

唐吴兢著《贞观政要》也称:"魏徵,巨鹿人也。近徙家相州之内黄。"

按,《元和姓纂》记载:"巨鹿:曲阳侯、汉巨鹿太守歆,居巨鹿。五代孙庆,汉封北海公。宣孙纯。纯长子倬,为东祖;次子植,为西祖也。"巨鹿之曲阳(又称下曲阳,今河北晋州)为巨鹿魏氏的始居地、发源地。

任城魏氏和巨鹿魏氏,虽然同出于西汉高梁侯魏无知,但同祖不同宗,所以出于任城魏氏的魏衡不可能是魏徵之祖先。

《元和姓纂》一书,是唐宪宗时期丞相李吉甫命林宝所修撰的谱牒姓氏的专著,详细记载了唐代世家族姓世系和人物。原书久已失传,现存版本为乾隆间,从《永乐大典》中辑出,又经历代学者多次校补而成,故内容不免支零破碎,有所残缺,如魏徵堂堂一代名相,也未见记载。因此要通过此书来查找魏徵的祖系甚是不便。

最早提到魏徵祖系史料的是唐初李延寿所著的《北史·魏收传》:

> 魏收,字伯起,小字佛助,巨鹿下曲阳人也……魏长贤,收之族叔也。祖钊,本名显义,字弘理,魏世祖赐名,仍命以显义为字……即授义阳太守,陵江将军……加授建忠将军,追赠其父处顺州刺史……父彦,字惠卿,博学善属文……肃宗初,拜骠骑长史,寻转光州刺史。年六十八,卒……(长贤)河清中,上书讥刺时政,大忤权幸,为上党屯留令……卒年七十四。贞观中,赠定州刺史。子徵。

按《北史》所载,魏顺生魏钊,魏钊生魏彦,魏彦生魏长贤,魏长贤生魏徵。魏钊为魏彦之父,跟《新唐书》记载截然相反。李延寿曾跟随魏徵修撰《隋史》,两人是熟识的。《北史·魏长贤传》所引魏长贤私人书信极可能出自魏徵所授,其所述魏徵家世当是可信的。

魏徵五世孙魏谟,于唐宣宗时任丞相(同中书门下平章事),修葺了魏徵所立家庙,并于大中六年(852)新立家庙碑,由魏谟门生崔玙撰《判户部事上柱国赐紫金鱼袋魏公先庙碑铭并序》(下文简称《魏公先庙碑》),唐代著名书法家柳公权书丹。

《魏公先庙碑》文虽已残缺,但其中魏徵家族的源流世系还是有迹可循的,碑文中记载:

> 文侯能师圣门人,而不好古乐,故风颓而不得□五伯。至无忌,不□□而封信陵,与齐、赵、楚公子相矜奋为(阙十九字格)派绪滋广,因自别为西祖。暨诸戎盗华,晋鼎凌□,□宗随迁,世仕□朝。顿丘四世之孙曰钊,树勋捍难,为义(阙二十字格)怀忠乱朝,直封诋政,侵轹奸幸,不容于时,出长屯留,去无愠色,或有以词致诮者,方激发忾咤,志气横厉。

碑文追溯了魏徵的先世源流,从魏文侯建立魏国而称霸中原,到信陵君魏无忌在战国四公子中称雄,之后人丁繁盛,分祖别派。《魏公先庙碑》

中,"派绪滋广,因自别为西祖"这一句是破解魏徵祖系资料的钥匙。

《元和姓纂》记载:"纮长子悻,为东祖;次子植,为西祖也……西祖植,晋御史中丞,生虑。虑生绥、攀……攀玄孙子建,后魏益州刺史。生收,北齐仆射,生人表。"

《晋书·苟晞传》记载:"顿丘太守魏植同情流人受虏虐过甚,流人归之者五六万人。"

根据两书所载,西祖即巨鹿魏氏之魏植,曾任顿丘太守,《魏公先庙碑》以顿丘太守一职称之。

按《北史·魏收传》记载,魏长贤父亲名彦,祖父名钊,曾祖名处。而《魏公先庙碑》记载魏钊是西祖四世之孙。结合《北史》和《魏公先庙碑》,可排列世系如下:西祖(植)→□→□→处→钊→彦→长贤→徵。从西祖到魏长贤一共七代人。

魏收也是西祖之后,按《元和姓纂》上所载的世系,结合《北史》可排列如下:西祖(植)→虑→攀→溥→缉→韶→子建→收。魏收是西祖的第八世,比魏长贤晚一辈,正好符合《北史》上魏长贤为魏收族叔的记载。族兄弟的本义是同高祖的兄弟,魏长贤与魏子建之高祖同为魏攀。

《新唐书》的记载为何会有误呢?

唐末五代时期,战乱频繁,士族门阀制度遭到毁灭性打击,谱牒也多化为灰烬。欧阳修等编修《新唐书》时,能查到的魏氏宗谱和相关史料,已经错漏不少了,或许魏纮的名字已经讹为魏衡。《新唐书》涉及魏徵家世的资料上,错讹缺漏远不止魏衡一处:比如把魏徵曾祖和祖父的名讳颠倒,魏彦成了魏钊的父亲;魏殷不著是谁人之子,其上方空缺;隋、万二人上方也空缺,不著是谁人之子。由此可见,欧阳修等人看到的资料不全,对魏徵家族了解不深,才导致一系列问题的产生。

综上所述,魏氏源于姬姓,周文王十五子毕公高之苗裔曰毕万,事晋献公,因功封于魏,为大夫。遂以封邑为氏,称魏氏。至周威烈王二十三年(前403),天子封毕万裔孙魏斯为诸侯,称魏文侯。魏文侯礼贤下士,任用贤能,称霸中原,开创了魏国百年霸业。而后沿历汉晋魏唐,代有闻人,而郡望著于巨鹿。

根据上述史料,魏徵先祖世系可列为:毕万→魏犨→……→魏文侯(开国之君)→……→魏昭王→无忌(信陵君)→……→无知(高梁侯)→均→恢→叔纶→歆→愉→宙→绍→□→□→宣→□→统→植(西祖)→虔→攀→处→钊→彦→长贤→徵。

二、魏徵家族世系考

魏徵父长贤,博涉经史,除汝南王悦参军事,曾上书讥刺时政,大忤权幸,贬为上党屯留令。有一兄伯胤,一弟德振。

魏徵有一兄,佚名。《旧唐书·魏徵传》:"寻以修定《五礼》,当封一子为县男,请让孤兄子叔慈。太宗怆然曰:'卿之此心,可以励俗。'遂许之。"可知侄名叔慈,疑字思温,以字行,即徐敬业扬州造反时的军师魏思温。如此,其名、字正与魏徵之子魏叔瑜,字思瑾近似。魏徵家族受到徐敬业事件的牵连和打击,当是这个魏思温之故。

《旧唐书·魏徵传》:"徵四子,叔琬、叔璘、叔瑜。叔玉袭爵国公,官至光禄少卿;叔瑜至潞州刺史,叔璘礼部侍郎,则天时为酷吏所杀。神龙初,继封叔玉子膺为郑国公。叔瑜子华,开元初太子右庶子。"《旧唐书·魏谟传》:"魏谟,字申之,巨鹿人。五代祖文贞公徵,贞观朝名相。曾祖殷,汝阳令。祖明,亦为县令。父慿,献陵台令。"

《新唐书·魏徵传》:"四子:叔玉、叔琬、叔璘、叔瑜。叔玉袭爵为光禄少卿。神龙初,以其子膺绍封。叔璘,礼部侍郎,武后时,为酷吏所杀。叔瑜,豫州刺史,善草隶,以笔意传其子华及甥薛稷。世称善书者'前有虞、褚,后有薛、魏'。"

两《唐书》俱记载魏徵生四子,叔玉、叔琬、叔璘、叔瑜。叔玉,官光禄少卿,袭郑国公。叔琬,两《唐书》皆不载官职。叔璘官礼部侍郎,武后时为酷吏所杀。叔瑜,《旧唐书》称其为潞州刺史,《新唐书》则称他为豫州刺史。考之《唐故豫州刺史魏君碑》:"公讳叔瑜,字思瑾,曰魏氏,巨鹿曲阳人也。考太师郑文贞公……历庆、慈、仪、豫四州刺史……春秋五十有一,终于豫州……二子献、华,追完先德,俾余作颂,以尉罔极。"魏叔瑜历任庆州、慈州、仪州、豫州四州刺史,卒于豫州刺史任上。由此可知,《新唐书》

记载更为准确。

魏叔琬之官职履历,不见于两《唐书》,其他史料也不曾提及。笔者经过几年查找,从出土文献中获得了一点线索。《唐故伊阙县令巨鹿魏府君墓志铭并序》载:

> 唐特进、侍中、郑国文贞公之曾孙曰系……自文贞生叔□,而官止潞州刺史,潞州生殷,官止蔡州汝阳令……宝应年中,天子悼焉,赠颍州刺史,公即颍州之第三子也。

可知魏府君即魏系,为魏徵曾孙,其父魏殷,官汝阳令,赠颍州刺史,而祖父魏叔□,官潞州刺史,跟《旧唐书》上魏叔瑜的官职恰好相同。然正如上文所考,叔瑜并无任职潞州刺史的经历,叔玉、叔璘也不曾"官止潞州刺史",那么这里只可能是叔琬了。《魏公先庙碑》也载魏徵生叔琬,叔琬生颍州府君,而颍州府君恰好符合魏殷赠颍州刺史的史实。所以魏殷之父就是魏叔琬,官潞州刺史。《旧唐书·魏徵传》在历代传抄中有了阙文,在叙述魏徵四子官职时,漏了魏叔琬之名,并把他的官职误抄成了魏叔瑜的官职。

《新唐书·宰相世系表》中,魏徵四子排列是魏叔玉、魏叔瑜、魏叔琬、魏叔璘。与同书《魏徵传》所排次序不同,不知何故。魏叔玉有一子魏膺;魏叔瑜有一子魏华,一孙魏瞻;魏叔琬、魏叔璘名下无子。魏殷是魏徵孙辈,但并不置于四子之下,而是另起一列,或许欧阳修等也不清楚他是何人之子。魏殷名下有一子魏明,一孙魏憑,一曾孙魏谟。魏谟有二子,魏潜、魏华。魏徵曾孙辈还有魏隋、魏万,同样另立一列,表明不知为何人之子。这就是《新唐书·宰相世系表》记载的魏徵后嗣基本情况。下面就这些内容进行辨析考证。

魏叔玉有一子魏膺,官秘书丞,神龙初,袭郑国公。欧阳修《集古录》中跋《唐魏载墓志铭》,谓魏载祖父魏徵,父魏叔玉,而魏载官怀州司兵参军,后因徐敬业造反之事,流放卒于岭外。则魏叔玉另有一子魏载,涉及谋反,遂不见于史籍和家谱。

魏叔琬有一子魏殷。《魏公先庙碑》记载:"郑公生司业府君讳叔琬……司业生颍州府君,是为第二室……第三室河西府君,天资恢□,抱器卓迈……第四室即吏部府君。"魏谟虽为宰相,但立碑时官职只有三品,朝廷加恩也只能建四室家庙,高祖叔琬没有单独供奉的地方,附于魏徵的第一室。魏谟在他亲立的家庙碑上记载家庙中祖先供奉的次序,第一室是魏徵,高祖叔琬附祭,第二室是曾祖颍州府君魏殷,第三室是祖父河西府君魏明,第四室是父亲吏部府君魏䍐(赠吏部侍郎)。两《唐书》"魏䍐"皆作"魏凭",但魏谟亲立碑文,不至弄错父亲名讳,"凭"当是讹字。结合魏系墓志,魏殷至少有四子,明、系(第三子)、昕等。魏明生魏䍐,魏䍐生魏谟。魏系有一子魏驹。

魏叔璘,史书不载其子。明初,宋濂所撰《上虞魏氏世谱序》记载:"濂居浙河东,尝闻上虞魏氏为簪缨大族,其先盖出于唐郑国文贞公徵之裔。公居巨鹿,生礼部侍郎叔璘。侍郎生武进县令政,始自巨鹿迁居会稽之山阴。武进生邠州录事参军珍。参军生莫州司马明,复自山阴徙居余姚之兰风。"按宋濂所言,魏叔璘有一子魏政,官武进县令,迁居会稽之山阴。

魏叔瑜,按前引《唐故豫州刺史魏君碑》,知有二子,献、华。《魏华墓志》又记:"公讳华,字茂实……太师郑文贞公之孙,豫州使君之二子……有子七人。"魏华有七子,除魏瞻外,俱佚名。

新出土的唐《魏湘墓志》记载,五代祖魏徵,曾祖魏崇信,祖父魏万,父魏丹。可惜没有提及魏崇信是谁人之子,不能明确归入魏徵四子名下。

以上是根据《新唐书·宰相世系表》所列示魏徵后裔明细进行的辨析。还有一些散见于唐代史料、世系不明的魏徵后裔,如把永兴坊故宅质卖他人的玄孙魏稠、宝历元年(825)任湖州司马的魏猗、大和二年(828)任南阳县尉的玄孙魏可则等。

魏徵五世孙魏谟于大中五年(851)备位宰相,完成了魏氏中兴。大中十二年(858),魏谟卒,魏氏也渐渐失去了昔日的光芒,淡出了历史舞台。直到一百多年后的北宋,魏氏又重新回到了舞台!

魏羽,字垂天,歙州婺源人。太平兴国初,知棣州。淳化初,拜度支使。淳化四年(993),并三部为一司,以羽判三司。三司使是宋初中央最高财政长官,号称"计相"。陈师道所撰《魏嘉州铭》有云:"五世而至郑公,辩毅慈明,为唐宗臣……又五世而至司徒谟,谟之子别居歙之婺源。其后四世而至尚书礼部侍郎讳羽,为太宗、真宗三司使十有八年。"魏徵五世孙是魏谟,魏谟五世孙则是魏羽。

黄庭坚撰《吏部侍郎魏公神道碑》称:"魏公讳瓘,字用之,三司使、尚书礼部侍郎、赠太尉讳羽之次子,赠兵部尚书讳遂之孙,赠礼部尚书讳昌之曾孙。"

魏羽是魏谟五世孙,父魏遂,祖魏昌,生有三子,魏玠、魏瓘、魏琰。魏玠早卒,有一子魏平仲,中天禧三年(1019)进士。魏瓘,字用之,以给事中知开封府,以吏部侍郎致仕,生十一子。魏琰,字子浩,为吏强敏,与兄齐名,知广州,累官司农卿,致仕,进卫尉卿。

到魏羽五世孙时,魏徵后裔又重登相位。郑清之撰《宋故太师右丞相食邑五千九百户食实封三千九百户谥文节鲁国公魏公神道碑》载:"公讳杞,字南夫……郑公最著,司徒谟有祖风。入国朝,有讳羽者,距郑公十叶,事太宗、真宗,为计臣十八年,赠太尉……公曾祖讳续,朝请郎,赠太保。祖讳钰,朝散大夫、知海州,赠少师。考讳汝能,迪功郎、黄州司户,赠太师。"《宋魏汝能墓志》:"公讳汝能,字不矜,姓魏氏,世为寿春人。曾祖讳琰,卫尉卿,赠司徒,曾祖妣姓氏、封号考验未详。祖讳续,朝散郎,赠太保,祖妣王氏,赠卫国夫人。考讳钰,朝请郎,赠少傅,妣王氏,赠广国夫人。"

魏杞,父魏汝能,黄州司户;祖父魏钰,知海州;曾祖魏续,朝散郎;高祖魏琰,卫尉卿。绍兴十二年(1142),魏杞中陈诚之榜进士,授余姚县尉。三十一年,擢太府簿。隆兴二年(1164),除宗正亚卿,出使金国。魏杞至燕山,慷慨陈义,气劲词直;卒正敌国礼,不辱使命。乾道元年(1165),奉使还,进书赍赐,亦引谊固辞。孝宗曰:"卿亦太廉矣!"

魏杞于乾道二年(1166)十二月,授尚书右仆射、同中书门下平章事,登上了丞相之位。距魏谟登上丞相之位已过去了三百多年,终于迎来了魏氏的再度中兴。前述嵊州魏氏、上虞魏氏、诸暨魏氏等皆为其后。

通过上述考证,初步厘清了唐宋五百年间魏徵后裔的世系传承脉络和魏氏的兴衰沉浮,为进一步研究魏徵家族世系传承打下了坚实的基础。

附：魏徵后裔简明世系图

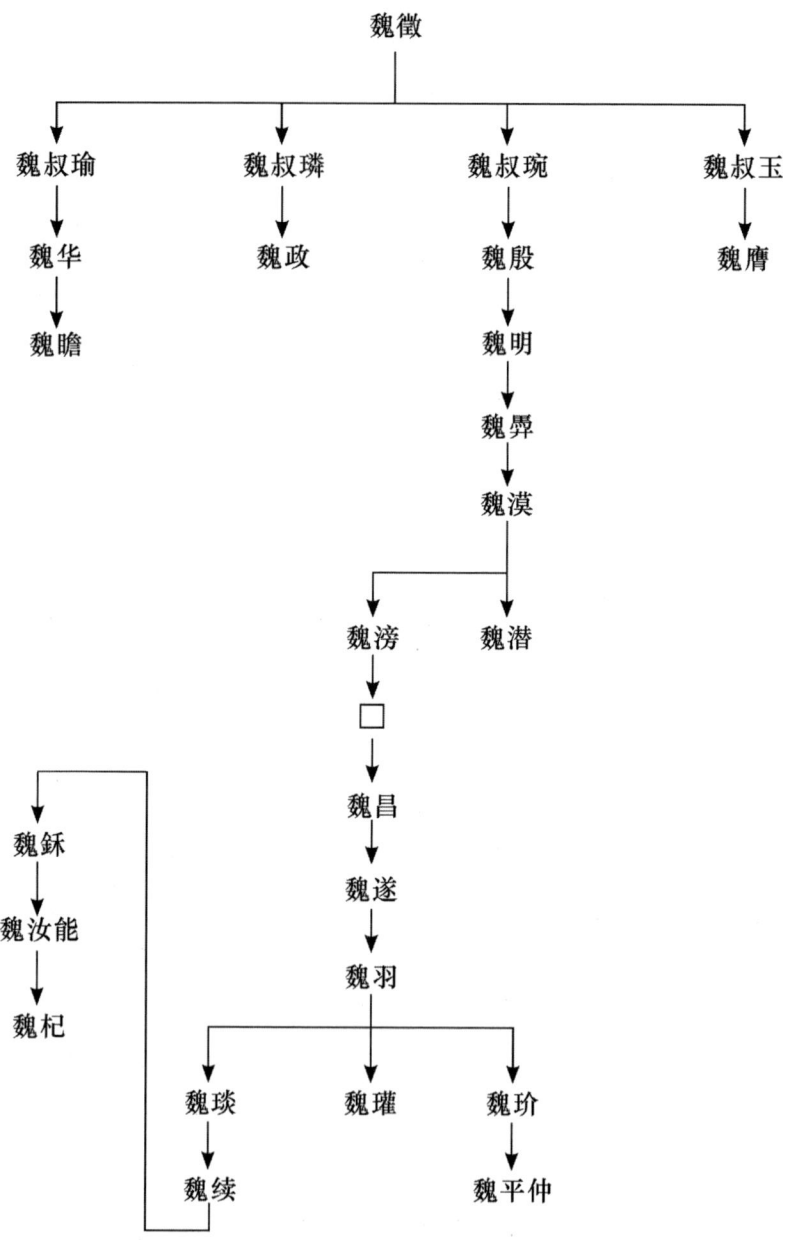

王守仁家族与诸暨渊源考

赵岳阳

明嘉靖七年(1528)十月,两广总督王守仁因平息广西田州、思恩叛乱得旨嘉奖后,自知病情日重,上奏告假回绍兴故里,途中专程绕道广东增城县,祭祀六世祖王纲,以完成此生最后一件大事。

王纲是王氏家族引以为傲的人物,洪武间因靖潮州之寇殉难,朝廷为建忠孝祠,对王守仁影响深远。王守仁在《祭六世祖广东参议性常府君文》中感叹"我祖晦迹长遁,迫而出仕,务尽其忠……父死于忠,子殚其孝",表达了深切的缅怀;"某承上命,来抚是方……亦求无忝于我祖",表露了自己传承忠孝家风,无愧于先祖英名的襟怀。祭罢,又题诗祠壁,并立《广东参议王公传》(以下称《王公传》)碑于祠中,为这次"迟到的祭祀"留下"永久的纪念",足见王守仁对王纲的尊崇。而王纲在出仕殉难之前,隐居于诸暨。今据文集、方志、谱牒之记载,将王纲隐居诸暨及王守仁父子与诸暨的渊源作一番查考,敷衍成文,以求教于方家。

王纲隐居五泄山

王守仁在祭文中所说王纲"晦迹长遁"的地方,在诸暨的五泄山。据《王公传》称:"纲,字性常,一字德常,弟秉常、敬常,并以文学知名,……少与……族人元章相友善,往来山水间,时人莫测也。元末,尝奉母避兵五泄山中。"

按,王纲(1301—1371)是余姚人,族人元章即王冕(1287—1359),是诸暨人,虽同属绍兴府,但中间隔着两个县,族人关系又从何谈起呢?据《姚江王氏宗谱》记载,王纲与王冕都是王氏三槐堂的后人。王纲是北宋宰相王旦的十二世孙,其世系为:旦—素—厚—奇—俫—道—补之—元龙—松—应良—子俊—士元—纲。而王冕是王旦的十四世孙,其世系为:旦—冲—吉—嘉绩—清—珰—愕—文炳—历七世至冕。二人是"三百年前本一家"的关系。王纲擅文学,王冕亦以诗画知名。王冕"年长",王纲"辈大",但这并不妨碍他们在元末乱世中成为志趣相投的好友。

元至正八年(1348),王冕自大都归越,言天下将乱。时海内无事,或斥为妄。王冕曰:"妄人非我,谁当为妄哉!"乃携妻小隐于九里山。果不其然,是年浙东方国珍起事,直到洪武元年(1368)止,方氏时叛时降,"折腾"不息,余姚深受其扰,与王冕友善的王纲只好奉母远避。那王纲为何选择三百里外的诸暨五泄山作为隐居之所呢?原因不外乎以下几点:其一,五泄位居绍兴府诸暨县、杭州府富阳县、金华府浦江县三府三县交界的"三不管地区",山深林密,是隐居的首选。其二,五泄山水奇绝,以瀑布胜。自北魏郦道元《水经注》记述以来,代有骚人墨客、名公巨卿登临题咏,俯唱遥吟,作陶渊明之想,建庐筑室于斯,登眺览五泄之奇,临流瞰夹岩之胜,是"越绝佳处"。其三,王冕性好"会稽佳山水",曾作《五泄山全图》,深知五泄山水胜妙,或为之推荐。其四,五泄已有王氏族人隐居。据《王氏宗谱》载,北宋宰相王旦堂兄王献十一世孙王彦彬,字承学,号思槐,为宋御医,于元兵入临安城时,遁入五泄山中隐居,足迹不及城市,遂为五泄人。到元末已历三世,其孙王祖义一族仍在五泄繁衍生息。想当初,王纲的曾祖王季就是"以族在(余)姚,往来属族间,见姚江山水之胜倍于他邑,乃自(上)虞迁姚,卜秘图山后居"的。一如王冕携妻孥隐九里山,王纲挈妇将雏奉母来隐五泄山。据《姚江王氏宗谱》载,王纲家庭成员有母亲朱氏,妻胡氏,彦达、彦中、彦广、彦文四子,及三女。一家人在青山绿水间生活,母慈子孝,其乐融融,不啻神仙境界。

在五泄,王纲还真遇上了"神仙"。这次奇遇,对王纲及其后世子孙来说,意义非凡。据《王公传》载,某晚,有道士骑骡来五泄王纲家投宿。王纲见其气宇轩昂,必是有道高人,问其名号。道士回答:"终南隐士赵缘督也。"按,赵缘督即赵友钦(1279—1368),字敬夫,江西德兴人,宋太宗十二世孙,生当宋末,国破家亡,遂为道士,号缘督子。道教南宗二祖石泰为其师,元代内丹理论家陈致虚为其徒。他著述宏富,有《仙佛同源论》《金丹正理》《盟天录》《推步立成》等。他学问广博,是元代著名的科学家,所著《革象新书》是我国古代科学史上的重要典籍,他研究圆周率,还提出中天观测法以求恒星赤经差,著名的"小孔成像"实验比西方物理学家伽利略还早二百年。其时,赵友钦已定居浙江龙游,常骑青骡往来于衢州、金华山水间。自龙游经兰溪,过浦江县即进入五泄西源,而王纲正隐居五泄西源一带,故有此巧遇。王纲一见倾心,以礼相待,促膝交谈,直至天明,甚是投机。赵友钦在临别之际为王纲占卜,告诉他:"公后当有名世者矣!然公不克终庸下,今能从吾出游乎?"王纲以母老有难色。赵友钦笑道:"公俗缘未断,吾固知之。"遂将卜筮等道家之术传授给王纲。王纲自得赵友钦亲传后,识人鉴面,极具见地。

在五泄,王纲还与"未来国师"刘伯温相往来。据《王公传》载:"诚意伯刘伯温微时常造焉。"据《刘伯温年谱》载,至正十三年(1353),时任浙东行省都事的刘伯温因建议招捕方国珍,为上官所驳斥,羁管于绍兴,放浪山水,以诗文自娱,达三年之久。其间,应请为作《诸暨州重修州学记》。至正十四年,刘伯温与王冕相识,为王冕《竹斋诗集》作序:

> 予避地之会稽,始得尽观元章所为诗。盖直而不绞,质而不俚,豪而不诞,奇而不怪,博而不滥,有忠君爱民之情,去恶拔邪之志,恳恳悃悃,见于词意之表,非徒作也,因大敬焉。

因诗而生敬,敬而赠以诗:"人生得闲真是好,得闲不闲惟此老。布袍阘茸发不梳,一生只被梅花恼。"王冕亦回赠:"青田刘处士,潇洒好山房。夜月移花磴,春云动石床。书声通远谷,琴响应清商。我欲相依住,临流筑草堂。"因为兵乱,王冕隐居九里山,王纲隐居五泄山,刘伯温则流落绍兴。

或许是王冕的引见,刘伯温与王纲在五泄留下了一段佳话。王纲曾对刘伯温说:"子真王佐才,然貌微不称其心,宜厚施而薄受之。老夫性在丘壑,异时得志,幸勿以世缘见累,则善矣。"后刘伯温果然辅佐朱元璋建立明朝,受封诚意伯。洪武四年(1371),刘伯温于辞官之际,想起自己的经历,与王纲当年在五泄的"真心告白"不谋而合,遂不顾告诫,举荐王纲。若非此次举荐,王纲或许会终老五泄,子繁孙衍而为五泄土著。

王纲被迫无奈,只好携子王彦达应召出仕。朱元璋见其年已七十仍如少壮,且对答满意,遂拜为兵部郎中。不久,潮州民变,乃擢王纲为广东参议,前往招安。王纲携子王彦达乘小舟前往劝谕,潮民悦服,事遂平息。不意返程途经增城县,遭海盗曹真扣留,欲请王纲为贼首。王纲晓以大义,厉声训斥,终遇害。年方十六的王彦达在旁哭骂,唯求一死。贼首认为"父忠而子孝,杀之不祥",遂放归。王彦达缝羊革裹父尸,归葬于余姚禾山。洪武二十四年(1391),御史郭纯上奏其事,朱元璋下旨于增城殉难处立祠以为褒奖,名遂闻于天下。果然应了赵友钦当初所作"公不克终牖下"的预言。

从《王公传》可知,王纲卒于洪武四年(1371),享年七十岁,故某生年当是元大德六年(1302)。《姚江王氏宗谱》未载王纲生年,而载其父王士元生于至元二十九年(1292),若此,王士元在十一岁时就生了王纲,殊违常理。谱载王彦达生于至正六年(1346),洪武四年当为二十六岁,又与《王公传》所载十六岁不同。是故谱、传必有一误,未知孰是。一般而言,宗谱对族人生卒年月的记载相对"靠谱",当以谱为准。当然宗谱也有"不靠谱"的时候,如另一《王氏宗谱》收录了《三槐王氏历代迁移分派总系略》一文,末署"明洪武六年春三月吉旦,嗣孙(王)纲述",洪武六年离王纲殉难已过两年,安得再来撰文?故此文应是伪作,或王纲另有其人。

王彦达在五泄侍父应召,及父遇难,葬父余姚之后,即归居余姚秘图山后,朝廷欲加录用,彦达痛父以忠死,遂耕地养母,粗衣淡饭,终身不仕。唯将父亲得自五泄的卜筮之书传给儿子王与準。王与準亦以善占卜闻名,后因不堪县官三番五次的征召,遂将书烧毁,逃入四明山中隐居。与準生王杰,王杰生王伦,皆秉承家学,以读书育人为务。王伦生王华,始大显。

王华坐馆作文章

王华(1446—1522),字德辉,晚号海日翁。成化十七年(1481)辛丑科状元,官至南京礼部尚书。他从天顺六年(1462)进县学为诸生,到成化十六年(1480)中举人,其间十八年皆以"儒士"名义外出教书,以塾师之束脩为生。《(光绪)诸暨县志》载:"明余姚王守仁伯安,则从父海日翁华馆于诸暨。"陈炳荣《枫桥史志》亦载:"魏骥王华,枫溪坐馆。"则王华坐馆执教在诸暨枫桥。枫桥镇上有骆、陈两大族均与王华有关。

枫桥骆珑(1450—1499)与王华同中成化十六年(1480)乡试举人,次年同中进士,是不折不扣的同门年兄关系。骆氏文学兴起于骆珑的曾祖骆象贤,人称溪园先生,与南京吏部尚书魏骥为布衣交,曾输粟二千斛赈饥,敕旌义民。著有《羊枣集》《溪园逸稿》《诸暨县志》等。骆珑少秀发警悟,年二十余,游学杭州、余姚,与王华结识。据《孝义陈氏宗谱》载,正德七年(1512),骆珑侄子骆汝城去绍兴请王华为其岳母蔡氏六十寿辰征诗作序,王华写道:"自暨阳来谒,乃吾同年潮州守骆蕴良犹子汝城也,叙间,起而请曰:'城岳母蔡孺人……六秩帨辰也,衷诗绘图,改乞大人先生一言以引之。'"王华还作诗以贺。骆汝城径赴绍兴请"大人先生"王华作序,可见枫桥骆氏子弟与王华渊源之深。

宅埠陈氏自南宋翰林陈寿卜居枫桥以来,诗礼继世,簪缨不绝。据《宅埠陈氏宗谱》载,陈元功(1494—1534),字应武,号柏轩,南雄府同知陈翰英幼子,广东布政使陈性学曾祖,画家陈洪绶五世祖。明正德八年(1513),应例仕德藩典膳,不赴。构屋于旧第之前,题曰"阳明书屋",庋书数万卷,坐卧丹铅,朱墨烂然,以著述终其世。《(光绪)诸暨县志》卷四十二载:"阳明书屋,在东明堂西,明德府典膳柏轩先生陈元功建……余姚王华为之序。"由王华亲自作序,且以"阳明"名藏书之所,"父子联手",不独可见陈元功对阳明心学之推崇,亦可见王华父子与枫桥陈氏渊源匪浅。

郑氏是枫桥另一官宦世家。正德十五年(1520),王华应郑天鹏之请,为其父郑钦作《奉直大夫湖广澧州知州郑公墓铭》:"天鹏衰经踵予门,稽颡再拜,持状一通,请铭于余。余昔官京师时,已知公为良刺史,今致政归家,又知公为贤大夫。子天鹏从吾儿守仁游,秀出等夷,可谓能世家学者。墓志铭之嘱,岂以予为知生知死者乎?不忍虚辱其请,遂次第其状。"郑钦(1435—1520),成化庚子(1480)举人,官湖广澧州知州。州号难治,郑钦以理服人,皆迎刃而解。铲抚苗民,俱有方略,民夷交安。九载不迁,辞官归筑凤山草堂,吟咏其中,有《思轩文集》。

早在弘治元年(1488),王华就曾为诸暨善溪(今属安华镇)何曦作《菊逸记》。据《善溪何氏宗谱》载,何曦(1453—1512),字子瞻,号菊逸,读书乐志,居常种菊,日游衍其中,人以菊逸称之。王华认为:"菊,花之隐逸者也;子瞻,人之隐逸者也。以人之隐逸比菊之隐逸,子瞻克肖其德矣。夫菊当天气凉冷之候,秋物凋瘁之际,叶丛丛乎其翠,花采采乎其黄,历冰霜不改其操,冒风尘不污其贞。"大有周敦颐《爱莲说》之风致。正德六年(1511),王华为诸暨孝义(今东白湖)陈守高奉母作《春晖堂记》,因陈世高"与余弟(王衮)有东南之雅,既落成,余弟祈余文以记之"。

阳明诸暨渊源深

王守仁(1472—1529),字伯安,号阳明,王华长子。弘治十二年(1499)进士,官至南京兵部尚书,封新建伯。明穆宗追赠新建侯,谥文成。创阳明心学,影响深远。万历十二年(1584),王守仁获予从祀孔庙,诸暨县学大成殿立"王子守仁"牌位以奉祀之。自此,王守仁与孔子、孟子、朱子并为儒家"四圣"。赵友钦在五泄对王纲所说的"公后当有名世者矣",在王守仁身上达到极致。

王守仁因六世祖王纲隐居诸暨五泄,对五泄怀有深厚的感情。这在弘治十八年(1505),其任职兵部时所作《送人东归》诗中表露无遗:

> 五泄佳山水,平生思一游。
> 送子东归省,莼鲈况复秋。
> 幽探须及壮,世事苦悠悠。
> 来岁春风里,长安忆故丘。

此诗未明确究竟送给何人,但此人在秋风起,木叶飞的时节起"莼鲈之思",从京师回诸暨省亲,或邀请王守仁同作五泄之游,应无疑义,甚至是居住在五泄山的王氏族人亦不无可能。虽是赠人之作,但全诗表达了时年三十四岁的王守仁对五泄山水的无限向往,因世事牵绊不能到访,来年的春天也只能在京城思念"故丘"的遗憾。"故丘"有两义，一指故乡，五泄作为王纲隐居的所在，在王守仁心目中是"故乡"一般的存在，亦如此后王守仁祭王纲时感叹的"从此增城是故林"；一指祖坟，或是因为王纲母亲朱氏卒葬五泄而引起王守仁"来岁春风里"的怀思。

王守仁幼年曾至父亲任教的诸暨枫桥，后居绍兴府城，与枫桥相距不远，你来我往自是不免。当得知年伯骆珑（字蕴良）要到六世祖王纲曾经出仕的潮州任知府时，特作《送骆蕴良潮州太守序》相赠。据浙江按察司副使赵宽《江西副使骆蕴良先生墓志铭》载："弘治丙辰（1496），擢知广东潮州府。"可知王守仁作此文时年方二十五岁。"诸暨骆公蕴良以左府经历擢是任……余素知公之心，且稔其才，自度无足为赠者，为潮民庆之以酒，而颂之以此言。"王守仁面对父执毫不拘谨，可见两家交情之深厚。《（光绪）诸暨县志》卷二十九称："（骆珑）升江西副使，乞假归省，遽殁于家。王守仁、赵宽闻之，俱以珑年始五十，未竟设施，为之惋惜。"

嘉靖十三年（1534），枫桥骆氏建园林于紫薇山麓，名小天竺，碑廊今存《王阳明立诚之说帖石》一通，该石原嵌于见大亭。其文曰：

> 立诚之说，昔已反覆，余不复赘。别后诸君欲五日一会，寻丽泽之益，此意甚好，此便是不忘鄙人之盛心。但会时亦须略定规程，论辨疑难之外不得辄说闲话，议评他人长短得失，并及诸无益事。只收心静坐，闲邪存诚，此是端本澄源，为学第一义。若持循涵养得熟，各随分限，自当有进矣。
>
> 正德丙子九月廿九日，阳明山人守仁书于龙江舟次。

末钤"守仁"印。此是正德十一年（1516），王守仁将巡抚南赣汀漳，临行与同好集会，在龙江船上所写"论聚会规程"的信。骆氏子弟将其刻石，奉为圭臬。今人钱明在《〈王阳明全集〉未刊佚文汇编考释》予以收录，题作《龙江舟次书》。其文末尚有"会时但粗饭菜羹，不得盛具肴品为酒食之费。此亦累心损志之一端，不可以为琐屑而忽之也。舟发匆匆，不尽不尽"之语，可见骆氏在镌刻时作了取舍。帖石所刻"立诚之说""闲邪存诚"是"致良知"的根本，以"致良知、知行合一"为主要内容的"阳明心学"在枫

枫桥小天竺《王阳明立诚之说帖石》拓片

桥学人的推波助澜下,传承不息,成为"枫桥经验"的精神根脉。

阳明心学传诸暨

嘉靖二年(1523),王守仁弟子、绍兴知府南大吉考选绍兴府八县优秀生员,升入重修的稽山书院,请王守仁督教讲习。加之后来所建阳明书院,吸引了天下士子前来听讲,一时盛况空前。据钱德洪《阳明年谱》载:"宫刹卑隘,至不能容。盖环坐而听者三百余人。"来自诸暨的弟子亦在其中,现可考者除郑天鹏、翁溥、骆骥以外,还有时任诸暨知县朱廷立等人。之后,王守仁弟子尹一仁来诸暨任县学教谕,钱德洪来诸暨任紫山书院掌教,他们在诸暨宣讲阳明心学,培养再传弟子,为阳明心学在诸暨的传播,提供了新生力量。

郑天鹏(1474—1556),字子冲,号南溟,诸暨枫桥人,从王守仁游,秀出等夷。正德癸酉(1513)举人,官弋阳县知县。强直不肯居人下,见同门翁溥、骆骥考中进士,感叹:"吾不能为乡里后生作长解也。"善书法,谕示有手书者,辄窃去,复书之,又失,至再三书,不以为怍。不满考即辞归,终日研究诗文、摹碑版。家贫不自给,不以介意。年八十余,还能于灯下作蝇头细字。著有《南溟集》《蓬莱亭集》《闽游唱和集》《北行野操》《秉烛正讹》等。

骆骥(1497—1533),字汝良,号楮山,诸暨枫桥人。嘉靖壬辰(1532)进士,官刑部主事。从祖父骆珑从潮州归,一见器之,对其父凤岐说:"诸子英立,然迈种亢宗者,骥也。"及长,受业于王守仁之门。及廷对,侃侃万言,人以为可与董仲舒相比。应诏言事大略,谓"致中和,则天地位,万物育。中和未致,灾异所以频仍也"。奏疏中有涉及大学士张孚敬者,张孚敬不识骆骥,入朝私下询问谁是骆骥,及见,为之悚然,且曰:"吾目中素空无人,及睹骆名心动,今果为所中。"一时风采节概,震动朝右。惜年三十七而卒,未尽其才。

翁溥(1502—1557),字德宏,号梦山,诸暨紫岩乡(今属店口镇)人,为王守明弟子。嘉靖八年(1529)进士,官至南京刑部尚书,谥荣靖。其深得心学精髓,认为"善观民者观诸我;善观我者观诸民。盖民风也,我风之自也。知风之自,而理道得矣"。著《知白堂稿》。嘉靖十六年(1537),时任江西巡抚的翁溥看到赣州通天岩王守仁题诗,即作《奉和阳明先师韵》:

> 朝来风雨过,真寂洞崖好。
> 晴霞带白云,游历凌三岛。
> 缅彼飞舄人,步虚何太早。
> 洞口空复春,花落无人扫。

他与罗洪先、沈炼、孙应奎等阳明弟子相交甚密。罗洪先(1504—1564),江西吉水人,嘉靖八年己丑科状元,作有《与同年翁德宏观风亭话旧》诗。沈炼(1507—1557),会稽人,嘉靖十七年(1538)进士,作有《送翁梦山捌循四川》诗。孙应奎(1504—1586),余姚人,嘉靖八年己丑科进士,为撰《南京刑部尚书谥荣靖翁公溥行状》。

朱廷立(1492—1566),字子礼,一字两崖,湖北通山县人。嘉靖二年(1523)进士,官至礼部侍郎。著《盐志》《马政志》《家礼节要》《两崖集》等。初任诸暨知县,屡次赴绍兴向王守仁请教。问政,王守仁与他谈学,通过省察自身,了解百姓好恶。他作《讼诫》勒于石并置鼓于狱,囚犯如有所苦,可击鼓以闻。额外杂税,为蠲除之。爱民礼士,勤于职守,果然"三月而政举"。问学,王守仁与他谈政,以百姓趋避,而修其身。他罢修海塘,挖池蓄水以备灌溉,加固湖堤以防洪水。建观稼亭以观岁之丰歉,"期年而化行"。又问政与学之要,王守仁答曰:"明德、亲民,一也……是故明明德,体也;亲民,用也。而止于至善,其要矣。"朱廷立退而见其良知,曰:

"吾乃今知学所以为政,而政所以为学,皆不外乎良知焉。信乎,止至善其要也矣!"王守仁通过循循善诱的教导,把治学修身与亲民理政结合起来,步步深入,不断启发,让阳明心学通过朱廷立身体力行的实践,在诸暨作了一次成功的尝试。朱廷立以实践验证了阳明心学的有效性、实用性,而且认识到学可以为政,政可以为学,体会到"知为行之始,行为知之成",领悟到"致良知、知行合一"的阳明学核心。嘉靖六年(1527),朱廷立诸暨任满,郑天鹏作《御史吟·送邑令朱两崖被召》相赠,曰:

> 朱夫子,何行行?天书远召趋神京。
> 慈母之去民欲哭,吾独喜去为凤鸣。
> 百里封疆何足惜?为凤鸣,天下平。

事实证明,诸暨是阳明心学较早落地并得到验证的"示范基地",尤其是得到王守仁的首肯,特作《书朱子礼卷》,广而告之,因此更具有非凡的意义。

尹一仁,字任之,号湖山,江西安福人。王守仁巡抚南赣,尹一仁投其门下,学问大进。嘉靖七年(1528)举人。嘉靖十一年(1532),署诸暨学谕。初至,教以"致知求观本体",诸生哗然。之后,诸生见尹一仁事事能反躬约己,取予辞受都依圣人经典,始从其学。嘉靖十四年(1535),紫山书院初成,一仁为诸生制定科目及条例,作止、进退、坐卧、歌咏,皆有节次。院有"求放心堂",一仁作《求放心说》以谕诸生曰:"至诚不放者,心之体,动而后有放,放而求之者,善反之功也……是故学问之道无他,求其放心而已矣。求放心之道无他,致知而已矣。致知者,致吾心知放、知不放之实而毋自欺也。於戏!致知之义大矣哉。"一时传为名言。六年离任,钱德洪撰《湖山先生遗思碑记》,称"先师之学,得湖山授受于暨,以远追洙泗何极也"。官至归德知府。

钱德洪(1496—1574),名宽,以字行,余姚人。嘉靖五年(1526)进士,官至刑部郎中。王守仁讲学,德洪从之游,深得良知之旨,学者称绪山先生。嘉靖二十三年(1544),徐履祥任知县,修葺紫山书院,聘主讲席。其为教以启悟人心为本,发明阳明之学,兢兢于求放心之说,"心为天地百物之灵,主宰乎天地百物者也。故心存则主宰灵,家国天下得其理矣,治之所由出也"。于是,诸生皆知诵法师训,求其心而不敢放。嘉靖二十四年(1545),撰《诸暨县庙学告成记》。嘉靖四十五年(1566),为门生黄玺之父作《黄石田墓志铭》。隆庆四年(1570),撰《诸暨县修建庙学记》。有《绪山会语》《平濠记》《阳明年谱》等。讲学之余,曾游五泄和宝寿寺,与门生徐履祥、郦琥以诗唱和,其诗刻于第五泄、涵湫峰等处,今保存完好。

王畿(1498—1583),字汝中,号龙溪,山阴县(今绍兴)人。嘉靖十三年(1534)进士,官至南京兵部主事。受业于王守仁,后协助指导学生,有"教授师"之称,与钱德洪并为王守仁最赏识的弟子。罢官后,来往江、浙、闽、越等地讲学四十余年,所到之处,听者云集。有《王龙溪先生全集》。嘉靖二十四年(1545),王畿亲自撰写《暨阳教谕尹先生遗思碑记》,其中有云:"先生既入冬官,暨阳之士追思其教,弗之忘也,图有以设之。徐生行、郭生从蒙辈,次叙其绩,再拜以请。"嘉靖二十七年(1548),诸暨知县李文麟、王陈策修文庙戟门,王畿为《诸暨县儒学重修文庙戟门记》书丹并篆额,尤可宝贵。

再传弟子及后学

徐履祥,字子旋,长洲(今苏州)人。嘉靖十二年(1533),钱德洪为苏州学政,徐履祥从其受阳明之学,为王守仁再传弟子。嘉靖二十年(1541)进士。次年,知诸暨县事,浚湖筑堤,人称"徐公堤"。捐修学庙,重修紫山书院,敦聘钱德洪主讲,以教其民,凡民间子弟资质有可进者,皆劝之学,与在学诸生一体,作"养饩馆",延师授饩备用,如父兄对待子弟,汉文翁之化蜀也不过如此。升南京尚宝司丞。嘉靖三十四年(1555),迁少卿。骆问礼拟列入诸暨名宦祠,不果。

嘉靖二十四年(1545),徐履祥续修《诸暨县志》,捐资刊刻,并序云:

予自为暨县,念夫志者,治理之谱也。辄取县所存新、旧二志览之。旧者辞支,新者事脱,殊非推行之关要。乃敢命意删叙,为文五篇,凡八卷,更乙巳(1545)春、夏二仲始毕稿,捐俸而刻之。与修者,县学诸生骆骐、黄玺、郦琥、郭从蒙、寿成学、黄璧、张思得、应思敬、姚德中云。

可知上列诸生皆师从尹一仁或钱德洪,为王守仁再传弟子无疑,其他尚有徐行、黄璋等。

骆骐,字汝先,诸暨枫桥人。嘉靖二十五年(1546)贡生,官孟津王府教授。

黄玺,诸暨璜山(今东白湖中市村)人。恩贡生,南直隶徽州府经历。

郦琥,字仲玉,号玄崖,诸暨县城后街(今属暨阳街道)人。钱德洪弟子,恪守阳明之学。以贡生官绩溪县主簿。汪周潭中丞为题其轩曰"高士",同邑骆问礼为作《高士轩记》,徐渭为作《和苏集序》,又作《无鱼篇》相赠:"文成一线今将断,钱翁老死寒灰散。十年半夜急传灯,西来衣钵君应管。"谓其得阳明正传。著有《彤管遗编》《会仙女志》等。

寿成学,字子行,诸暨墨城坞(今属姚江镇)人,嘉靖三十一年(1552)科应天中式举人,官南京太平府通判。

黄璧(1523—1595),字朝献,号近谷。诸暨璜山(今东白湖中市村)人。万历二年(1574)岁贡生,官南京太仓州判官。授从事郎。任上兴利除弊,吏畏民怀,政绩卓著,告退时,民挽留者数以万计,内阁首辅王锡爵手书"清时高尚"额,又赠诗:"白日青天送君行,江头花鸟不胜情;长安争似山居好,清酒一壶棋一枰。"

张思得,字阳山,诸暨花厅(今属暨南街道)人。钱德洪弟子,嘉靖二十九年(1550)贡生,以乡贡分教南康,传阳明之学,邑士竞相磨砺,哀然兴起。巡抚马公、巡按郑东泉交相称赞,督学黄公亦以为贤,聘主白鹿洞书院,与诸生发明贤圣之训,令体诸身心以自验得失,改教闽之福安,士服其教如在南康。后任南京太和县教谕。

姚德中,嘉靖三十七年(1558)贡生,官福建延平府教授。

阳明心学在诸暨传承,绵延不绝。至清代有蔡英,字蕃宣,号东轩,诸暨街亭岛桥人。乾隆丁酉(1777)举人,官江山训导。撰《俟采副草》,其《读阳明集》云:"阳明大儒,不得诋之为禅学,谓其学不合朱子则可,谓其入于禅学则不可。谓其节目不同朱子则可,谓其本原不合朱子则不可。"

折衷至当,不染讲学家习气。张廉(1761—1833),字通源,诸暨牌头水霞张人。道光甲申(1824)岁贡生,刻志经史,著有《士习论》《春秋论》等。晚岁究心阳明之学,著《道学论》,其略曰:"尧舜禹汤,文武周公,孔子曾子,子思孟子之所传,阳明起而任之,穷则效微服之过,达则建伊吕之业,而后人顾以桂萼之邪说,拾顾宪成、吕留良之唾余,妄为刺议,岂不惑哉?"《列代史论》论汉宋明学派朋党,皆与士习人心有关系,论阳明之学尤为持平。

结　语

诸暨作为"阳明心学"的"实验基地",曾得到王阳明的亲自认可。此后,阳明心学在诸暨生根发芽,茁壮成长。枫桥小天竺《王阳明立诚之说帖石》镌刻着的"立诚之说""闲邪存诚"作为阳明心学"致良知"的根本,滋养了"枫桥经验"的横空出世,被推广全国。"枫桥经验"在阳明心学这个"精神内核"的作用下,与时俱进,增加了更多新时代的新内涵。五泄是王阳明最推崇的先祖王纲奉母隐居地,是体现中国传统忠孝文化的绝佳所在。王纲与王冕、赵友钦、刘伯温等"大咖"在五泄的"因缘际会",为五泄山水增添了一段色彩斑斓的传奇。相关部门如能在五泄西源恢复"王阳明先祖隐居地"的纪念性建筑,不独能为五泄国家级风景名胜区增添一抹文化的亮色,亦能为阳明文化的传播提供助力,岂不快哉!

王阳明墓变迁考证

季承人　汪永祥

王阳明墓位于绍兴市柯桥区书法圣地兰亭以南 5 里许花街村的鲜虾山。墓地后（北）有鲜虾山为靠，前（南）有大岗山回顾对景，山南麓有洪溪缠绕。此地水缠玄武，水聚明堂，取鲜虾跃水，生机蓬勃之意，呈现"抖水鲜虾"之风水格局。故阳明先生生前亲择此为墓地。

阳明墓坐北朝南，墓地全长 70 余米，宽 23 米，顺山坡而筑。墓前辟有青石甬道，甬道上辟有半月形和矩形平台两层平台，周围设置石栏围护，间以莲瓣纹柱子。平台与墓冢之间则由台阶相连。

阳明墓前设石供桌，供桌后即为墓碑和墓冢。墓冢前壁高 1.5 米，正面镶嵌横置墓碑一方，高 0.85 米，宽 2.80 米，垂带及纹饰悉如旧制。上镌隶书"明王阳明先生之墓"，为 1988 年重修时所立，由当代绍兴籍著名书法家沈定庵先生题写。墓冢呈圆形，直径 10 米，石块砌筑，其上堆土，高约 3 米。墓四周尚有 10 余棵古松环绕。

本文从明嘉靖八年（1529）始建开始，根据相关史料，对王阳明墓的变迁作一梳理。

一、明嘉靖八年（1529）始建

王阳明，名守仁，字伯安，世称阳明先生，明嘉靖七年十一月二十九日（1529 年 1 月 9 日）辰时，病逝于江西南安（今江西大余县）。嘉靖八年正月，阳明灵柩丧发南昌，二月至越。《阳明年谱》描写有阳明灵柩到达越城时的场景："四日，子弟门人奠柩中堂，遂饰丧纪，妇人哭门内，孝子正宪携弟正亿与亲族子弟哭门外，门人哭幕外，朝夕设奠如仪。每日门人来吊者百余人,有自初丧至卒葬不归者。"嘉靖八年十一月,葬阳明于洪溪。《阳明年谱》云:"是月十一日发引,门人会葬者千余人,麻衣衰屦,扶柩而哭。四方来观者莫不交涕。洪溪去越城三十里,入兰亭五里,先生所亲择也。"当时,由于遭到吏部尚书桂萼等的弹劾,认阳明学说为伪学,明世宗下诏停止世袭,恤典俱不行,阳明的丧葬只能由门人故旧出资相助。故初葬阳明时,坟墓十分简朴,仅由李珙等筑治月余就建成了。

阳明去世后,好友湛若水作有《院左都御史阳明先生王公墓志铭》。

二、隆庆元年(1567)扩建

至隆庆元年(1567),王阳明获平反,明穆宗诏赠新建侯。《阳明年谱》附录一记载:"今上皇帝隆庆元年丁卯五月,诏赠新建侯,谥文成……六月十七日,遣行人司行人赐造坟域,遣浙江布政使司堂上正官参政,兴祭七坛。"对于兴祭七坛一事,阳明弟子薛侃的《祭葬剳付》有记:"查得《大明会典》并见行事例,文官见任并致仕者,二品病故祭二坛。又查得凡伯爵管事有军功者,祭七坛,工部造坟安葬。"自此奠定阳明墓规模,以后历次重修,当均以此为基础。

万历十二年(1584),明神宗下诏,以王守仁从祀孔庙。据《明史·王守仁传》记载:"及万历十二年,御史詹事讲申前请。大学士申时行等言:'守仁言致知出《大学》,良知出《孟子》。陈献章主静,沿宋儒周敦颐、程颢。且孝友出处如献章,气节文章功业如守仁,不可谓禅,诚宜崇祀。'且言胡居仁纯心笃行,众论所归,亦宜并祀。帝皆从之。终明之世,从祀者止守仁等四人。"

三、清康熙五十四年(1715)重修

隆庆元年扩建后,阳明墓保护得并不算好。阳明学传人周汝登的《东越证学录》卷二有诗《拜文成先师墓偶有侵损之虞赋概》云:"参天松桧郁深深,夫子高坟是孔林。露泣喜看千叶茂,神呵谁许一枝侵。西风拜礼瞻依切,碧草摧残感慨深。到此若无双泪迸,世间何事更关心。"表达了对阳

明墓保护的一丝忧虑。

至清初,阳明墓已为豪右所侵占。康熙五十四年(1715),幸有绍兴知府俞卿毅力廓清,阳明墓地得以保全重修。《(康熙)绍兴府志》卷二十二"王文成守仁墓"条有记:"(墓)在府城南二十里花街洪溪,为后裔盗卖,豪右乘机占之,文成与其父母三墓侵削殆尽。康熙五十四年,知府俞卿毅力廓清,至各墓亲勘,尽追所占者,还之王氏,俾世守之。复恐不肖子孙与豪族觊觎,五十七年三月,立谳语存案,为先贤丘垄之计,心亦苦矣。"并附《知府俞卿谳语》。

四、乾隆三十八年(1773)立"名世真才"碑

《(乾隆)绍兴府志》卷三十六"阳明先生祠"条载:"乾隆十六年,今上南巡谕祭,赐额曰名世真才。"该志所绘《府城图》中标出了下大路"阳明祠"的具体位置。可知,乾隆御书"名世真才"在越城光相桥东、下大路上的阳明祠,而非兰亭花街的阳明墓。

《绍兴图书馆馆藏地方碑拓选》收录"名世真才"拓片,定名为"王文成公碑"。拓片长170cm,宽65cm。碑文正中乾隆御笔"名世真才"四个大字;上款在"名"字上方正中央,钤乾隆皇帝印玺一方;下款"七世孙、山西汾州府介休县知县、臣王谋文恭摹勒石"。王谋文于乾隆三十六年(1771)任介休县知县,历时四年。因此,乾隆御笔从阳明祠额变为阳明墓碑石当在这一时段。

又,乾隆三十八年(1773),汤蓴棠撰《重修王文成公祠记》,有云:"树公墓,改砻文石,恭摹御书,翼重栏以奉焉。始于己丑九月,终壬辰十月,工告讫。"可见,乾隆御笔"名世真

乾隆帝御书拓片

才"从阳明祠额变为阳明墓碑石,是在乾隆三十八年(1773)。

另据章玉安《绍兴文化杂识》"青山故土阳明墓"条记载:"墓前原有四柱三间冲天式石牌坊一座,明间中坊镌有乾隆帝所书'名世真才'四字,惜已毁于50年代后期。"若文中所述属实,则不知从何时开始,阳明墓上的乾隆御书"名世真才",从碑石形制变为牌坊中额了。

五、乾隆五十七年(1792)补立墓碑

乾隆五十二年(1787),阳明墓"名世真才"碑石岁久无存,阳明后代昆泰、昆潮等请补文以揭之,至乾隆五十七年(1792),由绍兴知府李亨特立石,提督浙江学政朱珪补撰阳明先生墓碑。

《绍兴图书馆馆藏地方碑拓选》收录此碑拓片,长140cm,宽70cm,定名"王文成公墓碣"。全文辑录如下:

> 乾隆五十有二年丁未春三月,珪按试绍兴,有王文成公九世孙增生昆泰、昆潮等请曰:"文成公葬山阴花街之洪溪,湛甘泉志其墓。乾隆十六年,今上南巡,谕祭,赐额曰'名世真才'。而墓石岁久无存,求补文以揭之。"
>
> 珪惟公以真儒再匡明社,所谓立德、立言、立功者,唯公备之。其本末载于《明史》,著录于文集各家言,其姓名昭灼人耳目,何待于表。抑世之小儒,或有间于公者,以讲学稍有异同耳。窃谓自孔子集百圣之大成,六经四科,广大精微,至矣!由汉以来,华离割裂,朱子起而救之,以存心致知,为慎独切己之学。沿元迄明,记问芜而身心晦。阳明先生少负异禀,蹶兴□叶,从忧患生死中,深造有得于致良知之旨,贯体用,合知行,不动声色,而安天下于反手,自禹周孔孟以来,一人而已。尝言曰:"平山中寇易,平心中寇难。"若先生者,拔本塞源,恢廓儒道之疆域,真所谓豪杰之士也。世之疑之者,曷足齿乎!先生讳守仁,字伯安,海日公华长子,浙之余姚人,迁居山阴。弘治己未进士。官兵部主事,疏论刘瑾,廷杖,贬龙场驿丞。卧石椁中,悟良知之学。起官至巡抚南赣汀漳,平宸濠,加兵部尚书,封新建伯。再起,总

制,平广西思田诸贼。以疾归,卒于南安,年五十有七。赠新建侯,谥文成。神宗十二年,从祀孔庙。公配诸,继张。子正宪、正亿。正亿嗣爵。曾孙先通,死甲申之难。铭曰:

岱阳泗西,天钟宣尼。漱江上海,环灵会稽。阳明笃生,姿兼□赣。大冶百炼,元精纯汞。良知慎独,其源不二。匡世扶倾,大厦岿岿。彼哉桂萼,叔孙臧仓。公之德功,月轮日光。珪幼秉教,斤斤其明。公其迪我,无终冥行。名世真才,皇哉天表。洪溪淙淙,碣此墓道。

赐进士出身、诰授资政大夫、内廷供奉、礼部右侍郎、提督浙江学政、大兴朱珪撰。

赐进士出身、诰授奉直大夫、日讲《起居注》官、翰林院侍讲、钱唐梁同书书。

文后,又有一段小字,云:

王文成公为有明一代大儒。今上南巡会稽,赐祭赐额。丁未岁,学台朱石君侍郎从公九世孙昆泰、昆潮之请,作墓表。梁山舟侍讲书之,越五载,未刻也。予守是邦之明年,既以春秋行祭礼,复访公之裔,勒斯文于石,俾乡大夫、乡先生有所观感焉。

乾隆五十七年壬子三月三日,知绍兴府事、铁岭李亨特立石敬识,刘恒卿、王宾镌。

墓碑书者梁同书(1723—1815),字元颖,号山舟,工于楷、行书,晚年犹能写蝇头小楷,与刘墉、王文治、翁方纲并称为"清代四大书法家"。

六、民国26年(1937)立碑以励抗日

民国26年(1937),驻扎绍兴的国民党第十集团军副总司令、第三战区第一游击区总指挥兼二十八军军长陶广动兵整修墓道,并署名立碑,以励后世。

王阳明族裔王诗彦记得前段碑文:"丁丑(1937)冬,倭寇陷杭州,余率部防堵钱塘江。沟垒即成,乘间访越中诸胜,至于洪溪,谒王文成公墓,蔓

"王文成公墓碣"拓片

草荒烟,碑碣斑驳,余为之怃然。先生有言曰:'破山中贼易,破心中贼难。'尝服膺斯语,为立己治身之圭臬。今寇氛日亟,追怀昔贤。"碑文以"亦以励来者之观感云尔"结尾,署名为"湖南醴陵陶广"。民国28年(1939),因日机轰炸,绍兴一中迁至兰亭,一中语文老师姚轩卿先生曾经记载:

> 由兰亭东南行,经新桥、花阶,抵洪溪,经四里许,王阳明墓在焉。两山环抱,局势宏敞。墓前碑为民二十六年冬,醴陵陶广军长所书。就中所引"破山中贼易,破心中贼难"二语,最为警策。盖抗战二年来,凡大场、钱公亭之失守,皆由心中贼为之祟也。近者当局励行国民公约,亦正为此。适有石础五,余与朱奇生、周有之、石雪岑、王自治四先生分坐之。而华正浩教官,率百余同学,高唱"大刀歌"而至。一堂师友,高山仰止,大有当仁不让之意、未几风势转紧,山雨欲来,余等五人先离山而下,回顾之,见同学列坐烟雨中,教官正施其训话也。

文中所称陶广将军书碑事,可与王诗彦所记碑文互证,说明抗战期间,军民曾以阳明心学激励抗日。

同样是在抗战的1939年,百忙之中的周恩来曾经到过阳明墓。据《越都风云录》所收《周恩来同志在故乡绍兴的三昼夜》一文记载,1939年3月28日凌晨,周恩来由萧山临浦乘单放汽轮抵达绍兴。3月31日早晨,"周恩来同志乘船至娄宫上岸,游兰亭一小时,看王阳明墓一小时"。

七、1949年后的阳明墓

20世纪60年代,王氏后裔王诗棠的外甥下放花街,见墓道条石基本完好。

"文化大革命"中,阳明墓遭到严重破坏。至1987年,除墓冢外,基本无存。1987年,绍兴县成立王阳明墓修复委员会。7月24日,"王阳明墓"被绍兴县人民政府列为第一批绍兴县重点文物保护单位。1988年9月,绍兴县动工修葺王阳明墓,由日本冈田武彦教授发起,281名日本友人集资300万日元（合人民币约8.7万元）赞助，其余20万元人民币经费由绍兴县人民政府拨款。1989年3月，阳明墓修复完成，墓道前列《重修王阳明先生墓碑记》以记之：

> 王阳明，名守仁，字伯安，绍兴府余姚人。弘治十二年进士。历任刑部、兵部主事，左佥都御史，巡抚南赣，总督两广，官至南京兵部尚书，封新建伯。先生少颖悟，博览经籍，后倡导心学，主张"知行合一"，以"致良知"为旨归，世称姚江学派，于明中叶后，影响甚巨，播扬东瀛。嘉靖七年，先生病卒于江西南安，享年五十有七。先生尝讲学于山阴，且深有桑梓之念，故卒后，由其弟子王畿等扶柩归越，葬于今绍兴县兰亭花街鲜虾山南麓，明清间数修其墓。一九三七年，当地驻军军官尝撰文立碑，此后渐次荒寞。一九八七年七月二十四日，绍兴县人民政府列其墓为县级重点文物保护单位，并成立王阳明墓修复委员会。一九八八年出资修墓，以浙江省社会科学院为中介，经日本国九州大学冈田武彦名誉教授发起，日本友人二百八十一名集资赞助，哲茔赖复，永垂瞻仰。爰为之记。修墓工程肇始于一九八八年九月十二日，竣工于一九八九年三月。
>
> 绍兴县王阳明墓修复委员会
一九八九年三月

1989年4月4日—7日，"国际王阳明学研讨会"在绍兴、余姚两地举行，外方54人、中方65人出席会议，会议由浙江省社科院主办并承办。1989年4月5日，重修王阳明墓揭碑仪式，在绍兴县兰亭乡鲜虾山王阳明墓地举行。参加仪式的有以冈田武彦教授为团长的日本九州大学代表团、以志贺一郎教授为团长的东京国士馆大学代表团、美国国际中国哲学会副会长郑学礼、华东师大哲学系教授冯契、中国社会科学院历史所研究员黄宣民、浙江社科院院长王凤贤、宁波大学中国文化研究中心主任裘克安等中外学者和各方面代表80余人。绍兴县政协朱毓秀主席和冈田武彦教授分别诵读祭文，绍兴市副市长俞国行和王凤贤院长相继致辞。日本代表还在墓前朗诵王阳明的诗，中日双方并互赠礼品。

1989年12月12日,"王守仁墓"被浙江省人民政府列为第三批省级重点文物保护单位。2006年5月25日,"王守仁故居和墓"被国务院列为第六批全国重点文物保护单位。

2005年6月—2007年1月,绍兴县文物部门投资30余万元,对王阳明墓道平台、台阶、座栏、墓冢进行了整修,对其周边环境进行了整理,使王阳明墓面貌焕然一新,也吸引着越来越多的人前往瞻仰和祭拜。

2017—2018年,柯桥区人民政府投资3.5亿元,对王阳明墓地实施了整体环境提升工程,开辟为阳明园,设置了祭祀广场、王阳明墓地史迹陈列馆,总占地581亩,王阳明墓的整体环境有了质的飞跃,加之绍兴市委市政府承诺自2018年6月起,"全国阳明高峰论坛闭幕式"永久落户绍兴。到先生墓地祭祀活动成为每次论坛的必要环节。从此,王阳明墓园以更开放、更包容的姿态迎接着国内外后学者、专家和广大游客。

王阳明篆盖《安人唐氏墓志铭》评介

周燕儿

1995年5月4日,绍兴县文物保护管理所在福全镇梅里村一村民家中征集到《安人唐氏墓志铭》一盒(该墓志为笔者调查发现并经手征集),撰文、书丹和篆盖者均为明代名臣,尤其是篆盖者王阳明,更为一代圣贤,影响深远,光耀千秋。故该墓志的文物价值不可等闲视之。

墓志为太湖石质,共一盒二石。一为志盖,一为志文。平面均呈正方形,边长61厘米,每石厚10.5厘米,整体制作规整。20世纪70年代初,当地村民在容山阳峰南坡建造洪溪水库时发现于一座砖室墓内,后被村民抬至家中作为洗衣石使用。志盖上镌"大明故敕封安人何母唐氏墓"12字,篆书阴刻,分4竖行,每行3字,字长14—17厘米,宽8—10厘米,笔画宽0.6厘米。字口较浅,字面基本保存完好;志文楷书阴刻,分25竖行,字径1厘米。由于长年摩擦,再加上石质表面自然风化,字迹仅存十之一二。现经反复辨识,记录如下。

封安人何母唐氏墓志铭

赐进士及第□□大夫、礼部左侍郎、前两京国子祭酒、经筵、国史官永嘉王□□。

赐进士及第□□大夫、南京吏部右侍郎、前翰林院侍读学士、经筵、国史官东吴朱希周书。

赐进士(缺字若干)都御史、巡抚汀□等处地方余姚王守仁篆。

安人(缺字若干)之贤配,刑部主事鳌之母也。唐世居山阴之兰亭。父□咸有隐(缺字若干)给□则女红之事不教以能。父母□□□□□,永州颖敏,(缺字若干)姑董克(缺字若干)孝得(缺字若干)分心。而于□桑□纺,米盐酒浆(缺字若干)易□□□□劝研□,是以永州□一力于学。举弘治(缺字若干),安人之(缺字若干)之所习称之(缺字若干)持□□□永州考南京水司之绩(缺字若干)尝从永州赴□□□庵疾且终。安人视(缺字若干)屯田郎中,出□□□□,有仁和吏从□左□□□□鲁姓者从(缺字若干)州之□□□遗之金□,以归永州。一日,□食而(缺字若干)其稍及在永□杜氏乱抚定,檄人□任(缺字若干)其□□□□翊夫于道□居此(缺字若干)游□□□之功居□。己卯秋,安人自永返越,行抵武(缺字若干)十一月十六日,享年六十。子男三:长镐,(缺字若干)国子生,□□□□男三、孙女三,皆幼。卜以是年十二月(缺字若干)沈(缺字若干)以白潜(缺字若干)也。安人有以成之□□一子才□之宏伟禄位(缺字若干)也(缺字若干)矣。铭曰:(缺字若干)既以其夫,□以其子,容山之阳峰(缺字若干)史有(缺字若干)祀,是为安人之(缺字若干)。

墓主唐氏(1460—1519),山阴县兰亭人,何诏之妻。自幼知礼义,精女红。婚后,孝敬公婆,承担全部家务,使其夫"一力于学",功成名就。弘治十二年(1499)七月,因其夫任南京工部都水清吏司主事,官秩正六品,被敕封安人。卒后葬山阴容山阳峰南坡(今柯桥区福全街道容山村)。由于唐氏生前相夫教子,"丕著贤劳",故墓志称之"贤配"。之后,随着何诏官品升迁,唐氏又先后被追赠淑人、夫人,"歆此休荣,永贲幽壤"。据《何诏墓表》载:"公之夫人唐氏,先公卒,卜兆于容山,寻改卜于西余之阳,而合窆焉。"只不过唐氏改葬西余山时,墓志未起,故出土地点仍在容山。

墓志称唐氏之夫何诏为"永州",是以古人常用的官地为指代。因唐氏去世时,何诏正值永州府(今属湖南)知府任上。何诏(1460—1535),字廷纶,号石湖,山阴县峡山村人。生而颖悟,笃志于学。弘治九年(1496),登第二甲第四十八名进士。曾授南京工部主事、工部员外郎、郎中等职。其间,曾因坚拒内库虚开收据,得罪宦官刘瑾,被诬下狱,后平反。正德五年(1510),出补永平知府。之前有一石姓官员,诬告邻居为盗,累及14人。何诏接任后,经反复审理,予以昭雪。时又有太监王弘镇守边境,傲视郡中官吏,何诏却从不登门拜访。嘉靖八年(1529),擢南京工部尚书。

适逢修缮南京孝陵、太庙,工程浩繁,何诏尽心督理,惩治贪污,节省财力,受到皇上嘉奖。卒赠太子少保,入祀绍兴乡贤祠。葬山阴西余山。清《(康熙)绍兴府志》赞誉他"服官四十年,所至有遗爱,立朝挺挺有古大臣风"。清《(雍正)浙江通志》称他"平生直谅耿介,务大体,不求赫赫声。居官四十年,家无余赀"。墓志对何诏事迹多有述及,惜因文字缺失过甚,无法卒读。

墓志载唐氏长子何镐(1488—1536),字周卿,号峡峰,志向淡泊,知足求安,无意功名。居乡孝养亲老,创设宗祠,延师课子。民国《绍兴县志资料(第一辑)》有传。

墓志载唐氏次子何鳌(1498—1559),字巨卿,号沅溪,自幼勤学苦练。正德十二年(1517),登第二甲第二十四名进士,授刑部主事。正德十四年(1519),因谏阻武宗南巡,遭廷杖。后擢刑部员外郎、郎中。嘉靖初,又因议"大礼",违逆旨意,再次受廷杖,"直声震于朝野"。后任湖广按察使佥事,平反过湖湘之间的不少错案。嘉靖十一年(1532),迁四川布政使司左参政,出库粮赈济灾民,活命数千人。不久,调山东按察司副使。任上不畏权势,惩治贪官污吏,故民谣曰:"廉干不阿,只有后何。"(称何鳌为"后何",以别于"前何"何子鱼。)嘉靖二十六年(1547),改提督两广,因遭人诬陷下狱,后查无实据,被释,贬为福建参政。终官刑部尚书,卒赠太子少保,入祀绍兴乡贤祠。明《(万历)绍兴府志》对何诏、何鳌父子有"相继并以勤慎服官,谦厚接物,故所至克举其职,而与时无忤"之好评。何鳌系王阳明弟子。正德九年(1514),王阳明任南京鸿胪寺卿,政余潜心讲学,何鳌曾与徐爱、季本等数十人同受业。何鳌对同乡晚辈徐渭也有伯乐一顾,曾盛赞徐所作《代白浚书》为"西汉文字也,好如萧子雝"。徐渭在《畸谱》中,将何鳌列入"纪知"者之一。墓志称唐氏为"何母",即指何鳌之母。又据墓志,唐氏去世时,何鳌正值刑部主事任上。

墓志撰文者仅存"王"姓,名已漫漶,但依据其所署科名、官职、籍贯,结合墓主唐氏的卒年正德十四年(1519),检阅方志,仍可推断其人。查清《(康熙)永嘉县志》卷七所列进士名录,由明正德十四年上溯70年,至明景泰年间,涉及"王"姓者,只有"弘治丙辰,王瓒,榜眼"一人而已。又查同书卷九王瓒小传,所载官职与墓志完全吻合。故墓志的撰文者当属王瓒无疑。王瓒(1462—1524),字思献,号瓯滨,永嘉县李浦人。七八岁时,即力学深思,出语不凡,经书过目成诵。稍长,更奋发自励,曾师从理学名士吴伯通。中弘治八年(1495)乡试第三名。次年,连捷进士第一甲第二名(榜眼)。授翰林院编修,纂修《会典》《国史》,司教内书堂。正德元年(1506),升任侍讲,充经筵讲官,向武宗进讲《论语·为政》中"举直错诸枉"等内容,列举宦官、宫妾之事,暗讽当时宦官刘瑾。刘瑾恼羞成怒,假传圣旨严加斥责,幸赖朝臣李东阳从中周旋,才得以从轻发落,降为国子监司业。刘瑾事败被诛,调南京国子监祭酒。与诸生讲论正学,寒暑无间,并作《致知箴》《力行箴》等。箴言认为"致知之道,穷理为先""故知必行,而行必力",与王阳明"知行合一"学说如出一辙,一时四方称颂并效法。正德八年(1513),改国子监祭酒,日讲论东、西二堂,答疑解惑,并在堂壁立铭及《诚斋箴》。由于为人坦率,不曾敛怨,且博古通今,故深受诸生爱戴。后擢礼部侍郎。其时,武宗多次外出巡游,劳民伤财,他上疏力谏返京回銮。正德十六年(1521),以"议大礼"调南京礼部左侍郎。嘉靖元年(1522),丁母忧归里。后因背疽复发,卒于家中。赠礼部尚书,谥文定。王瓒素来憎恶贪污,不假公济私。正德十三年(1518)四月,琉球国王尚真以该国官生蔡进等承蒙王瓒教诲,遣使者送上黄金4斤、番布20匹答谢,即被他拒绝。同年七月,皇上御奉天殿,传制遣王瓒持节至江西益府封王,恭安王以白银五百两及珍贝为谢,他全都推却不受。王瓒还将多余俸禄,用于周济贫困乡亲。卒之日,"囊无十金之畜"。王瓒工诗文、书法。明雷礼《国朝列卿纪》载:"博学雄文,下笔数千言不滞。"明王佐《瓯滨公行状》云:"其作书,初法颜公,方整刚劲,晚年脱出规矩,世之专业者,未易能及。为诗初不事雕琢,而天然雄浑简古,雅有唐人家法,远近皆传诵。至其为文,汪洋放肆,若不经意,动与理会,浑浩流转,顷刻万变,不可名状。"而《御定佩文斋书画谱》则认为他"书学高闲、訾光"。著有《正教编》《瓯滨摘稿》等,又曾编纂《(弘治)温州府志》。王瓒与唐氏之夫何诏为同榜进士,具同年之谊。

墓志书丹者朱希周(1473—1556),字懋忠,号玉峰,昆山人,迁居吴县。出身书香门第,幼年发愤读书。举弘治九年(1496)进士,因孝宗喜欢他的姓名,擢为状元。授翰林院修撰,掌修国史。不久,进官侍读,充任经筵讲官,与皇上讲论经义。正德初,因所纂修《大明会典》被刘瑾指摘有误,贬为修撰。后因主修《孝宗实录》有功,官复原职。正德十四年(1519),升南京吏部右侍郎,不久改礼部右侍郎。嘉靖四年(1525),任南京吏部尚书。嘉靖六年(1527),因遭权贵弹劾,称病辞职,归隐故里近30年。朱希周廉静寡欲,不治产业。住宅破旧,庭园狭隘,车马难容,他却熟视无睹。门生故吏送他财物,也从不收受。故《明史》评价他"性恭谨,不妄取予"。卒,赠太子太保,谥恭靖。朱希周善书法。明孙鑛《书画跋跋续》谓:"公生平不作一行草笔。"志文楷法谨严,一丝不苟,所谓字如其人,此言不虚。朱希周与唐氏之夫何诏为同榜进士,具同年之谊。

墓志篆盖者王守仁(1472—1529),字伯安,本籍山阴,生于余姚。幼时,随父迁回绍兴城内光相桥畔定居。曾筑室会稽宛委山阳明洞天修身养性,并在城内设帐讲学,自号阳明子,故名隐号显,人称阳明先生。弘治十二年(1499),登第二甲第六名进士。正德元年(1506),反对宦官刘瑾陷害忠良,受廷杖,被谪贵州龙场驿丞。刘瑾伏诛后,调任庐陵知县。后累擢右佥都御史,巡抚江西南康、赣州,福建汀州、漳州等处。以平定"宸濠之乱"等有功,封新建伯,官至南京兵部尚书。卒,谥文成。王阳明不仅是明代名臣,更是著名的哲学家和教育家。他初习程朱理学与佛学,后转陆九渊心学,并加以发展,提倡"致良知""知行合一"。他的哲学思想对明清乃至整个中国近代思想文化产生了重大的启蒙作用,甚至还流传到日本、朝鲜,推动邻国革新。著作由门人辑成《王文成公全书》三十八卷。王阳明与何鳌有同乡兼师生之谊,故正德十四年(1519)十一月,唐氏去世后,王受何之请,为唐氏篆书墓志盖。时王阳明正以都察院左佥都御史巡抚汀、赣等处,居于江西。

王阳明的书法造诣也颇深。他年轻时,习字极为刻苦,钱德洪所撰《阳明先生年谱》就记载了王阳明在岳父诸养和官署中练字的轶事:"官署中蓄纸数箧,先生日取学书。比归,数箧皆空,书法大进。先生尝示学者曰:'吾始学书,对模古帖止得字形。后举笔不轻落纸,凝思静虑,久之始通其法。'"《(康熙)绍兴府志》云:"王新建守仁……善行书,出自《圣教序》,得右军骨。第波竖微,不脱张南安、李文正法耳,然清劲绝伦。所至好题壁,今皆勒石。"张南安,即张弼,字汝弼,号东海,松江华亭人。明成化二年(1466)进士,曾官南安知府。其工诗,尤精草书,学怀素,运笔怪伟跌宕,为时所重,求书者络绎不绝。李文正,即李东阳,字宾之,号西涯,茶陵州人。明天顺八年(1464)进士,官至少师、华盖殿大学士,谥文正。其善篆书,用中锋圆笔,行笔稳重,不露锋芒。行草书亦矫健清丽,深得颜真卿笔法。这两位都是略早于王阳明的前辈书家,王阳明在书法上除取法王羲之外,同时受他们的影响也是很自然的。明代徐渭《书马君所藏王新建公墨迹》也说:"古人论右军以书掩其人,新建先生乃不然,以人掩其书。今睹兹墨迹,非不翩翩然凤翥而龙蟠也。使其人少亚于书,则书且传矣。

王阳明题唐氏墓志盖

而今重其人，不翅于镒，称其书仅得于铢，书之遇不遇，固如此哉。然而犹得号于人曰，此新建王先生书也，亦幸矣。"在徐渭看来，王阳明因其他方面的成就、名望太大，结果把书名掩掉了。只有既重王阳明其人，又重王阳明其书，方能书人合一，交相辉映，更好地把握阳明精神实质。

王阳明传世的书迹不少。近年，故宫博物院、绍兴博物馆、王阳明研究院合编的《王阳明书法作品集》，共收录王阳明各时期的墨迹和拓本 63 件，可谓集大成之作，但书体均系行书、草书和楷书。而唐氏墓志盖则为王阳明罕见的篆书之作，结体工整严谨，运笔婉转劲健，得秦小篆和唐李阳冰篆书神采，给人以静穆之美，体现了王阳明书体书风的多样性和艺术性。

梅山《适南亭记》版本琐谈

孙伟良

今绍兴市行政中心北侧、梅山之巅有适南亭。亭始建于北宋,主持者系时任越州郡守的程师孟。程师孟(1009—1086),字公辟,苏州人,景祐元年(1034)进士,历知南康军、楚州,提点夔路刑狱等。据南宋《(嘉泰)会稽志》卷二载,熙宁十年(1077)十月,程师孟以给事中、充集贤殿修撰知越州,至元丰二年(1079)十二月离任。《姑苏志》卷四九称其治越"宽猛适中,而事自治,民愈爱戴之"。

适南亭建成,堪称一方名胜,南宋《方舆胜览》卷六即列有"适南亭"条目。之后,明代《寰宇通志》《大明一统志》,以及清代《大清一统志》等志书都对适南亭有所记载。明末,祁彪佳所撰《越中园亭记》有云:"适南亭,在梅山顶。宋熙宁中,郡守程公师孟建,陆佃有记。昔梅子真曾隐此山,因以得名。适南者,取庄子大鹏图南之义。"其中谓"陆佃有记",指的就是陆佃所撰《适南亭记》一文。

陆佃其人及其为适南亭所撰记之篇名

陆佃(1042—1102),字农师,号陶山,山阴(今浙江绍兴)人,陆游祖父。陆佃少从王安石学,工诗文,精礼象、名数、小学,登神宗熙宁三年(1070)进士,授蔡州推官。元丰时,擢中书舍人、给事中。哲宗初,迁吏部侍郎。徽宗立,召为礼部侍郎,迁吏部尚书,拜尚书右丞,转左丞。以主张参用元祐人材,反对穷治元祐余党,遭谗,罢知亳州而卒。著有《埤雅》《礼象》《春秋后传》《陶山集》等。《宋史》卷三四三有传。

《方舆胜览》"适南亭"条存录陆佃所撰亭记,但只称"陆农师记";《寰宇通志》《大明一统志》谓"宋陆佃记",《(万历)绍兴府志》卷九则曰"陆佃记"。清代所纂方志,《(康熙)山阴县志》卷六、《(康熙)绍兴府志》卷九、《(乾隆)绍兴府志》卷七二、《(嘉庆)山阴县志》卷七均列有"适南亭"条,但同样都未说明陆记的篇名;只有《(雍正)浙江通志》卷四五"适南亭"条,明确称"陆佃《梅山适南亭记》",而《(嘉庆)山阴县志》卷二八载《适南亭记》,题中则无"梅山"二字。陆佃《陶山集》久佚,今所见《陶山集》为清代四库馆臣自《永乐大典》辑出,凡十六卷,其中卷十一收记四篇,第四篇即为陆佃所撰亭记,篇名作《适南亭记》。

历代方志中的《适南亭记》

《适南亭记》详述越地山川秀丽,言及亭的建造始末和亭名出处,内容真实精当,文辞清丽畅达,有较高的文史价值,因此,在南宋《方舆胜览》中即有收录,文如下:

> 会稽为越之绝,而山川之秀,甲于东南。自晋以来,高旷宏放之士,多在于此。至唐,余杭始盛,而与越争胜,见于元白之称。然山川之胜,殆有郁而未发者也。熙宁十年,给事中程公出守是邦。公,吏师也。下车未几,政成讼清。与宾客沿鉴湖,上戢山,以寻右军、秘监之迹。登望稍倦,未惬公意。于是有以梅山之胜告公者,盖指其地昔子真之所居也,今其少西有里,曰梅市,其事应史。公闻,往焉。初届佛刹,横见湖山一面之秀,以为未造佳境也。因至其上望之,峰峦如列,间见层出,烟海杳冥,风帆隐映,有魁伟绝特之观,而高情爽气适相值也。已而山之僧因高筑宇,名之曰"适南",盖取庄周"大鹏图南"之义。暇日,领宾饮而赏焉。于是阖州以为观美,而春时无贵贱皆往。又其风俗洁雅,嬉游皆乘画舫,平湖清浅,晴天浮动。及登是亭,四眺无路,风轻日永,若上蓬莱之上,可谓奇矣。虽然,公之美志喜于发扬幽懿,岂特贲一山而已。凡此乡人藏道蓄德,晦于耕陇、钓濑、屠市、卜肆、鱼盐之间者,庶几托公之翼,搏风云而上矣。

以上《适南亭记》凡349字,而《(万历)绍兴府志》以及《(康熙)绍兴府志》所收版本则均为 342 字；至于《（康熙）山阴县志》《（嘉庆）山阴县志》录存的是 311 字。自《（万历）绍兴府志》以下诸多版本，其实都是从《方舆胜览》删节而来。

《陶山集》中的《适南亭记》

据《四库全书总目》载，陆佃《陶山集》"据《书录解题》，本二十卷，岁久散佚，今以《永乐大典》所载，裒为十四卷，盖仅存十之七矣"。事实上，据南宋郑樵《通志》载，《陶山集》于宋代还有三十卷本。而今传于世的，只有四库馆臣自《永乐大典》辑出、编定的十六卷本了。《四库全书总目》谓"裒为十四卷"，当属刊误。十六卷《陶山集》以文渊阁四库全书本较为易得，其卷十一收《适南亭记》，凡 590 字，录存于下：

会稽为越之绝，而山川之秀，甲于东南。自晋以来，高旷宏放之士，多在于此。至唐，余杭始盛，而与越争胜，见元白之称。然杭之习俗华媚，善占形胜，而丹楼翠阁，辉映湖山，如画工小屏，细巧易好，故四方之宾客过而览者，往往后越。夫越之美，岂至此而穷哉？意者江山之胜虽在，而昔贤往矣。距今千岁，幽深寂寞，殆有郁而不发者也。熙宁十年，给事中程公出守是邦。公，吏师也，所至辄治。故其下车未几，弗出庭户之间，而政成讼清。州以无事，乃与宾客沿鉴湖、上蕺山，以寻将军、秘监之迹。登望稍倦，未惬公意。于是有以梅山胜告公者，盖其地昔子真之所居也，今其少西有里，曰梅市，其事应史。公闻，往焉。初届佛刹，横见湖山一面之秀，以为未造佳境也。因至其上望之，是日也，天和景晴，竹茎尚疏，木叶微合，峰峦如削，间见层出。公曰："此山之佳处也。"已而北顾，见其烟海杳冥，风帆隐映，有魁伟绝特之观，而高情爽气，适相值也。夕阳在下，不得已而后去，其山之僧用和者，契公之意，因高构宇，名之曰"适南"，盖取庄周"大鹏图南"之义。暇日，以众饮而赏焉，水转挹转清，山转望转碧，而俯仰之间，海气浮楼台，野气堕宫阙，云霞无定，其彩五色，少顷百变，殆词人画史不能写也。于是阖州以为美观，而春时无贵贱皆往。又其风俗洁雅，嬉游皆乘画舫，平湖清浅，晴天浮动。及登是亭，四眺无路，风轻日永，若在蓬莱之上，可谓奇矣。然则所谓余杭者，未必如也。公，苏人也，自其少时已有诗名，咳唾成珠，人以传玩，则摹写物象，道所难言，其在公赋之乎！虽然，公之美志，喜于发扬幽懿，岂特贲一山而已。凡此乡之人，藏道蓄德，晦于耕陇、钓濑、屠市、卜肆、鱼盐之间者。正仰天子仁圣，拔用忠贤，梦想多士，斯可以出矣。庶几托公之翼，搏风云而上哉！

除四库全书本外，武英殿聚珍本《陶山集》亦较为常见。丛书集成初编本《陶山集》即据聚珍本排印。中华书局出版的"绍兴丛书"第三辑中，也是据聚珍本影印。

将文渊阁四库全书本与武英殿聚珍本《陶山集》所收《适南亭记》逐字比对，唯"其山之僧用和者"句小异。聚珍本"用"字作"川"。"用""川"二字在古籍刊印中字形极易混淆，孰对孰错，亟待有心者撰文论述。今梅山公园山巅重建之适南亭，于木板上刻有《适南亭记》，系据四库全书本。

余　言

陆佃除了撰有《适南亭记》，同时还写有与适南亭相关的七律三首，即《呈越州程给事》以及《题适南亭呈程给事二首》，俱见于《陶山集》卷一。一并转录于下：

呈越州程给事

南海归来请会稽，锦衣新过浙江西。
暂违香案蓬莱小，久擅诗名太华低。
花影欲重公事退，鸟声初闹吏衙齐。
云衢已怪朝天晚，乘兴无因访剡溪。

题适南亭呈程给事二首（其一）

子真仙去学乔松，华宇经营得我公。
海近蓬瀛全仿佛，山经楼阁半虚空。

一千里地詹前月,九万程天座上风。
从此鉴中登望好,却应浑胜水晶宫。

题适南亭呈程给事二首(其二)
参陪初见翦蒿莱,顷刻疏红户牖开。
贺老湖光浮枕簟,梅家山色染楼台。
翠微已借云根筑,青琐仍供月影来。
闻说紫泥追诏近,使星躔次傍三台。

所见清代上虞诗集十九种

章懿清

清代的上虞诗坛十分繁荣,境内诗人数以百计,在上虞诗史上具有重要历史地位的《上虞诗选》《国朝上虞诗集》《历朝上虞诗集》这三本诗歌选集也都成书于此时。《上虞县志校续·经籍志》和《国朝上虞诗集》更是著录了清代上虞诗人的作品集百余种。然而这些诗集并不全是刻本,有不少仅是抄本或稿本。许多诗集在历史长河的无情淘漉下,或毁或佚,或散或藏,存世者寥寥可数,令人扼腕。

为此,笔者通过各种渠道,专题性地收集了一些散落各处的清代上虞诗集,并逐一复制、装订,借此管窥一豹。同时,将诗集概况稍作考订,借此向诗坛前贤聊表尊崇仰止之意。当然,由于笔者目力短浅,所见并不全面,所知亦颇狭隘,疏漏讹误之处,尤祈方家批评。

一、《寄青斋遗集·寄青斋词稿》

《寄青斋遗集·寄青斋词稿》,上虞徐虔复撰,其子徐焕章校,共一卷,未署何年刊刻,《上虞县志校续》经籍志记云:"光绪丁亥(1887),子焕章校正付梓"。

徐虔复,字宝彝,副贡,少负大才,性好吟咏,平生著述甚丰,后死于寇乱,文稿也因此散失。后人据佚稿整理编辑,成《寄青斋词稿》《寄青斋诗稿》二书,此即其中一本。

本书封面有会稽进士王继香题签"寄青斋遗集"五字,隶书。首页与版心俱署"寄青斋词稿"。卷末有侄瑞芬、子焕章二人所作跋,简述了《词稿》成书之来龙去脉。

全书多为酬赠、题画、感怀、旅次、寄遇、哀悼、行令之作，所用词牌近二十种，语言细腻雅致。书中涉及人名众多，对于研究徐氏交游，颇有裨益。

二、《绿云馆遗集》

《绿云馆遗集》，上虞徐虔复妻程芙亭撰，内有《绿云馆吟草》《绿云馆赋钞》各一卷，道光二十六年（1846）刻本，板藏潇湘吟馆。

据《上虞县志校续》载："（程芙亭）生长京师……道光辛丑（1841）归徐（虔复）。"夫妇二人酬唱和鸣，为一时佳话，不幸婚后因产病早逝。徐虔复痛悼之余，作《落芙蓉曲》，并为其结集遗作，刊刻成书，名《绿云馆遗集》。卷前有山阴余承普《诗序》、会稽孙念祖《题词》。

集中《绿云馆吟草》诗作六十余首，内容驳杂，风格不一，或如桃花流水，或有千钧之重，但总体娴雅，颇具诗才。尤其程氏因婚后产子夭折，一病不起，当时悲痛之情于诗中亦有所体现，情极深婉，令人泣下。

后附《绿云馆赋钞》共三篇，题材均取自《红楼梦》，赋中词句多化用前人而独具心意，可见其涉猎之广博。《赋钞》因系附带内容，此不赘述。

三、《味蔗轩诗钞》

《味蔗轩诗钞》，上虞顾煚世撰，共一卷，光绪十二年（1886）刻本，刊于西安。

顾氏自署"上虞"，但其人生平与《味蔗轩诗钞》县志均失载。查《晚晴簃诗汇》卷一三三："顾煚世，字含象，上虞人。"

本书封面有西安府知府郑子兆题签"味蔗轩诗钞一卷"七字，楷书，钤"子兆""青云"二枚私印。扉页"味蔗轩诗钞"五字，行书，护理两江总督樊增祥题。全书收录顾氏诗作六十余首，多以酬赠、寄遇、感怀为主，常见客居之愁。简单翻阅，即知其诗多涉外地，足迹当涉及今陕西、河南、湖北、四川等。

四、《倚红楼诗草》

《倚红楼诗草》，上虞连芳继室潘淑正撰，共一卷，光绪十七年（1891）刻本，板藏枕湖楼。

潘淑正，字云仙，仁和人。其父潘鹤龄，字介眉，官桐庐教谕，潘氏自幼受父亲影响，工书能诗，后为候选州同连芳继室。因潘氏出阁迁居"倚红楼"，其诗亦当时所作，故集名《倚红楼诗草》，婚后因操持家务，吟事遂废。

此书内容由其子连葆谦从舅氏潘斌处搜罗而来，并校勘付梓。封面篆书题签，未知何人。扉页"倚红楼诗草"五字，王继香题，并有"会稽王继香子献甫印"朱文印章。本书有序言七篇，其中第一篇由著名学者俞樾所撰，其他为沈宝森、鲍临、胡道南等。诗作前另有题辞八篇，分别为海盐任方珩、会稽沈寿慈、上虞钱纯等。卷末又有后序三篇，为潘斌、连葆琛、连葆谦所撰，内容均是介绍此书来龙去脉。

全书收录潘淑正诗作四十余首，多由闺阁中平常之事引发，笔致秀逸，语言清警，为典型的闺秀诗作。其中《红楼杂咏》廿余首，为潘氏生前亲订。

五、《空桐子诗草》

《空桐子诗草》，上虞王煦撰，共十卷，道光九年（1829）刻本，板藏观海楼。

王煦，字汾原，号空桐。参《上虞县志校续》《重修通渭县新志》《说文五翼自叙》和《空桐子诗草叙》，大致可知王氏生平宦迹：乾隆四十四年（1779）中举，后考取觉罗官学教习，出知甘肃崇信县，转通渭县，年五十因病乞归。罢官后曾被聘修《湖南通志》，又受邀主持朗江书院，开一时朴学风气。王煦自幼聪颖，笔耕不辍，另有《小尔雅疏》《说文五翼》《毛诗古音》等著作。

《空桐子诗草》十卷，由王煦弟子钱骙、刘梦兰、陈廷连编次，小门生胡景烈、胡开益、杨豫、翁孝瀓、周力垣、周力垓、胡景辉、孙铿、孙鎠、孙鑸校字(这十位小门生各负责校对一卷,并于卷末署名)。序者为王煦弟子周继忻,文中介绍了王氏简历与《诗草》编印过程。

全书收录王煦诗作二百余首,内容庞杂,大致以时间为序。值得一提的是,凡童试、院试、考试教习、入觐乾清宫、任职通渭县、因病乞归、修纂《湖南通志》、主持朗江书院等重要事情,王氏在诗中均有提及,是为研究其生平宦迹的第一手资料。与此同时,笔者发现,书中涉及上虞的作品也有不少,颇具价值。

六、《张淑莲文稿》

《张淑莲文稿》,上虞张淑莲撰,抄本,不分卷。

本书封面已佚,首页为张淑莲介绍。张淑莲,字品香,上虞人,寄籍钱塘。乾隆戊辰科(1748)进士、四川眉州知州张凤骘之女,陕西西乡县知县夏毓圻之妻,嘉庆戊午科(1798)举人、河南获嘉县知县夏琳之母。自幼得父亲指点,熟知经籍、掌故,兼习吟咏。婚后,因夏氏在外为官,张氏便留在家中侍奉舅姑,恪守妇职,并悉心教育子孙,使之陆续登科。晚年被子孙迎养至豫,虽年逾九十,依然耳聪目明,手不释卷,县志载其"寿九十六"。著有《澄晖阁诗草》等,惜未见。

本书内页有张氏诗作十余题,二十余首。全书从头至尾均由小楷抄成,章法工整,字迹娟秀。张氏诗文质实苍劲,无脂粉气,在闺秀诗中较为少见。在《张淑莲文稿》中,著录最多的是她教育子孙的内容。由此可见,子孙陆续成才,与张氏重视教育是分不开的。

七、《浣香阁遗稿》

《浣香阁遗稿》,上虞徐昭华撰,不分卷,道光丁未年(1847)枫溪省三书屋刊印。

徐昭华,字伊璧,号兰痴。荐辟徐咸清、才女商景徽夫妇之女,"西河先生"毛奇龄女弟子,诸暨诸生骆佳采之妻。徐氏善书画,兼能诗,著有

《花间集》《徐都讲诗》等(据骆启泰称,另有《凤凰于飞楼集》,县志未载)。

本书封面题"浣香阁遗稿"五字,行书,钤印二枚,其中一枚无法辨识,另一枚为"徐氏炤(昭)华"朱文印章。扉页"浣香阁遗稿"五字,篆书,两边写有刊印时间和刊印单位,并钤"省三书屋"朱文印一枚。诗前有毛奇龄所撰《传是斋受业记》《昭华诗集原序》二篇,"阳羡词派"领袖陈维崧所撰《昭华诗集原序》一篇,浙西词人吴宝崖所撰《昭华诗集原序》一篇,昭华夫家族孙骆启泰所撰《浣香阁遗稿序》一篇。

正文署"暨阳枫溪女史徐昭华伊璧著",全书收录徐氏诗作八十余首,多为酬赠、唱和、感怀、记事、拟古、伤逝之作,个别诗后附有其师毛奇龄评语。其中涉及亲情的诗作较多,涉及面亦较广,对研究徐昭华亲属、交游及生平等情况具有一定的参考价值。

卷末附"九娘"何氏、胡慎仪、骆思慧三人遗诗近二十首。据《浣香阁遗稿序》,"九娘"为骆维尹公之配何太君,胡慎仪为骆烜公之配胡太君,骆思慧则为胡太君之女。三人均能诗,与当时闺秀赠答甚多,惜已散佚难求。

八、《徐都讲诗》

《徐都讲诗》,上虞徐昭华撰。笔者所得版本共两种。较完整的一种,附刊于萧山毛奇龄《西河合集》,因此版字迹依稀难辨,故刊刻年代暂未详查,书中收录诗作约八十首。另一版本,著录于《国朝闺阁诗钞》,道光二十四年(1844)刻本,收录诗作十余首,卷首署"上虞徐昭华伊璧"。

据《上虞县志校续·经籍志》:"(徐昭华)父咸清与毛奇龄善……昭华从之学诗,称女弟子,故有都讲之目。是集(指《徐都讲诗》)即奇龄所点定,附刊《西河集》中者也。"而毛奇龄自称:"(《徐都讲诗》)附予杂文后,存出蓝之意。"可见毛氏对这位女弟子十分器重,并寄予厚望。

《徐都讲诗》著录的诗作,与《浣香阁遗稿》多有重复。

九、《曹江集》

《曹江集》,上虞曹恒吉撰,十卷,未署何年刊刻,据序言当在康熙丙子

(1696)前后。

曹恒吉,字可久,号曹江,又号石公,邑增广生。《上虞县志校续》附简略小传于其父曹之参后。曹氏力学,工诗古文词,曾设帐兰芎山福仙寺,远近学者多来请业,海内名士争与交游,一时竞传"曹江门人"。仅《曹江集·校正姓氏》见载的受业者就有二十六人,另有子、孙各一人,侄七人。

本书卷前有同学裘琏、陈懋学、赵焞三人所撰序言,简述与曹氏交往及本书刊印情况。末有《先大人行述》,详细记述了先父曹之参的生平事迹及儿女情况,在一定程度上补充了县志之缺。

本书并非纯粹的诗集,前五卷均为文、赋,自第六卷始,方为乐府、古体、律诗、诗余、联语等,收录曹氏诗作一百余首,大致按体例分卷,内容上以记事、抒怀为主,其中涉及上虞的内容较多,具有一定的参考价值。

十、《同声集》

《同声集》,上虞王振纲编,抄本,十三卷,另附词一卷,抄录年代不详。

本书卷首署"男振纲冶芗编次"。"冶芗"亦作"也芗""冶香"等,书中另有"冶芗旧号梧冈"之语。查《上虞县志校续》,未载;查《上虞志备稿》则有:"(王振纲)号冶香"六字。由此可知,"冶香""梧冈"均为王振纲号。

王振纲,字则方,号冶香,旧号梧冈,上虞著名乡贤王望霖长子,上海图书馆藏王振纲修《梁湖王氏宗谱》序中自署"(梁湖西山王氏)十九世孙"。《上虞县志校续》载其简略生平于王望霖后,另在《俞山章氏智九公分祠支谱》有王振纲为其外舅章大政(号亦亭)所撰《亦亭公传》,公之长女即王振纲妻。末署"道光辛卯科(1831)举人、户部员外郎",又据王氏谱:(王振纲)例授文林郎、晋奉直大夫。王氏雄于文,曾辑著《天香别墅学吟》《墨花书舫吟稿》《上虞志备稿》《同声集》《上虞王氏诗集》《上虞县志刊误》等,均有抄本存世。

本书全文以小楷写成,字迹娟秀,格式严谨。扉页和尾页分别钤"长乐郑振铎西谛藏书""长乐郑氏藏书之印"二枚朱文印章。郑振铎,笔名西谛,祖籍长乐,现代著名作家、文学评论家、史学家和收藏家。扉页又有"鄞林氏黎照庐图书"朱文印章,"林氏"即藏书家林集虚,本名昌清,字乔良,号心斋,鄞县人,自署书斋为"黎照庐",藏书甚富。

《同声集》内容主要为各邑名人与王氏酬唱赠和之作,收录诗作百余首。书中涉及王望霖、王振纲父子及亲友的唱和作品较多,并记有王氏父子多种轶事,对研究王振纲其人其事颇有价值。

十一、《天香别墅学吟》

《天香别墅学吟》,上虞王振纲撰,抄本,十二卷,抄录年代不详。

本书内容极其丰富,粗略翻阅,收录王氏诗作应在三百首以上。书中正文以小楷写成,与《同声集》似出同一人之手。目录以行草写成,为摘要式,内容不全,所用纸张也与正文不同,目录所写多与上虞有关,兼有涂改,疑为后人所补,并非原书固有。本书扉页同样钤有"长乐郑振铎西谛藏书""鄞林氏黎照庐图书"朱文印,二书原先应在同处收藏。

全书诗作大致按时间顺序排列,一般各卷卷首均注有作品起讫年代。内容庞杂,涉及方方面面,其中以酬唱、记遇、感怀为主,涉及王家轶事、生平交游和上虞的内容较多。书中兼有提到一些上虞本土诗人,如谢聘、钱玫、宋璇、陈兰君、徐昭华等。较之县志,其中部分事件记录的时间、地点、人物等信息更为详细。是上虞乡土文化不可多得的一份史料。

十二、《墨花书舫吟稿》

《墨花书舫吟稿》,上虞王振纲撰,抄本,共三册存世,抄录年代不详。

墨花书舫,也称"墨花书舍""楼接天香别墅"。据唱和诗,墨花书舫旧时曾为王振纲读书堂,后开拓数楹,环栽花木,叠以奇石。书舫富有收藏,兼及书画,时人誉为"米家船"(典出米芾乘舟载书画游览江湖)。据王振纲自述,书舫有"十二景":牡丹台、芍药坞、桃李洞、杏花阶、梅花径、蔷薇架、老松、古柏、叠云石、梅花琴、亚字栏、书画楼,十分雅致。

关于墨花书舫的落成时间,《天香别墅学吟》有律诗二首,题作"戊戌壮月墨花书舫将落成"云云,查"戊戌"为道光十八年(1838),壮月即农历八月。落成后,王振纲专门在院内设席,宴请亲友,其子王耀焊曾用"今朝卜筑功成后,贺客盈门酒百壶"来形容这次盛会。查《同声集》,有《冶蓭墨花书舫落成题诗》六十余首,各邑诗家、亲友多有贺诗。

十三、《上虞诗选》

《上虞诗选》,徐榦辑,四卷,光绪八年(1882)刻本。

徐榦,字小勿,福建邵武人,幼承家学,精于书法,后朝考二等,分发浙江,历任上虞、嵊县知县,为人怜才爱士,好辑古今名著,有《徐氏丛书》十六种,解组后卒于浙寓。生前收藏碑帖众多,惜后人不甚珍惜,皆散失。

另据同治七年(1868)《钦取满汉教习同年录》记载,徐榦当年考得第三十三名,时年三十六岁(后曾供职太学院),可知徐榦生于道光十三年(1833)。又据《上虞县志校续·职官表》记载,徐榦于光绪五年(1879)六月起任上虞知县,至光绪七年四月由唐煦春接任,前后共计两年,同时课徒于上虞经正书院,并辑《经正书院小课》。

查国家图书馆、天津图书馆、上海图书馆等所藏原书,封面题词均已撕毁不存,无从考证。扉页题"上虞诗选"四字,篆书,有《天发神谶碑》笔意,落款"壬午六月石查胡义赞署检",末钤朱文印一方。胡义赞,字叔襄,号石查(一作"石槎"),河南人,曾任海宁知州、浙江同知等,擅长书画金石,兼富收藏,与王懿荣、吴大澂、潘祖荫等相交游,在晚清极有名望。后一页刻"光绪八年壬午六月前知上虞县事邵武徐榦小勿氏重雕",篆书。本书序言由徐榦亲自撰写,讲述了自己编辑此书的动机、过程和对后生晚辈的殷殷期望。

本书所收虞籍诗人作品自晋而下涉及六朝,共二百余位诗人、五百余首诗。其中,晋人只一位,即"山水诗鼻祖"谢灵运,徐榦录其诗作近五十首,为全书之最。其余诗人,以明清二朝为主,卷末还单独列有诗僧、闺秀诗作。本书收录诗人较有代表性,诗作体裁也包括了古风、律诗、绝句等,基本展现了古代上虞诗人的风采和诗作的水平。但由于是选集,身份介绍十分简练,所选诗作水平相对参差不齐,内容涉及上虞本地的也较少见,并不全面。但徐榦作为外地人,能为上虞编辑这样一本书,留下这么多诗人史料,已属不易。

十四、《经正书院小课》

《经正书院小课》，徐榦辑，四卷，光绪七年（1881）刻本。

经正书院在上虞古县城（今丰惠）城东，始建于道光十二年（1832），由知县杨溯洢、教谕徐廷銮首倡捐廉，全邑绅民捐资创建。至光绪三十年（1904），知县何金魁改设小学堂，前后一共辉煌了七十二年。经正书院属于"时文书院"，以八股应试为"正课"，所以经史词章即为"小课"。据工部侍郎、浙江督学使者张沄卿记述，其兄张致高自道光三十年（1850）任上虞知县后，便开始推行"小课"。

严格意义上来讲，《经正书院小课》并非诗集，它更像如今的学刊、杂志。古人每次考课之后必有课卷，经过日积月累，其中不乏佳品，所以平均一至五年就会由书院山长或地方官吏进行甄选，结集成书，刻印出版，从而彰显书院的教学成果和学术水平。历史上，《经正书院小课》早在道光年间就已出现，其后数十年中陆续出过多期。

本书扉页题"经正书院小课"六个篆隶大字，无款。其后《经正书院小课序》由张沄卿撰写，通篇以"文字之缘"贯穿始终，并记述了第一期《小课》的情况。另有《自序》一篇，由徐榦撰写，讲述了结集本书的缘由及目的。

本书在分卷时列了目录，检索较为方便。全书除律赋、策文杂记以外，收录了试帖体诗、古近体诗近四百首，其中涉及上虞山水、古迹、文史掌故的内容较多，有一定参考价值。经初步统计，本书收录作者四十余人，作者年龄、水平各有不同。由于历史的原因，本地现存史料对这些人的记载十分简略，大多只留下一个名字，没有生平；有些甚至连名字都早已磨灭。同时，这些作品多为作者早期用于试帖或练习的，除了本书收录以外，极为少见。

十五、《吟香馆诗草》

《吟香馆诗草》，谢聘撰，十二卷，道光七年（1827）刻本，石竹山房藏板。

谢聘生平介绍在《上虞县志校续》记载简略,《盖东谢氏族谱》则相对详细:"(谢聘)字起莘,号乐耕,又号味农,诰授奉直大夫、布政司理问,少习举业应童试,以亲老有故业在金陵,岁时往还代理店事,举业遂废。"谢聘好学能文,喜友名士,兼善绘花卉,妙得天趣。有《国朝上虞诗集》《吟香馆诗草》等,均梓行。

本书封面题"吟香馆诗草"五字,篆书,钤"吟香馆"朱文印一枚。其后有序言四篇,分别由詹璧、钱骙、顾疤、谢聘撰写,均为行书。后页(空白页)钤"安石四十八世孙"朱文印、"聊以自娱"白文印各一枚。

据《总目》,本书共收录谢聘古体、近体诗作一千二百余首,数量惊人,其间涉及上虞的内容较多,如旌教寺、瑞象寺、曹娥庙、包娥祠、金罍观、镇海庵、东山、兰芎山、凤鸣山、福祈山、舜江、夏盖湖、白马湖等,并收录多种虞籍诗人作品集的题词、唱和以及交游情况。

十六、《国朝上虞诗集》

《国朝上虞诗集》,谢聘辑,十二卷,道光二十二年(1842)刻本,吟香馆藏板。

本书封面题"国朝上虞诗集"六字,隶书;扉页"国朝上虞诗集"六字,篆书,俱不署名。其后有序言四篇,分别由王煦、毓秀、童槐、许正绶所撰。序言后之《凡例》,谢聘撰。本书《总目》较详细,除卷数、人名外,还在名下列出所收诗作的数量;版心"鱼尾"之下,除标明卷数外,还用小字单独标有本页作者姓名,为读者检索提供了极大的方便(经查,其中个别名字与内页不符,或为排版、审稿者粗心造成的错误)。

据《凡例》,全书共收录清代上虞诗人三百八十四名,诗作一千四百七十五首。其中以卷一至卷十为主,卷十一为闺秀,卷十二为方外,收录诗人自国初倪会鼎始,时间跨度近两百年。全书除极个别诗人佚名之外,基本上都有姓名,并根据实际情况,载其字号、功名、寄籍、履历、著作等信息(《上虞县志校续》中提到的不少清代诗人、诗集均参考本书)。全书所收诗作,古风、近体一应俱全,题材上则以咏物、抒怀、寄遇、酬赠、凭吊、警世等为主,内容庞杂,不一而足,其中亦有不少涉及上虞山川人物的作品,值得我们关注。

当然,本书因征诗未遍、不录时贤、拒收香奁、不选长篇等现实因素制约,也存在一定的缺陷,但瑕不掩瑜,《国朝上虞诗集》是继谢诜《皇明古虞诗集》、钱玫《历朝上虞诗集》之后,在上虞诗史上占有重要地位的一本诗集。同时,也填补了上虞清诗专集之缺,具有较高的文学价值和史料价值,意义深远。为辑此书,谢聘认真收罗、考证、编次、删补,所花心血几近十年,令人感佩。

十七、《观澜堂诗集》

《观澜堂诗集》,曹章撰,九卷,未署何年刊刻,当在康熙三十五年(1696)前后。

据《上虞志备稿》:"曹章,字云鹤,号闇斋,诸生。性好山水,诗酒之外以书画自适,耿逆之变,以事历瓯闽,归筑观澜堂(在皂李湖畔),又尝往来天台赤城,久踬棘闱,淡然若忘,著有《观澜集》。"又据《板桥曹氏宗谱》,十四世孙曹章,字月卿,号闇斋,一号云鹤,增广生,工书法,精绘事,年未四十即决意宦途,寿六十七。

本书卷首有《序》一篇,落款"康熙丙子春仲云鹤山人自序",内容主要谈论作诗心得。其后《目录》分列卷名、诗体、诗题等,署"古虞曹章云鹤父著"。卷末有《敬书先君观澜堂文集后》跋一篇,作者曹丰吉(字昌侯,号梅峰,廪膳生,曹章幼子),其语哀婉动人,称先君德业文章冠冕群伦,死不瞑目,今编次五十余年来所存手泽,公之于世,以慰先君在天之灵。

本书卷一至卷八为诗,共二百余首,按不同字数的古体、近体、排律排列,层次分明,检索方便,内容以抒怀、寄遇、酬赠为主,涉及上虞的作品较多。卷九为诗余(词),共八十余首,分小令、中调、长调。本书收录诗词作品涉及面广、种类丰富,基本展现了曹章的精神风貌和文学成就。

十八、《一角山房诗草》

《一角山房诗草》,谢磻撰,二卷,道光二十一年(1841)刻本,近水居藏板。

据《盖东谢氏族谱》："谢磻，字起渭，号乐渔，邑庠附贡生……与兄味农（谢聘）同师东湖王先生，先生尝以伟器期许之，后复游朱碧山先生之门。"屡膺鹗荐，惜未得志。谢磻好吟咏，词章标新立异，耻于流俗，死后遗诗甚多，其子缜采辑为《一角山房诗草》，分上下卷，即是本书。

本书扉页题"一角山房诗草"六字，隶书。卷首有《序》二篇，分别由许正绶、谢莱撰写，行书。正文署"上虞谢磻乐渔著，男缜（也范）、綵（蓉裳）校"，并钤"冰壶秋月"闲章一枚。全书收录谢磻诗作二百余首，与谢聘、顾玘、沈奎、谢素珍等上虞诗人酬唱较多，另有不少涉及乡土的作品。其中《夏盖夫人赛会竹枝词》详细描绘了节会盛况，为这个已经消失的地方性民俗活动留下了宝贵的资料。

十九、《天香楼遗稿》

《天香楼遗稿》，王望霖撰，四卷，道光二十八年（1848）刻本。

据《上虞志备稿》："王望霖，字济苍，号石友，晚年堕水出，更号载生。由太学生入赀授布政司理问，改中书，晋奉政大夫……家颇饶足，千金一举，施济不吝。尝董筑沙湖塘、无量闸，为一邑保障；捐设社仓，重建文昌阁及太平桥，置义塾、义田、义冢以惠族人。性喜翰墨，工书法，间写兰竹怪石有奇趣。藏书万卷，善鉴别名人墨迹，择尤精者勾摹镌石，号《天香楼藏帖》。道光丙申（1836）卒，年六十三。"

本书扉页有"天香楼遗稿"五字，篆隶体，沈昉题。序一篇，杜煦撰；跋二篇，宗稷辰、王振纲撰。卷前有《王石友先生小像》，所绘为王望霖晚年之像，半身，白描手法，细腻生动。后页书法题词，杜煦写。每卷卷首署"上虞王望霖石友著"，并写编次、校对者共十四人姓名，涉及王望霖子、婿、孙、孙婿、表侄、内侄、甥、外孙等，从署名情况来看，本书整理编辑当以长子王振纲为主，他于跋中记叙本书由来道："先子秉家政五十年，自朝至日昃无暇晷，虽能诗，实无意于诗，作亦不多，有辄渐弃之，是稿也余童时所熟而收录之者也。"

全书共收录王望霖诗作一百余首，以题图诗为主，兼多唱和，另有不少涉及上虞山水、人物的作品，如兰芎山、覆卮山、曹娥江及包娥、袁翊元、倪元璐等。本书部分诗作的引言、注释颇具价值，比如提及字号来源："余弱冠时性耽篆刻，兼喜蓄古砚，及壮，双钩名迹，勒石天香楼中，并究心堪舆，登陟奇峰危石之间，振衣独立，若有所得，虽性非爱石，而尝与石伍，是与石为有缘也，因自号石友。"如此种种，值得有心人掇拾整合，从而展现出一个更为"鲜活丰满"的王望霖。

图书在版编目(CIP)数据

走进越文化. 第五辑 / 绍兴文理学院越文化研究院编. --杭州：浙江古籍出版社，2024.12. --ISBN 978-7-5540-3245-9

Ⅰ. K295-53

中国国家版本馆 CIP 数据核字第 2024V5T975 号

走进越文化

第五辑

绍兴文理学院越文化研究院 编

出版发行	浙江古籍出版社
	（杭州市环城北路 177 号 邮编：310006）
网　　址	https://zjgj.zjcbcm.com
责任编辑	孙科镂
封面设计	刘　欣
责任校对	吴颖胤
责任印务	楼浩凯
照　　排	浙江大千时代文化传媒有限公司
印　　刷	浙江全能工艺美术印刷有限公司
开　　本	710mm×1000mm　1/16
印　　张	19
字　　数	283 千
版　　次	2024 年 12 月第 1 版
印　　次	2024 年 12 月第 1 次印刷
书　　号	ISBN　978-7-5540-3245-9
定　　价	88.00 元

如发现印装质量问题，影响阅读，请与市场营销部联系调换。